増補版 縄文の衣

―日本最古の布を復原―

尾関清子◉著
Kiyoko Ozeki

雄山閣

増補版に寄せて

本書の初版を世に問うたのは一九九六年五月であった。当時、考古学の専門ではない筆者が、縄文時代の編布研究を重ねて一冊にまとめたのであるが、様々な反論や批判をあびながらも、東北大学名誉教授の芹沢長介先生の強い推薦もあり、一九九六年九月には第五回相沢忠洋賞を受賞することができたことは望外の喜びであった。これに元気づけられたこともあり、また、芹沢先生からは考古学の学問的な指導を受け、本書を出発点とする編布についての専門的な研究に取り組むことができた。二〇一二年には研究成果をまとめて『縄文の布―日本列島布文化の起源と特質―』を刊行し、二〇一八年には、八〇を超える縄文遺跡についての研究成果を、同書『縄文の布』資料編の追加資料として増補し、版を重ねることができた。

一方、編布の存在は全国各地の教育委員会や博物館などで取り上げられるようになり、講演や編布作成のワークショップの依頼が多くあり、本書についても、是非読みたいとの声が寄せられていた。出版社に在庫がなくなったこともあり、その後の筆者の研究と編布への想いの一部を増補することとした次第である。また、この機会に本書中の筆者の考察が不十分な点について、最低限の修正を加えることとした。

九〇歳を超えた今でも、幸い加齢による身体の衰えはあるものの研究への情熱は失うことなく、縄文時代の人たちの衣の技術の獲得とファッションへの工夫に想いを馳せる日々を送ることができている。

多くの人たちに支えられながら増補版を執筆できたことに感謝し、本書によって、いにしえの人たちの技と美を味わっていただければ幸いである。

二〇二〇年九月

尾関清子

初版 はじめに

一九九四年夏、青森県三内丸山《さんないまるやま》遺跡（縄文前期〜中期）の巨大集落が、世界に誇る文化遺産として、大きな話題をよび人々に縄文へのロマンをかきたてた。今後この遺跡から明らかになる多くの事実は、縄文のこれまでのイメージを打ちこわすインパクトを与え、縄文文化見直しをせまらずにはおくまい。

もともと縄文文化は、日本文化の基層を形成したといわれるように、縄文人は自然環境をたくみに利用し、独特の文化を築きあげた。世界で最も古くから土器を作ったと言われるのをはじめ、石・骨・粘土・木材・樹皮といった素材を用いて、さまざまな道具をつくりだした。

繊維についてもすばらしい知識を持っていたことは、遺跡から出土する遺物から観察される。日本最古の布といわれている編布《あんぎん》の中には、現代にも充分通用するものがある。それにもかかわらず、ごく一部の研究者をのぞいては編布の名すら知られていないという悲しい現実がある。

「織物の技術は弥生時代に隣国から渡来した」とするのが定説である。しかし私は考古学を専門とするものでないが、縄文人の手労働の熟練度からみて、「縄文時代にはすでに布衣《ふい》が実用化していた」という長年来の考えを近年ますます強くしている。

本書は、生活学の立場から、縄文時代の編み、織り、糸、編み具、製作技法を検証し、ささやかながら縄文時代の衣文化の一端の解明につとめた。少しでも多くの方々に興味と関心をおもちいただければ幸いである。

一九九六年四月

尾関清子

縄文の衣［増補版］―目　次―

［増補］

本書は一九九六年五月に学生社より発行された初版に増補改訂を加えて発行するものです。

【変更市町村名一覧】

本書刊行後、合併などによる市町村名を、旧市町村名→新市町村名の形式で示しました。

北海道　・虻田町（虻田郡）→洞爺湖町（虻田郡）　・静内町（静内郡）→新ひだか町（日高郡）　・常呂町（常呂郡）→北見市　**青森県**　・尾上町（南津軽郡）→平川市　・木造町（西津軽郡）→つがる市　・天間林村（上北郡）→七戸町（日高郡）　・浪岡町（南津軽郡）→青森市　・平賀町（南津軽郡）→平川市　**秋田県**　・八竜町（山本郡）→三種町（山本郡）　**岩手県**　・花泉町（西磐井郡）→一関市　**宮城県**　・一迫町（栗原郡）→栗原市　・田尻町（遠田郡）→大崎市　・鳴瀬町（桃生郡）→東松島市　・南方町（登米郡）→登米市　**茨城県**　・桜川町（稲敷郡）→稲敷市　**千葉県**　・小見川町（香取郡）→香取市　・山田町（香取郡）→香取市　**新潟県**　・青海町（西頸城郡）→糸魚川市　・川上村（東蒲原群）→阿賀町（東蒲原郡）　・川西町（中魚沼郡）→十日町市　・田沢村（中魚沼郡）→中里村→十日町市　・中里村（中魚沼郡）→十日町市　・松代町（東頸城郡）→十日町市　・松之山町（東頸城郡）→十日町市　・真野町（佐渡郡）→佐渡市　・六日町（南魚沼郡）→南魚沼市　・山北町（岩船郡）→村上市　**石川県**　・宇ノ木町（河北郡）→かほく市　・能都町（鳳志郡）→能登町（宝珠郡）　・野々市町（石川郡）→野々市市　**福井県**　・三方町（三方郡）→若狭町（三方上中郡）　**岐阜県**　・丹生川村（大野郡）→高山市　**愛知県**　・幡豆町（幡豆郡）→西尾市　**滋賀県**　・石部町（甲賀郡）→湖南市　・米原町（坂田郡）→米原市　**兵庫県**　・竹野町（城崎郡）→豊岡市　**愛媛県**　・御荘町（南宇和郡）→愛南町（南宇和郡）　**長崎県**　・有家町（南高来郡）→南島原市　・小浜町（南高来郡）→雲仙市　・北有馬町（南高来郡）→南島原市　・国見町（南高来郡）→雲仙市　・小佐々町（北松浦郡）→佐世保市　・深江町（南高来郡）→南島原市　・瑞穂町（南高来郡）→雲仙市　**佐賀県**　・神埼町（神埼郡）→神埼市　・鎮西町（東松浦郡）→唐津市　・肥前町（東松浦郡）→唐津市　・三田川町（神埼郡）→吉野ヶ里町（神埼郡）　**熊本県**　・上村（球磨郡）→あさぎり町（球磨郡）　・合志町（菊池郡）→合志市　・七城町（菊池郡）→菊池市　・城南町（下益城郡）→熊本市　・不知火町（宇土郡）→宇城市　・松橋町（下益城郡）→宇城市　・三角町（宇土郡）→宇城市　**鹿児島県**　・大隅町（曽於郡）→曽於市　・志布志町（曽於郡）→志布志市　・末吉町（曽於郡）→曽於市　・吹上町（日置郡）→日置市　・松元町（日置郡）→鹿児島市　**沖縄県**　・与那城村（中頭郡）→うるま市

1 出会った縄文人の布

わが国の女性は、いつの時代にも櫛にこだわり、豊かな情緒を櫛に託して生きてきた。たとえば『枕草子』に「刺しぐしすらせたるに、おかしげなるもまたうれし、またも多かるものを」とある。「刺しぐしを磨いてもらったところ、見違えるように美しくでき上がったのはなんとも嬉しいことだ。他にもくしはたくさんあるものを」という意味である。平安中期の女流文学者、清少納言が、ひとつの刺櫛になぜこれほどまで感情のたかぶりを覚えたのであろうか。

また『源氏物語』の朱雀院の歌には「別れ路に添えし小櫛をかどとにて、はるけき仲を神や戒め」、すなわち「あなた（皇女）が伊勢へ下向（斉宮として）する時『再び帰り給うな』といって別れ櫛を刺してあげたが、神様はそれを口実に、あなたと私の仲を遠く隔った間柄に引き離されたのであろうか」とある。ここでは「別れ櫛」の風習が歌のかなめとなっている。

時代ははるかに下がるが、江戸時代の遊女は、二枚ないし三枚の櫛を刺して、大夫髷《たゆうまげ》を結った。

写真１　鳥浜貝塚出土の赤漆塗飾櫛
（縄文前期、若狭歴史民俗資料館提供）

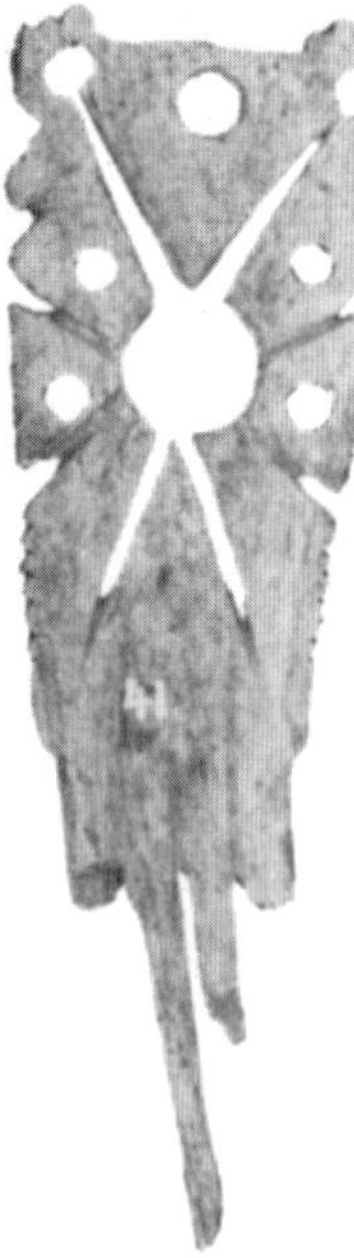

写真２　ニツ森貝塚出土の鹿の角製竪櫛
（縄文前期）

世界に例を見ることがほとんどない、このきわめて日本的でユニークな櫛にたいする美学はいったいどこから生まれたのであろうか。この遊女文化こそ「櫛文化」のもつ本質がもっとも端的に示されていると、私には思えてならない。

では、このユニークな櫛文化はどのように生まれたのか。私は櫛の起源を求めてあれこれ調査をし、ついには縄文時代にまでたどりついてしまった。

教科書などにでてくる縄文人のイメージは、ザンバラ頭で腰蓑《こしみの》姿、槍を片手に野山を駆けめぐる、といったいわゆる粗野な人間像である。しかしながら、私がはじめて見た縄文の櫛という福井県三方郡三方町鳥浜《とりはま》貝塚（縄文前期）出土の赤漆塗飾櫛《あかうるしぬりかざりぐし》（写真1）は、これまで私が描いていた縄文観とはうらはらに精巧で、あでやかで、端麗なできばえであった。

この鳥浜の櫛に魅せられた私は、縄文の櫛をたずねて日本国中に旅をはじめた。北海道静内郡静

写真3　亀ケ岡遺跡出土の土偶（縄文晩期）

写真4　三和砂沢遺跡出土の土偶（縄文晩期）

写真5　法隆寺呉女面の髻（『日本の髪』三彩社より）

内町御殿山《ごてんやま》遺跡（縄文後期）や、苫小牧市美々《びび》4遺跡（縄文後期末葉）出土の漆塗竪櫛、そして青森県立郷土館では珍しい鹿の角製竪櫛（青森県上北郡天間林村二ツ森貝塚出土。縄文前期―写真2）の実物を見ることができた。こうして櫛の考察を続けるうちに、奇妙なくらい強い印象で浮びあがってくる何かがあることに気がついた。

それは前述した鳥浜の飾櫛なのであった。いったいあの素敵な櫛はどのように活用されていたのだろうか。縄文の櫛を追い求める私の視点は、ついに土偶にまで目を転じるようになった。ごくわずかではあるが、土偶の中にははっきりと結髪《けっぱつ》を表現しているものがあるのだ（図1）。とくに印象的なものとしては、青森県西津軽郡木造町亀ケ岡《かめがおか》遺跡出土（縄文晩期）の土偶（写真3）である。頭髪を左右に分け、耳の上でそれぞれ縛り、櫛目もきれいにきちんと入れてあって、アーチ状の髪型を表現している。その顔はデフォルメされている。しかし、清楚な乙女の面影を思い起こすことができる。

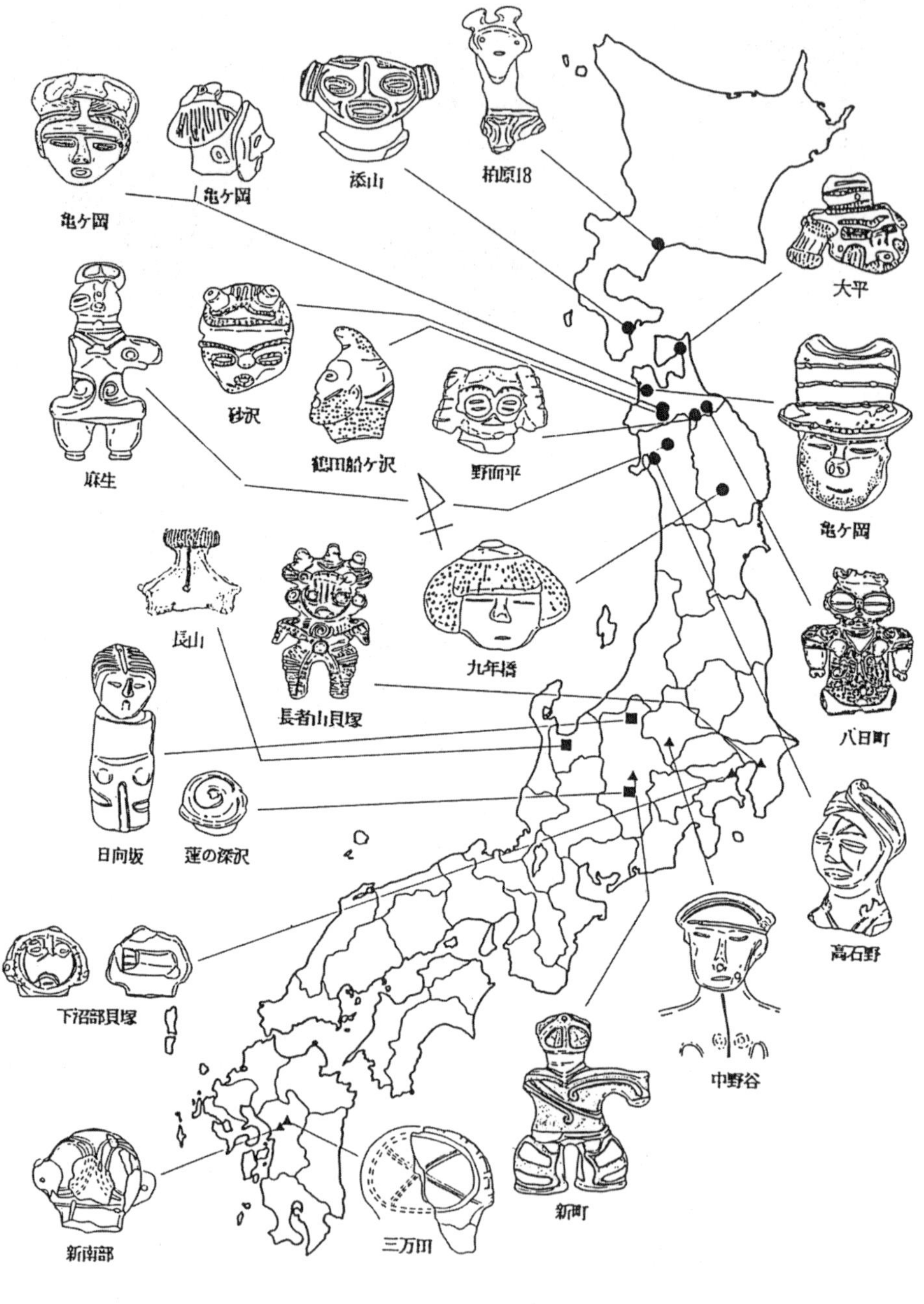

図1　土偶にみる髪形と冠りもの（縮尺不同）

いま一つは、青森県弘前市三和砂沢《すなざわ》遺跡（縄文晩期）出土の土偶である（写真4）。ちょっと見ただけでは鬼の面を連想させるが、頭頂左右にあしらわれた二つの髻《もとどり》は、飛鳥時代の法隆寺呉女面（写真5）の髪型と瓜ふたつともいえるほどのすばらしいものだ。このようにして北海道から九州まで、撮影を許可されたもの約一〇〇〇点の土偶を観察・調査し、頭部の分類を行っていったのである。

この分類作業を進めるうちに、ふと気がつくと、土偶の中には衣服を着ているものもあるのだ（図2）。

弥生時代のわが国のことを述べた『魏志倭人伝』には「婦人は被髪屈紒《ひはつくつけい》し、衣を作ること単被《たんぴ》の如く、その中央を穿《うが》ち、頭を貫きてこれを衣る」といい、簡単な貫頭衣《かんとうい》しか記されていない。しかし私の実際にみた土偶にはブラウスやシャツ、それにズボンをつけているとみられるものが数多くあるのである。東北地方に多い遮光器《しゃこうき》土偶などは、いずれも閉鎖的な北方民族の獣皮で作られた衣服とみることができる。

しかし、獣皮で作られたものでは通気性がなく、高温多湿のわが国の風土に、はたして適しているのだろうかなどと考えていた矢先、名古屋大学教授の渡辺誠先生から「縄文時代に編布という日本最古の布があった」ことを教えていただいた。

〝編布〟いったいどんなものだろう、と私は強く関心をもち、とりつかれてしまった。そしてその

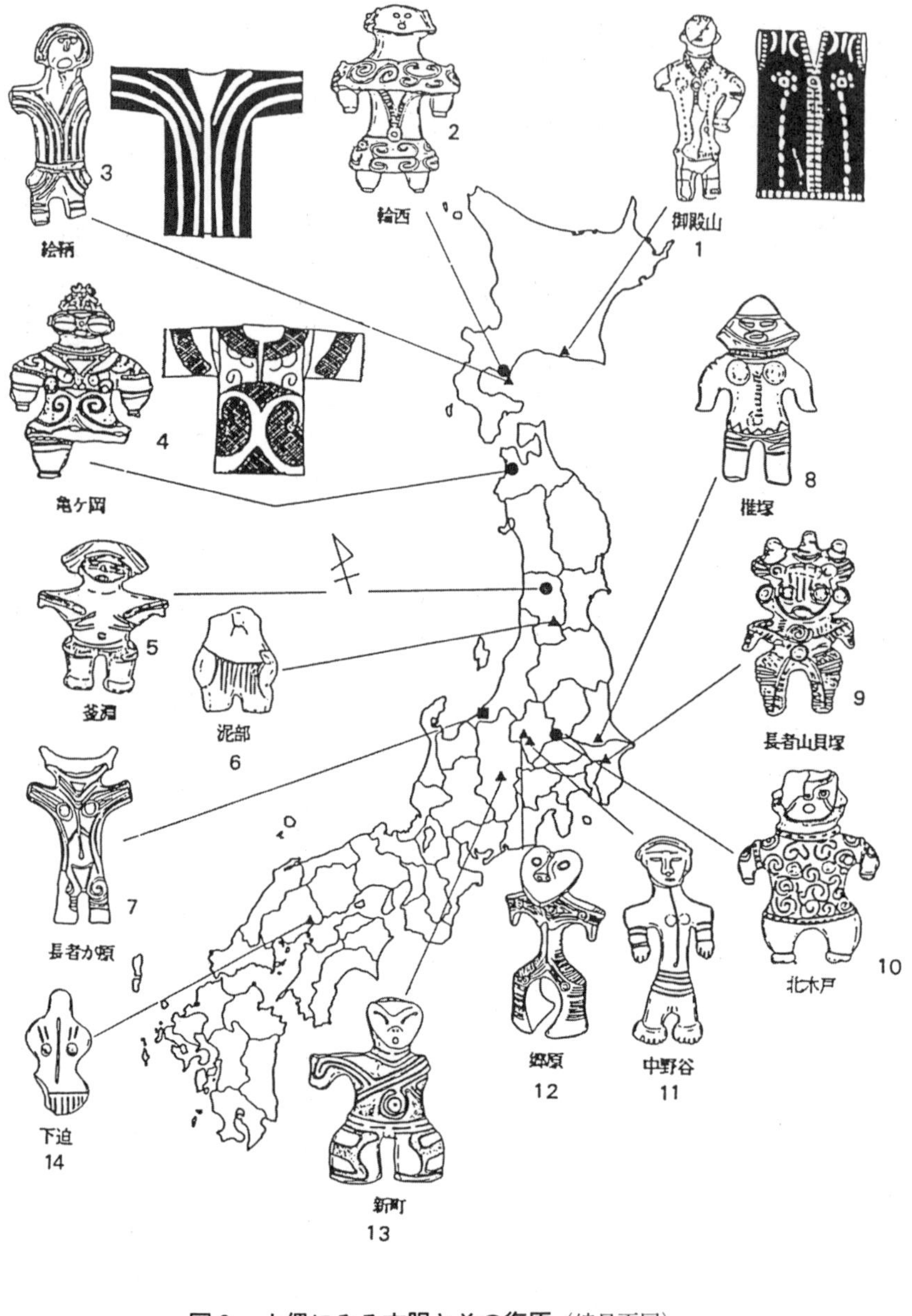

図2　土偶にみる衣服とその復原（縮尺不同）

写真6　越後アンギンの袖なし

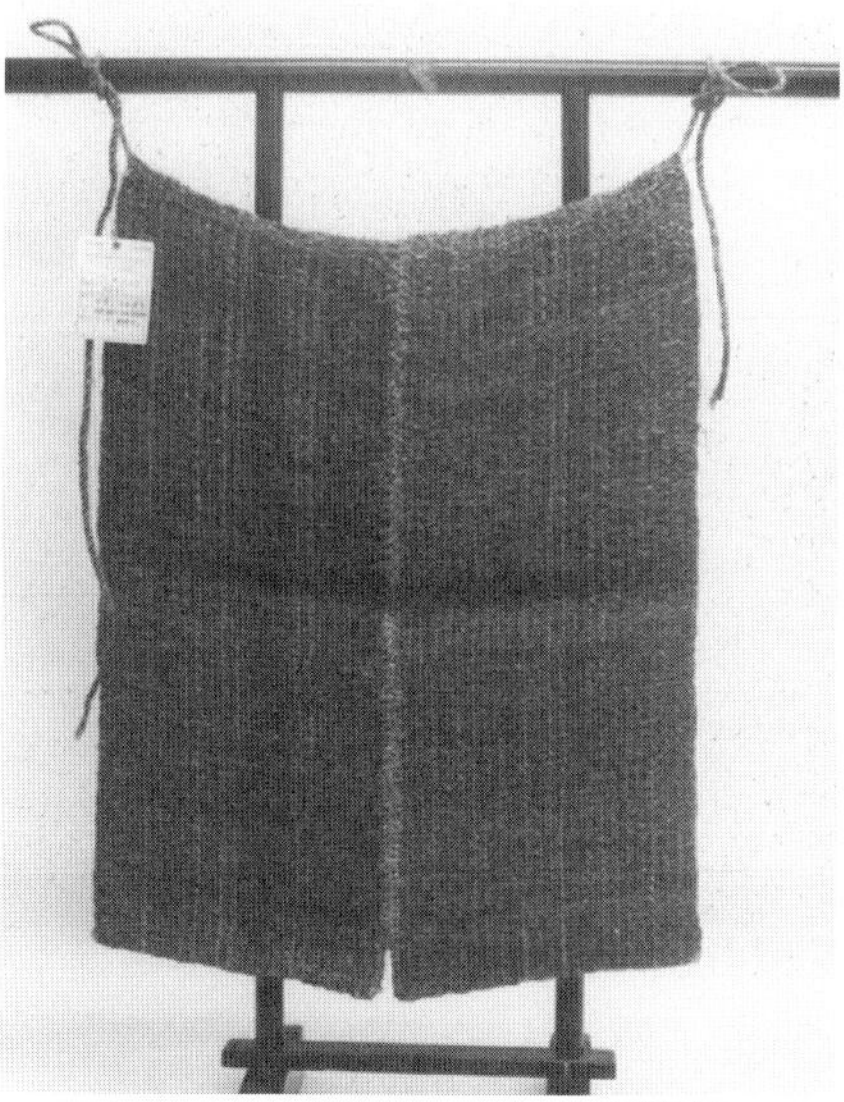

写真7　越後アンギンの前掛け

編布が新潟県十日町市博物館で復原されていることを知った。いてもたってもいられずに一九八七年夏、私はとうとう十日町市博物館へ頼み込み編布について教えてもらうことにした。かつて十日町市は土偶の撮影に訪れたおり、名前は分からないが非常にむずかしい江戸時代からの編布があることは聞いたことがあった（渡辺誠先生からもむずかしいものだと聞いていた）。これについて指導してくれるのは、博物館の滝沢秀一先生ということだったので、私は先生に「何としてでも覚えたい。二日間でどうでしょうか」と尋ねた。先生は「さあ、どうでしょう。まず来てみてください。ホテルは予約しておきましょう」といわれた。私の頭は、むずかしいものという先入観でいっぱい。カメラとビデオカメラをもって七月二日早朝名古屋を発ち、午後一時十日町市の博物館へ到着した。まず、滝沢先生は、江戸時代から明治まで、十日町市や小千谷市周辺で着

写真8　新潟県津南町に残る越後アンギンの道具

用されたという越後アンギンの袖なし（写真6）や、前掛け（写真7）をわざわざ出してみせて頂いた。はじめて見るアンギンの衣服である。簾《すだれ》や俵《たわら》と同じ編み方というこの越後アンギンは、ざっくりと編まれ、素材も見るからに靭皮《じんぴ》繊維の素朴なものである。「これなら縄文時代に通ずる」ものだと私は一瞬のうちに理解した。これまでの暗雲が一挙にはれた思いであった。

つぎはいよいよ道具を使って編んでみる、つまり編成法への挑戦である。ちょうど新しい袖なしでも編むように、幅四○cmほど、長さ約三○cmのアンギンが道具に（写真8）かかっている。滝沢先生の一言一句を聞きのがさないよう編み方の説明を聞き、先生の指先をじっと目をこらしてみつめ続けた。その間十五分位だったろうか。何となく私には覚えられたように感じた。早速道具を借り試作してみた。

編むことができた。

カメラもビデオカメラもいらない。この瞬間、何に例えようもなく嬉しかった。

さあ、早く帰りたい。忘れない間に帰らねばと心は焦ったが、ホテルはすでに滝沢先生が予約しておいてくださってあり、いまさら断るわけにもいかない。覚悟して、ようし泊まろうと決めたが、なかなか寝つかれない一夜だった。翌朝は、大急ぎで名古屋への帰途についた。そしてその足で同級生の経営する建築会社へとんで行き、アンギンの道具を作ってくれるように注文した。待つこと二時間、仕上げられた真新しいアンギンの道具を持って家に帰り、すぐに試作に取りかかった。滝沢先生と同じものが編めた。

もう忘れない。

少々自信のついた私は、早速縄文衣服の製作を思い立った。翌朝、ゼミの学生たちに集まってもらい、編布についてこと細かに説明し、ぜひ夏休み中に編布で縄文衣を作ろうと相談をもちかけた。彼女たちは、快く応じてくれて編布作りの作業は始まった。

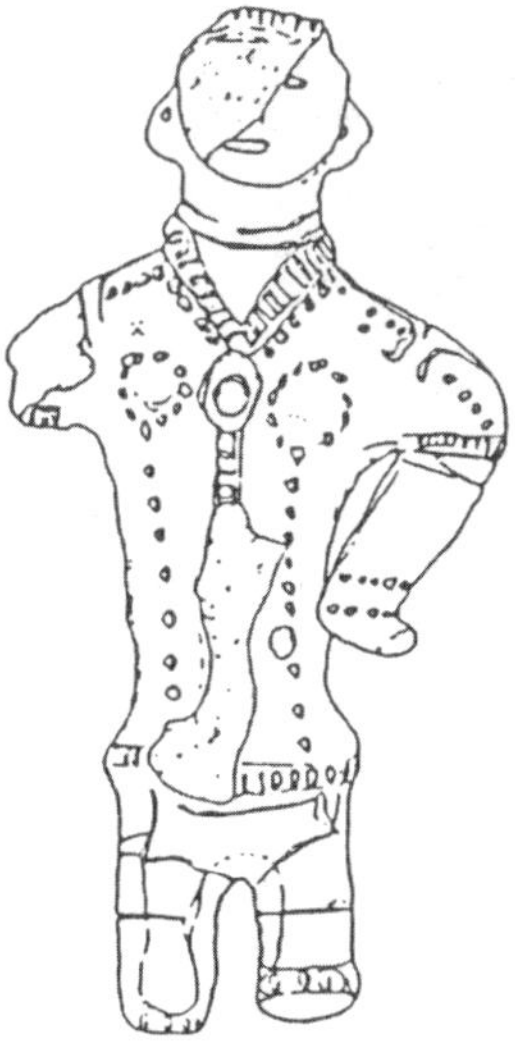

図3　御殿山遺跡出土の土偶の

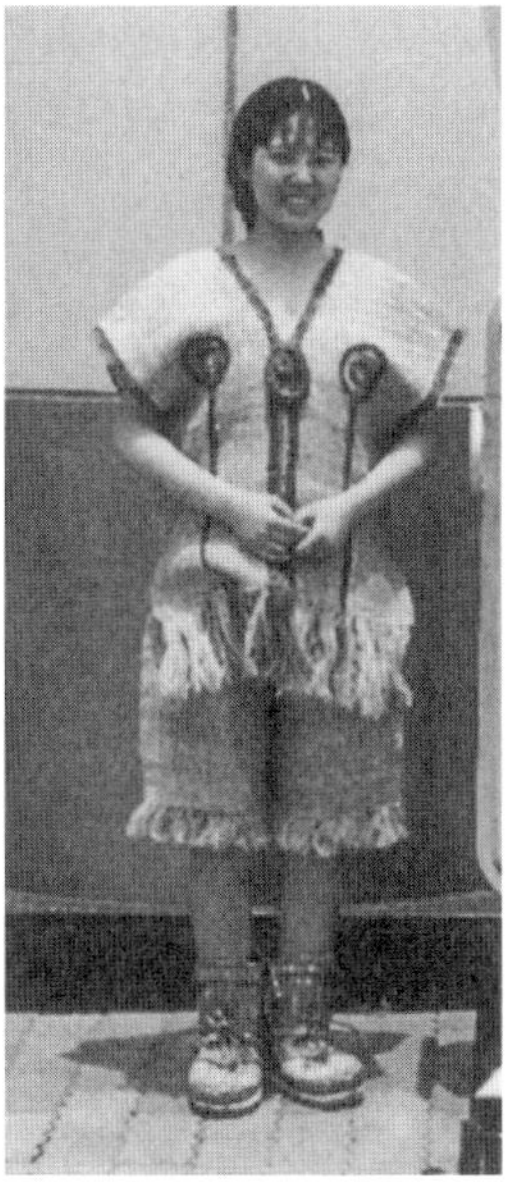

写真9　図3をモデルに復原した縄文衣服

写真10　宮城県山王囲遺跡出土の編布（縄文晩期中葉）

まず、素材のカラムシは、過去にゼミ合宿でお世話になった宮城県栗原郡一迫《いちはざま》町へお願いし、繊維作りからとりかかった。北海道静内町の御殿山遺跡の土偶をモデルに編布の縄文衣（図3・写真9）らしいものを一〇人の学生と約二か月かかり、仕上げることができた。彼女たちは、夏休みを返上して頑張ったのだ。この衣服を何とか有意義に使いたいという。そこで私は、一迫町は編布出土の山王囲《さんのうかこい》遺跡（縄文晩期）の町だから、一迫町へ贈るのはどうかと、彼女たちに説明し、役場へ相談して寄贈することにした。

その一か月後、われらの縄文衣は仙台市博物館主催の企画展――縄文時代のみやぎ――に出展されることになり、博物館から道具を借りたいとの電話が入った。私は道具を持って仙台へはせ参じた。

そこではからずも博物館の田中則和氏のご好意で、シャーレの中に入った本物の編布（山王囲遺跡出土―写真10）を、私の掌《てのひら》の上で見せてもらうことができた。突然のことで身が震えるほどの感動だった。「きれいだ」と。同時に驚いた。出土した編布と越後アンギンの編み方は同じだ、と聞いていたが、シャーレの編布と私の教わった越後アンギンとは編み方が違っているのだ。

何度見ても違っている。

しかし越後アンギンを覚えたばかりの私が今違うとはいえない。本物の編布を見た喜びは大きかったが、それにも増して悩みは大きくなるばかりだった。

これが、縄文の布と私の出合いであり、この研究の長い道のりがはじまったのである。

仙台市博物館での私の想いは、単なる錯覚ではない。掌《てのひら》の上のシャーレの感覚、その中のきれいな山王囲編布、私の脳裏にははっきりとその映像が残っている。

写真11　新潟県山上遺跡出土の足形土製品

（縄文後期末、東京国立博物館提供）

写真12　山上遺跡出土の編布圧痕

越後アンギンと出土編布の編み方の相違を見つけた私は、仙台から新幹線のスピードももどかしく車内を走りたい思いで名古屋へ帰り、以来くる日もくる日も編布に関する文献を探し求めた。

新潟県岩船郡山北町上山《うえやま》遺跡（縄文後期末）の足形土製品を調査された上原甲子朗氏は『日本原始美術2』の中に「足形土製品―写真11・12―」の解説をされている。「裏面は敷物として編物の圧痕が鮮やかに印されている。これが新潟県の民具で鮮やかに技術の伝統が残されている編布（アンギン）と同様な組織である点は重要である」とあり、外の研究者もこれを引用されている。

「縄文時代の布」を書かれた伊東信雄氏は、北海道斜里郡斜里町朱円《しゅえん》遺跡の編布について、石附喜三男氏が「すだれないし簀子《すのこ》状編物で織物ではない」といわれていることを引用され、また、越後アンギンと出土編布の編み方の違いを述べられている。

私は、はじめて自分の目に狂いがなかったことを喜び、早速試作にとりかかった。私にも山王囲編布を作ることができた。それは越後アンギンよりも簡単だ。これでよい。江戸時代のアンギンよりそれ以前の縄文時代の編布が簡単でいいのだ。

さてつぎは、朱円遺跡の編布を述べられている石附氏の「北海道における機織技術採用の時期」を探したが、名古屋市内のいずれにもない。とうとういつか土偶でお世話になった札幌の北海道埋蔵文化財センターへ電話でお尋ねしたところ、所蔵されていることが確認できた、しかも「こちらへ来るならコピーさせてあげますよ」というお答である。

――遠い所――、どうしよう？　私は一瞬、ためらったが、飛行機があるじゃないかと、すぐ札幌へ行く準備をし、数日後出発した。

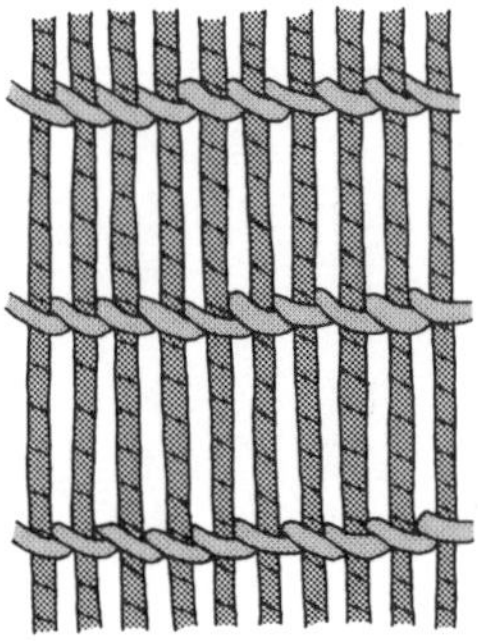

図4　朱円遺跡出土の編布模式図（「北海道における機織技術採用の時期」より）

こうして、埋蔵文化財センターでコピーを手にしたときは、親しかった友人と再会でもしたように嬉しく、帰りの機内で幾度か読み返した。とくにその中の模式図（縦・横逆である—図4）が、私の記憶の中にある山王囲編布と同一のものであったことは嬉しかった。苦労した甲斐があったとはじめてホッとした。一九八八年のはじめのことである。

そんなある日の夕方、私は入浴中になぜかふと伊東氏の論文「縄文時代の布」の一節を思い出した。

それは、新潟県で越後アンギンの衣類や道具、そして作り方をご覧になった伊東氏が、

「縄文時代の編布も、越後アンギンと同じような製作法で作れるということがわかったが、同じ新潟県小千谷市の縄文遺跡（上片貝）から織物（平織とされているが編布である）の圧痕が出土している。

織物は、弥生時代に大陸から渡来した織機で作ったというのが今までの学説であり、弥生以前の縄文の織物について織機がないのにどうして作られたのか」

と悩まれ「アンギンの編み方がいくら改良されても平織は生まれてこない」、と述べられている。

私はとっさに「越後アンギンの道具があれば平織りもできるはずだ」と風呂から飛び出し製作してみた。その結果は……。

簡単にできた。

何度くり返しても平織りだ、嬉しい。

この平織の完成は、はからずも私にとってもっとも興奮した瞬間であった。越後アンギンと出土編布の謎解き、それに越後アンギンの道具で平織が製作できたことは、編布にたいする研究意欲をさらにかき立たせるものであった。

2　縄文人の布は細く長く生きた

編布の研究をする上で忘れてならないのは、鎌倉時代中期の時宗僧侶の阿弥衣（あみぎぬ、あみえ、あみごろも）と江戸時代から明治にかけて新潟・長野両県の一部地域に発達した越後アンギンである。したがってここではそれらの編布について述べることにしたい。

一遍上人の阿弥衣

鎌倉時代から江戸時代にかけて一遍上人（一二三九～八九）を開祖とする時宗には、僧侶が諸国を遊行するときに着用していたと伝えられている法服がある。それは阿弥衣といって編布で作られており、現在も寺宝として保存している寺院がある。

また『一遍上人絵詞伝《えことばでん》』（写真13）に編布で作られたと思われる阿弥衣が描かれ、『一遍上人絵詞《えことば》

写真13　『一遍上人絵詞伝』（阿部恭平氏提供）

伝《でん》』には「当信用十二道具心……阿弥衣」と記され、阿弥衣は時宗の必需品であり、トレードマーク的存在であったようだ。

寺宝として阿弥衣が保存されているのは次の寺院である。

①　山形県天童市　仏向寺
②　神奈川県藤沢市　遊行寺
③　新潟県柏崎市　専称寺
④　長野県佐久市　金台寺
⑤　愛知県碧南市　称名寺
⑥　滋賀県坂田郡米原町　蓮華寺（写真14）
⑦　京都市東山区　長楽寺
⑧　京都市山科区　歓喜光寺（写真15）
⑨　兵庫県城崎郡竹野町　興長寺
⑩　広島県尾道市　西郷寺

このうち私は、遊行寺、称名寺、歓喜光寺、蓮華

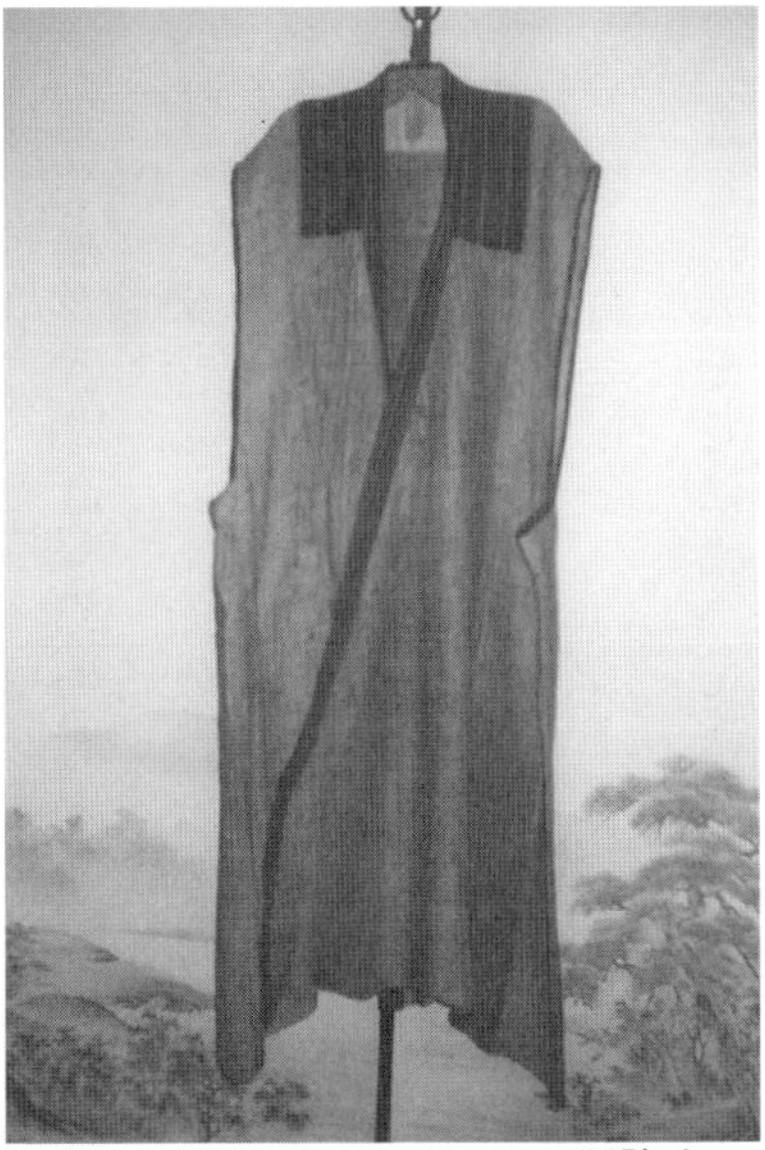

写真14　蓮華寺の袖のない阿弥衣

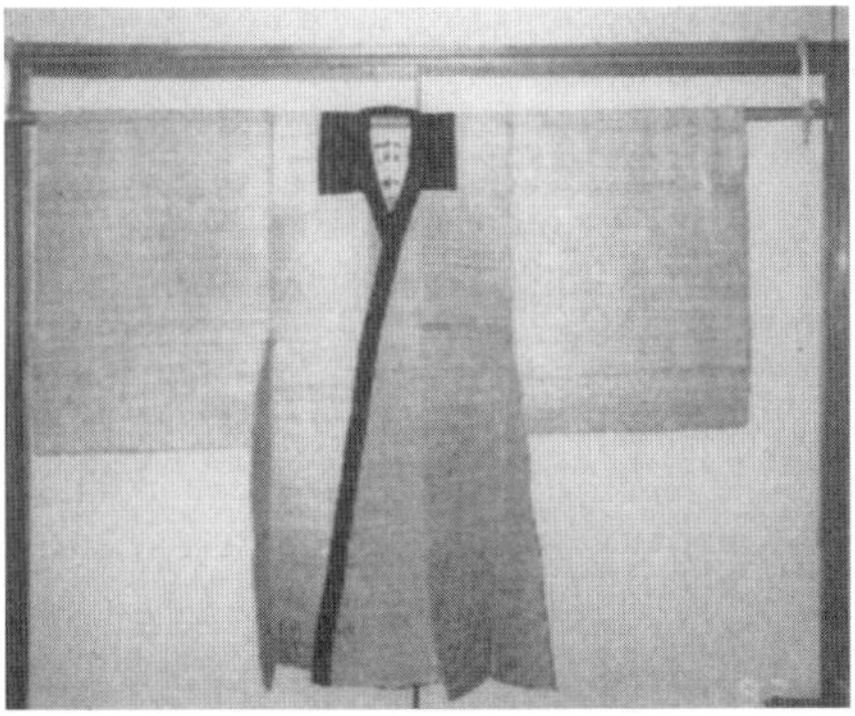

写真15　歓喜光寺の阿弥衣

寺、長楽寺、西郷寺の六寺院の阿弥衣を実見した。その中の最も古いものは蓮華寺の阿弥衣である。蓮華寺は時宗十二派の一つで、一遍上人の門下、一向俊聖を開祖とした一向派の大本山であったが、現在は浄土宗になっている。『一向上人伝巻三』には「弘安元（一二七八）年八月、雲州水尾宮にて、七日間の念仏が行われた際、上人が信者より寄贈されたもので、麻糸で作られているが両袖は人に施し与えた。それより門徒皆薄墨の衣の上に袖なし衣を着る。衣はあみ衣とも云う」とある。私が実際に見たものは一向上人の阿弥衣ということでやはり両袖はなかった。

次に古いものは、遊行二祖他阿上人（元応元・一三一九寂《じゃく》）所用と伝えられている愛知県碧南市称名寺の阿弥衣である。蓮華寺と同様に年代を感じさせるものであったが、保存状態がよく光沢もあり、麻布らしい張りを保ちながら風合いのある阿弥衣であった。

時宗本山の遊行寺の阿弥衣は元亀三（一五七二）年のもので古さ

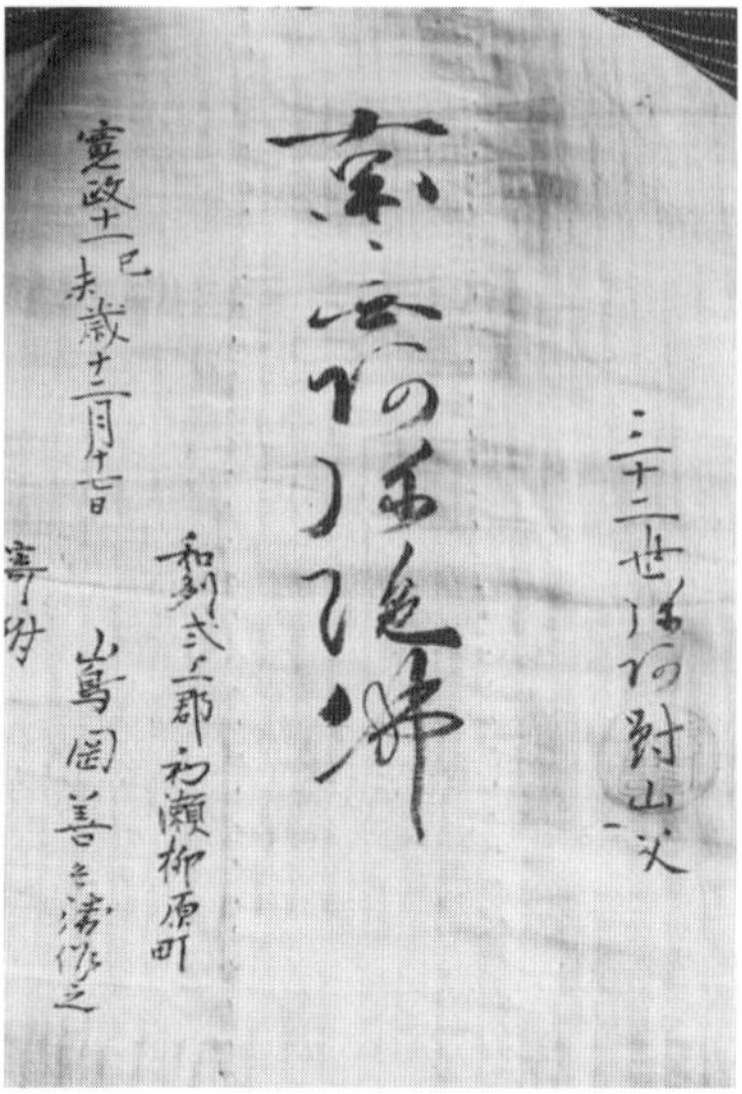

写真16　歓喜光寺の阿弥衣の墨書き

を感じたが、お寺の石倉師によれば、この阿弥衣の素材は「フジ」ということである。

長楽寺の阿弥衣は、時期不明とのことであったが、相当古いものと感じた。西郷寺のものは大永二（一五二二）年の墨書があり、これも時代を感じさせた。

江戸時代後期のものとしては、寛政十一（一七九九）年の製作という京都市歓喜光寺の阿弥衣がある。この阿弥衣は、他の寺院のものとは異なり、約二〇〇年も前のものであるにもかかわらず古さを感じさせず、むしろ見た目には真新しく感じた。

また墨書きには、和州式上郡和瀬柳原町とあり、現在の奈良県桜井市初瀬町のことで、この町の嶌岡善之輔作之、寄附と記されている（写真16）。

このように六寺院の阿弥衣を実際に見た結果、共通していえることは、出土した編布の編み方ではなく、越後アンギンと同じ編成法であったこと、そして素材は「フジ」とか「麻」といわれた以外のものも、古さの中に光沢のある麻らしい張りを感じた。

また、編み方については、現代の私たちがとても真似のできない高度な技法が一部で用いられ、熟達した人たちによって作られていたようだ。

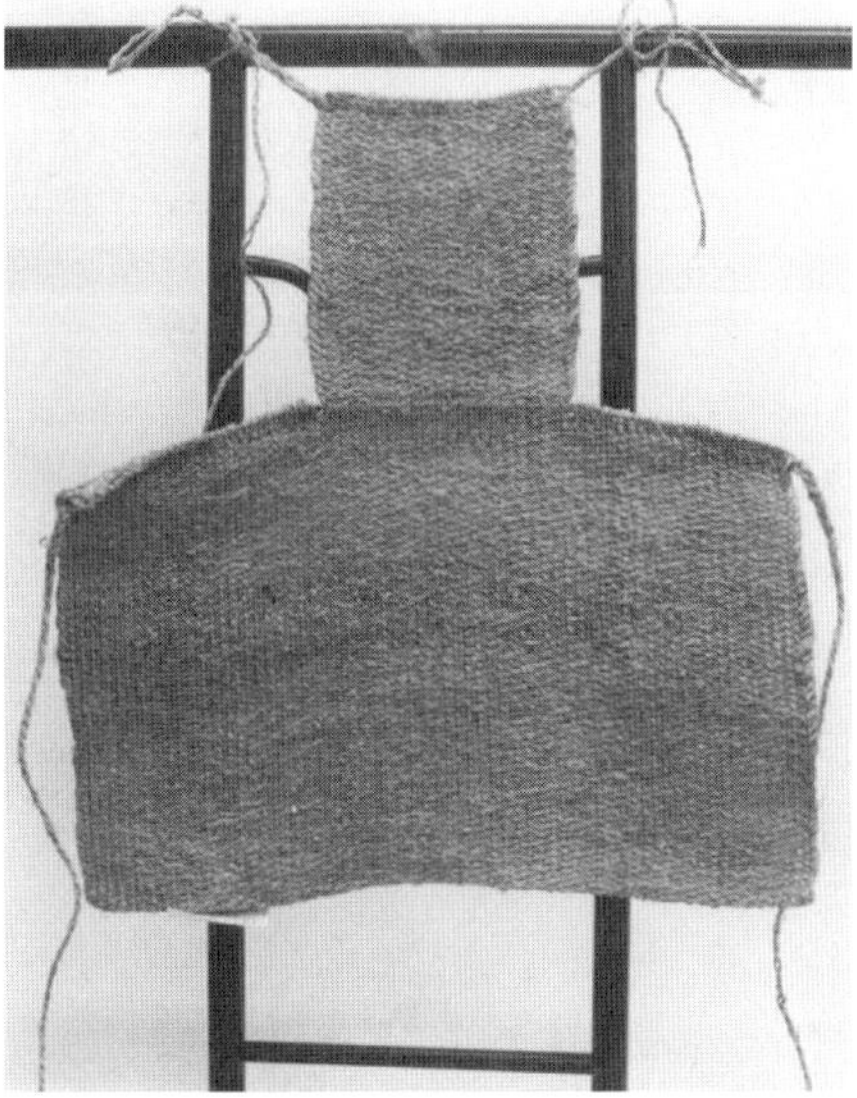

写真17　前あて前かけ

写真18　手提げ袋

ここで一つ不思議なことは、時宗の僧侶だけがなぜ編布という特殊な製法の法服を着装したかであるが、それについてはわかっていない。

越後アンギン

現代に伝えられている「越後アンギン」は、小林存、本山幸一両氏の先駆的業績を発展させた滝沢秀一氏によって明らかになった。その名を越後アンギンと呼ばれているにもかかわらず、新潟県下でも小千谷市や十日町市、それに中魚沼郡、東頸城郡、そして長野県下水内郡栄村の限られた地域に、江戸時代から明治にかけて発達したと思われる、きわめて珍しい衣類である。写真6・7・17・18のように袖なし・前当て・前かけや手提げ袋などがあり、アンギンの呼び方も地方によって異なっている。

中魚沼郡地方ではアンギンといい、秋山郷（新潟・長野県境の中津川上流にある隔絶仙境、現在は中魚沼郡津南町にある結東・前倉・大赤沢と、長野県下水内郡栄村に属する小赤沢・屋敷・切明でその昔は秋山といっていた）ではアンジン、十日町周辺ではマギン・マンギ・あるいはマンギンであり、東頸城郡松代町や松之山町ではバトウ、またはバトと呼び多様であるが、先学者はすべてアンギンといっている。

袖なし等の素材はオ（イラクサ科のカラムシで苧麻《ちょま》ともいう）・オロ（イラクサ科のアカソ）・イラ（イラクサ科のミヤマカラムシ）、まれに、アサ（大麻）とかシナ（シナの木科）などの靭皮繊維が使われており、越後アンギンには、製作に使用された道具も現存しているが、それはちょうど簾や俵を編む道具に類似しており、素朴なものである（写真8）。

文献に見られる越後アンギン

新潟・長野両県の一部で発達した越後アンギンについて記された書籍や古文書類の中から古いものを紹介しよう。

a　**『越能山都登《こしのやまづと》』**『越能山都登』は、寛政十二（一八〇〇）年、田沢村（現新潟県中魚沼郡中里村）へ幕府の御勘定組頭、金沢瀬兵衛が、灌漑用水路掘削工事の検分、督励で滞在した折の見聞録で、当時この地方にさかんであった越後縮の工程を刻明に記録しており、その中にアンギンについても記している。夕方村人がアンギンを着て家路についている様子を見て瀬兵衛が「みなしろきものきたるはいかに」と問えば「あれこそあみ衣とて、山人のきなれ衣にこそ候へ」と田沢村の庄屋村山五郎兵衛が答え、さらに「編衣は編て造りたるものなればしかいふ也。野苧麻とて苧麻に似て、方茎なる草あり、古人呼んでおろという。この草の皮を灰汁にひたしうち和らげて、莚《むしろ》を編ごとくあみつくりて、雪にさらすといふ。いとあつけれど、なだやかにしかもやれがての物にて、日々に柴などおひ又いたくはたらきものにすれさぶらへど、五、六年もきなれ候なり」と五郎兵衛はアンギンを初めて見る瀬兵衛に、その素材である草の名前から編み方、さらに繊維の精錬漂白工程や耐久性についてまで教えている。

写真19　『秋山記行』（阿部恭平氏提供）

b　『秋山記行』

文政十一（一八二八）年に鈴木牧之が、秋山を旅した折の見聞記『秋山記行』には「婦女共の俤を見るに、髪は結えども油もつけず、いかにも裾短きブウトウと云ふを着、或は其うへに網ぎぬと云袖なしをも着」とブウトウ（ぼろの着物）の上に袖なしのアンギンを着たと、具体的に型や着方が表現されている（写真19）。また「秋山中に夜具はないげな、漸々村寄に一つか二つ切と聞。此義はいかがと問ふに、寒中の寒さ時分は切れ布子を着、其うへに網衣をも着る。此網ぎぬは、山より刈来たるイラといふ草にて織ると、里の商人は蠟袋《ろうぶくろ》にするとて買ふ」ここでは、夜具の代わりに寒中アンギンを着るとあり、またアンギンは、編まれたままで商品として売られたことも記されている。その他「イラ苧の皮を盤のうへにて製しながら」といかにもその家の妻らしき女性の作業中の様子、それにアンギンの衣服（袖なしであろう）が男性にも着用され、格別丈夫な材質であるなどアンギンについて子細に述べられている。

c　**『やせかまど』**　文化・文政頃の片貝村（現・小千谷市）の庄屋、太刀川喜右衛門の記録『やせかまど』には、「小千谷市より南魚沼に、農夫の着用せるバタといふものあり、製は山からむしをとりて、夫を細き縄にない、夫を同じ縄にて、ここもあしこも槌にて幾くふと大人・小人極めてあみおろし、夏の耕耨《こうどう》の時分は一重にて山野に出て、冬は綿入の上に着し」とあり、野生のカラムシを採り、アンギンを編む前の素材の作り方や大人のみならず子供用も作られ、夏・冬着用していたことが記されている。

ここでいう〝バタ〟は、文面から察してアンギンとみてよいであろう。現在、バタと呼んでいる所はないが、松代・松之山町の、バトウあるいはバトという発音に似ている。

d　**『栄村史・堺編』**　現在の長野県下水内郡栄村の『栄村史・堺編』には江戸時代の秋山について、秋山の殿様とよばれた信濃国高井郡箕作村の名主島田三左衛門の御用留の中に記されてあった「文政八年酉年秋山様子書上帳」が引用されている。それによれば「食物は雑穀乏敷《とぼしく》木実野菜を多く用い衣類者《は》綴（世間之綴より劣甚見苦敷厚物ニ而破穴多候へ共不綴其儘）編衿（山苧を以製す）を着、木綿物少く古着を買求、新敷《あたらしき》ハ身元之宜敷《よろしき》年若もの偶《たまたま》所持仕候計《ばかり》」とあり、衣類はつづれとアンギンをあげ、「山苧を以製す」と素材も明記されている。

ここではアンギンを編衿と表現している。

e **『中里村史』** 新潟県中魚沼郡中里村の『中里村史』には、「アンギンの初めて登場する村内の史料は、享保二十一（一七三六）年の一点である。これは馬場（現・十日町市）の農家に三年年季で奉公することに決まった高道山の若者に対して、約束の給金のほかに、毎年アンギン一つと木綿二反を給するという、雇い主の認めた証文である。また、安政四（一八五七）年にも、高道山の農家に一年の年季奉公の決まった通り山の若者に、右と全く同じ現物を、年の暮れに給すると約束されている。」

このように書籍・古文書に現れるアンギンは、あみぎぬ・あんぎん・バタであり、最も多いあみぎぬも各々書き表し方は異なっているが、その素材や製作技法等から見て、現在十日町市や津南町に残るアンギン製袖ナシが連想される。

『越能山都登』の筆者がアンギンをしらないのは江戸から出役してきた幕府の要人であるので、

いたしかたないが、『秋山記行』の著者がアンギンを知らなかったとは意外であった。著者は現在の新潟県南魚沼郡湯沢町の住人であり、時代も文政十一年である。『やせかまど』によればすでに、小千谷より南魚沼では農家の人々がアンギンを着用していたとある。新潟県のしかも近距離に住みながら著者の目にとまらなかったということは、アンギンというものが、ごく限られた地域にのみ発生したユニークな衣類であったことをうかがわせる。

また、『中里村史』の中には、アンギンの着用例が述べられている。

① 十日町市小貫のマギンは、冬季、男が藁《わら》仕事をするときに着用されていた。ここには、袖無し型のほかに、これと上下一組になる前掛け型の製品まで編まれていて、藁《わら》でヤマギモン（着物）が擦《す》れないように用いられていた。

② 津南町菅沼では、クソーズ（くさ水で石油）を売りにくる隣ムラの樽田の老人が、いつもアンギンのソデナシを着込んでいたのが記憶されていた。寒い季節のことで、これは防寒着であった。

③ 津南町小島では、夏のタノクサトリに、アンギンのソデナシを直接肌に着ていた。虻がたかっても、アンギンが分厚いために、その口吻《くちさき》が肌まで届かず、刺されなかった。

④ 同町辰ノ口には、夏の季節をアンギンのソデナシ一枚で通す老人がいた。財産家ながら実に質素で、このような衣生活を送った、このムラでただ一人の人物であった。

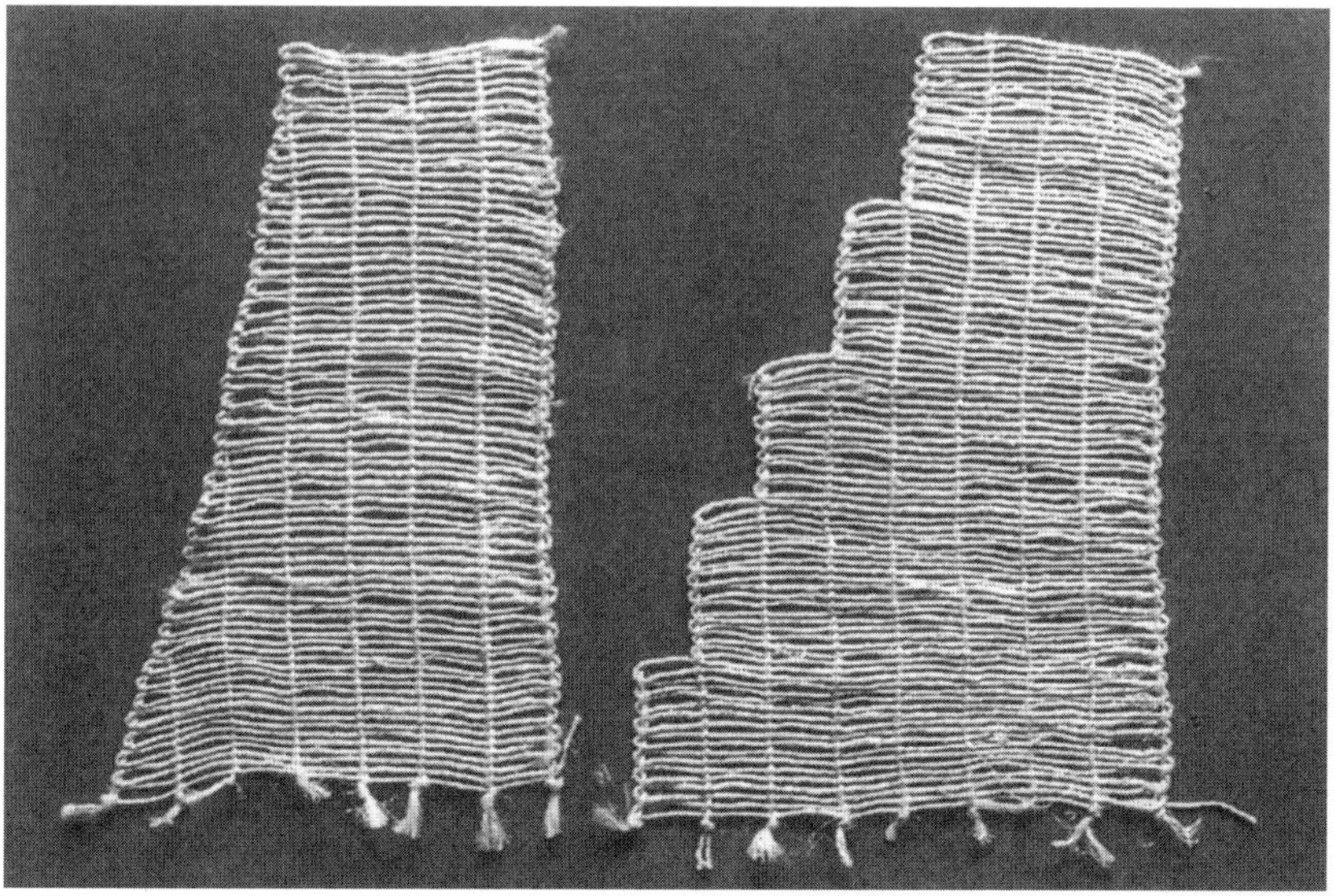

写真20　広がり部分の増し目

右はケタの刻み目に経糸を加えて単純な操作で増し目をする。
左はケタの刻み目のない所で経糸を加える熟達を要す増し目。

⑤もう一つは同じく辰ノ口で語られたことながら、突拍子もない話で、真偽のほどは判断できない。ムジナ（アナグマとかタヌキ）を捕らえるにはアンギンのソデナシを着込んでその穴へ入ってゆけばよいとするものである。ムジナが飛びかかってきても、爪がアンギンの粗い目に絡まってしまい、取りおさえることができるからだという。

このように越後アンギンは、夏も冬も着用され、便利な衣服だったことが推測できる。

なお私は、十日町市博物館をはじめ、その周辺のアンギンを所蔵されている各地を訪れ、袖ナシや前掛けといった作業衣的なもの、それに小物入れを実際に見せてもらった。素材は、アカソが多いと聞いていたが、袖ナシなどに使われた糸には繊維となる草の外皮がきれいに取られていないものや、中には現在のバルキーヤーンのような思いきり太い糸が使われ雑然と編まれているものもあり、越後アンギンは主として作業衣に限定されていたものと思われる。

その点、時宗の阿弥衣は、袖なしと同じ編成法であるが、比較できないほど糸の太さも、編目も揃っている。私が実際に見たのは、神奈川県藤沢市から広島県尾道市と広範囲にわたっていたが、特に驚いたのは阿弥衣の脇から裾への広がり部分の増し目など、私にはとてもできない技術がすべての阿弥衣に施されていたことである（写真20）。

そして、江戸時代からといわれている越後アンギンは、新潟県の一部と長野県のごく一部で発達したに過ぎず、前述したように『秋山記行』の著者鈴木牧之は、新潟県内に住みながら、アンギンを知らないでいたという。中世から近世の編布は、いくつかの疑問が解決されないままに、時代が過ぎて行くように思えてならない。

このように疑問を残す越後アンギンではあるが、宮城県山王囲遺跡から絡み編みの布を発掘された伊東信雄氏は、その後新潟県津南町公民館で、越後アンギンやその道具をご覧になり、この道具で山王囲出土と同じ絡み編みの布が編めることを体験され、出土した絡み編みを『編布』と命名された。

なお、中里村史には〝アンギン〟という言葉の背後にある方言の音韻変化について、共通語の語形における〝ミ〟が〝ン〟に転じている語例としてカンブクロ（紙袋）・カマガンサマ（釜神様）・

ノンバキ（蚤掃き）・カンナリサマ（雷様）・シンモチ（凍み餅）・オンキ（お神酒）・アンダサマ（阿弥陀様）などと、語尾の〝ミ〟が変化するドクダン（ドクダミ）もその例としてあげられている。

一方、「ヌ」が「ン」に変わっている例は数少ないが、キン（絹）・イン（犬）・ヤマイン（山犬）がある。このようにみるとアンギンは『編み衣』（アミギヌ）の転じたものに違いないという音韻上の根拠が示されている。

つまり、出土編布は、新潟地方の方言そのままの呼び名かも知れない。

縄文の布の研究をたどる

縄文時代の布には編布と織布があげられるが、今まで考古学的観点からはあまりとりあげられていないので、ここではその研究史的なことについて述べることにする。

編布について

一九三六年、小林久雄氏が、宮崎県尾平野《おびらの》洞窟（縄文晩期）から出土した土器片の中に「只一片であるが、縦に数条の並列した糸状の細き圧痕と、それとほぼ直角に約二㎝の間隔を置いて二条のやや太い顕著な凹線と交叉させた捺型である」と、特殊な圧痕土器として注目されていた。

その後、一九六一年、大脇直泰氏は、九州地方の晩期の縄文土器に網、籠、布、蓆目などを押圧した圧痕土器があることに注目し、それらを押圧土器と呼んだ。大脇氏の関心は圧痕土器の原体の復元、分布範囲、帰属時期に置かれていた。

また、一九六一・六二年に鏡山猛氏は、九州地方から出土した布目・蓆目、籠目、網目の圧痕土器の資料をさらに広範囲に求め、それらを組織痕土器と総称した。これらのうち、とくに布目と蓆目について焦点をあて、はじめてわが国の布の生成過程の観点から検討を加えられた。

鏡山氏が調査された編布の圧痕は九州地方に限られているが、その数は二九遺跡九三例におよんでいる。氏は、その分布が九州地方東部の福岡・大分両県を除く五県で発見されたことについて「編布製作技法の発生はどこかという問題の解決は容易ではない。一つの可能な流動方向としては、南島方面からの伝播ルートが考えられる」と仮説をたてられている（蓆目は編布である）。

一九六六年、伊東信雄氏は、宮城県山王囲遺跡（縄文晩期）から出土した編布や北海道朱円遺跡（縄文後期）から出土した編布を「鏡山先生が九州の縄文晩期の土器について蓆目の圧痕としたものの原体と同じである。そしてこのような圧痕をもつ土器は注意して見ると、東日本にも存在している。東日本では縄文晩期にもちろんのこと、後期のはじめから絡み編みの編布が存在していたことになる。縄文後期には九州においてもまだ弥生文化が発生していないから、これを弥生文化の影響と見ることはできない。縄文文化の中から自生して来たものと見なければならない」と鏡山氏の南島伝播論に対して批判を加えられた。

さらに「編布の編み方は絡み編みであって、簀《す》の子や俵の編み方と全くおなじである。簀の子が、その材料に堅い自然植物を用いているのに対し、編布はやわらかい撚糸を用いているだけである。したがって簀の子をつくることができるならば、その原理を応用して編布をつくることもできたはずである。簀の子が縄文早期までさかのぼり得ることは、新潟県子瀬《こせ》が沢《さわ》洞窟出土の土器にみられる圧痕によって明らかである。おそらく絡み編による編布は日本において発生していたものと考える」とことさらに編布の自生説を強調されている。

なお、伊東氏は、越後アンギンが、簀の子や俵と同じ製法で編まれ、出土した編布とも類似しているので、山王囲、朱円遺跡の編布は、越後アンギンの道具と同様にケタの横木に多数のコモ槌に巻いた経糸《たていと》を吊りさげ、緯糸《よこいと》をケタにそわせたのち、ケタの前後の経糸で絡み編んだのではないかと推測されている。

また「山王においてはじめて布が発見された時、私はこれを編物というべきか、原始的な織物というべきかについて迷ったのであったが、その後アンギンの製法を知るにおよんで、平織とは製作法のちがうことを知って、これは編物として織物とは区別するのを適当と考え、これを編布《あんぎん》と呼ぶことにした」と述べられ、縄文の布は伊東氏によって編布と命名されたのである。

わが国の編布と同様のものがペルーの北部海岸ワカプリエッタ遺跡などでも発見されている。それを研究されている関西大学教授角山幸洋先生は、出土編布の製作法について、経糸を上下二本の

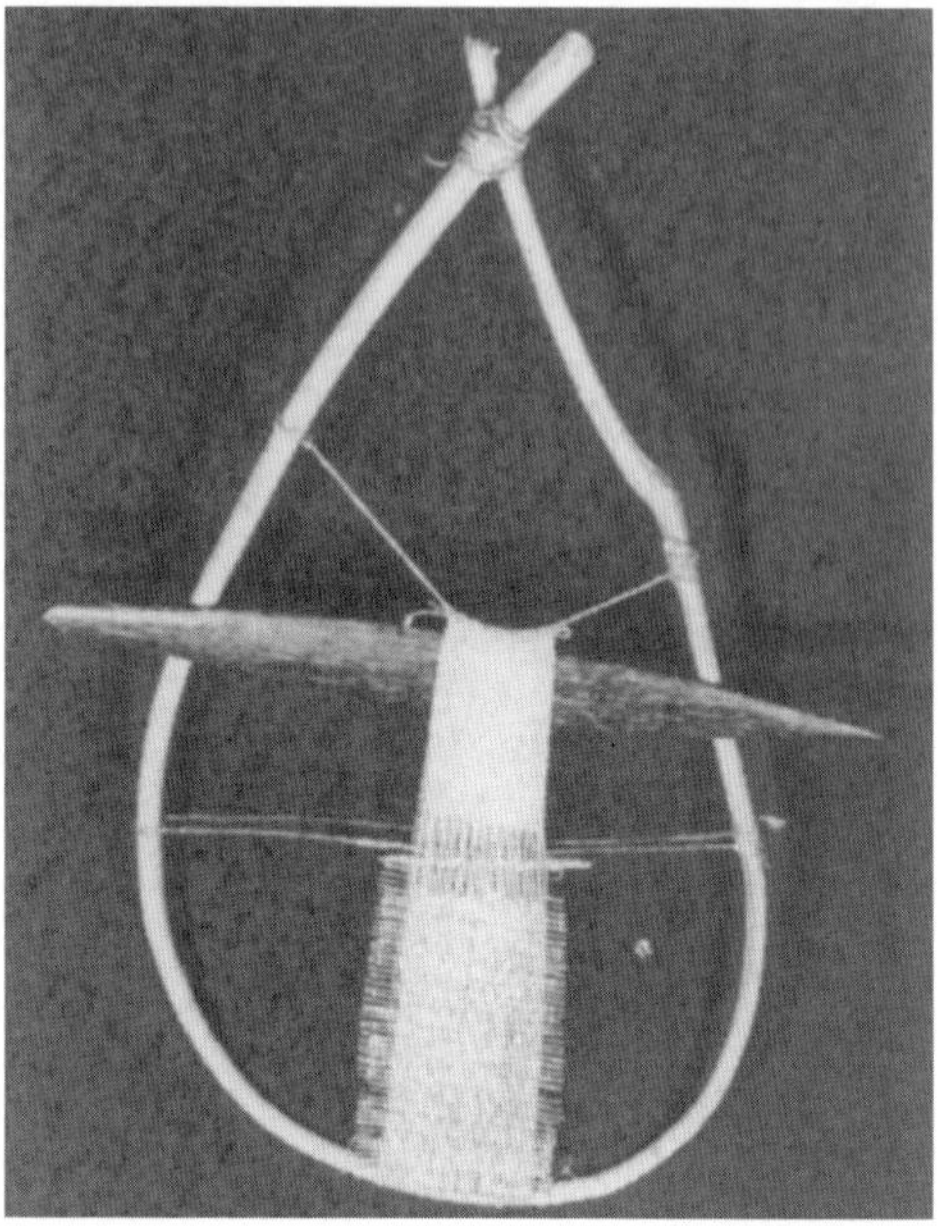

写真21　アマゾン流域インディオの織り具
（野外民族博物館リトルワールド提供）

横木で固定し、緯糸二本で横木に張った経糸一本を、横方向に絡み編みながら編んだと考え、ニュージーランドのマオリ族やアマゾン流域のインディオの製作例をあげている（写真21）。

一九七〇年滋賀大学教授小笠原好彦先生は「伊東・角山両氏の考え方では、経糸と緯糸の呼び方が、反対になる。二つの考え方は、現存する製作技法によっているのでいずれも製作可能なものではあるが、絡み編む工程の能率の点では二本の経糸によって緯糸を絡む伊東氏の復原の方がすぐれている。またわが国に現存している民俗資料である新潟県のアンギンをはじめ、俵や簀の子の編み方がどこまで遡りうるかは明らかではないが、角山先生の場合ではそれとの関連性を見失う恐れがある」と現存している民俗資料を重視し、伊東氏の復原に同調されている。

一九七六年、渡辺誠先生も、伊東・小笠原両氏の説を継承され、越後アンギンの道具に類したもので編成されたと推測されている。

平織について

まず、鏡山氏は、はじめて土器の圧痕に平織痕のあることを認められた。そして平織痕について「糸が撚りをかけた細かい繊維であること、それに平織布にあってはその形は色々あろうが、機を利用しているという点に限定したものを対象としていることはいうまでもない」といわれ、平織は織機で製作するものとされている。

そしてさらに「私達は一般の生産用具なり生産技術が、弥生期に至って急速に海外より伝来した面を強調してきた傾きがあるのではなかろうか。この伝によると紡績技術も織物技術も、中国その他古代文化の先進地帯からの伝来と考えることになるが、果たしていかがなものであろう。中国ではすでに漢代以前に絹織物の発達を見、織機の発達も高度な段階に達している。しかしわが国では弥生期としてみている機の部品からみれば、かの地のものとは程遠い原始機である。かえって未開民族の間にみられる織機に類品を見出すことができるであろう。つむがれた糸や織られた布をみても中国より伝来の高級品とはおもわれない。しかも平織の布は実例としては数が少なく、蓆目様の布が多いことは更に自主的な組織製品の存在を物語っている」と述べている。

すなわち織布が縄文晩期においてわが国で自生したものであるとの画期的な意見を述べられたのである。

伊東氏は「織物の典型的なものとされている平織の織り方はアンギンとはちがい、経糸を平行に張っておいて、これに緯糸を一本一本くぐらせて行くのである。網代《あじろ》には木または竹の薄皮を交互に組んで、平織と同じ組織にしたものもあるが、この場合は織物といわず、編物といっている。したがって編物と織物の区別は厳密にはむずかしいのであるが、普通には綜絖のある織機をつかって撚糸でつくったものを織物といっているようである。また編布と織布とはどのような関係であろうか。編布は織布の前段階といわれているが、編布と織布とはつくり方がちがうのであって、編布から直接織布が生まれて来ない」と織布の製作技法について散々悩まれ、「日本で弥生時代になると、織布が圧倒的に多くなり、編布が見られなくなるのは、この時代に綜絖《そうこう》のある織機が出現したためであろう。そして綜絖のある織機の出現は大陸からの影響によるものと考えた方が今のところ無難である」と織物に関してはさきの鏡山氏とはまったく逆で織機の大陸依存説を述べられた。

小笠原先生は「一般に織物は編物から発展したと考えられている。より具体的には編んだ布から織った布へ発展したと言い換えうるであろう。しかしこのことは九州地方で編布から織布へ自生的に発展したことをそのまま意味するものではない。わが国における編布製作技術と織布製作技術の間には、道具および操作の工程上で結びつく要素は極めて少ないようである。すなわち、最も古い機織具である弥生時代前期の奈良県唐古《からこ》遺跡出土の木製品によって復原される織機の操作工程と編布製作工程との間には大きなヒアタス（筆者註・へだたり）があり、編布製作技術には綜絖を導入する契機はほとんど含まれていないように思われる。すでに九州地方の晩期には籾痕《もみこん》あるいは支石墓葬法などそれ以前には知られない大陸系の文化要素が認められ、これらの要素が九州地方に弥生式土器が成立する以前に何らかの形で海を越えてもたらされていることが報告されている。これに対して、東日本では後期以降に編布製作が知られながらも、晩期段階でもなお織布の存在が明らかでないことは、織布が編布からそのまま発展しわが国で自生した可能性が少ないことを示しており、むしろ、編んだ布であれ、布を製作し使用するという縄文文化の中で成立した基盤が、綜絖によって開口され、経糸と緯糸が多数交叉する能率的な布の製作技法である機織技術を晩期段階で将来する母体になったと考えられる」と九州地方の織物に関しては、伊東氏と同様機織《はたおり》技術も大陸からの導入を示唆されている。

なお、編布と織布の製作にはそれぞれ別の道具を使用し、とくに織物には、綜絖のある織機を考えられた。

ただ一人、マオリ族やインディオの製作法をとられた角山先生は「マオリ族等の編成方法が、編物から織物への転換がスムーズに考えやすい。つまり横方向にもじる編糸を単に上下に交錯させ、簡単に平織とする利点がある」といわれてる。

以上が現在までに発表された主な研究者の研究要旨であるが、どの研究者も試作はされていない。そこで私は、編布と織物のうち平織を出土品の編・織密度にしたがって試作実験を行ない、同時に道具の解明にも結びつけられないかと考えてみた。

3　縄文人の衣服の謎

各遺跡出土の編布と織物

縄文時代の編布は、現在、北海道から中部地方にかけて九遺跡から出土例を見ることができる（図5・巻末表1・2）。

また土器の編布状圧痕は、九州地方を筆頭にほぼ全国的に出土している。

一方、織物については、編布と比較にならないほど少なく、今のところ、青森県の二件と、福井県、愛媛県の四件から、また土器底面等の圧痕として九州地方から小数出土しているにすぎない。

出土した編布

北海道斜里郡斜里町朱円遺跡（縄文後期末）　一九四八年発掘。

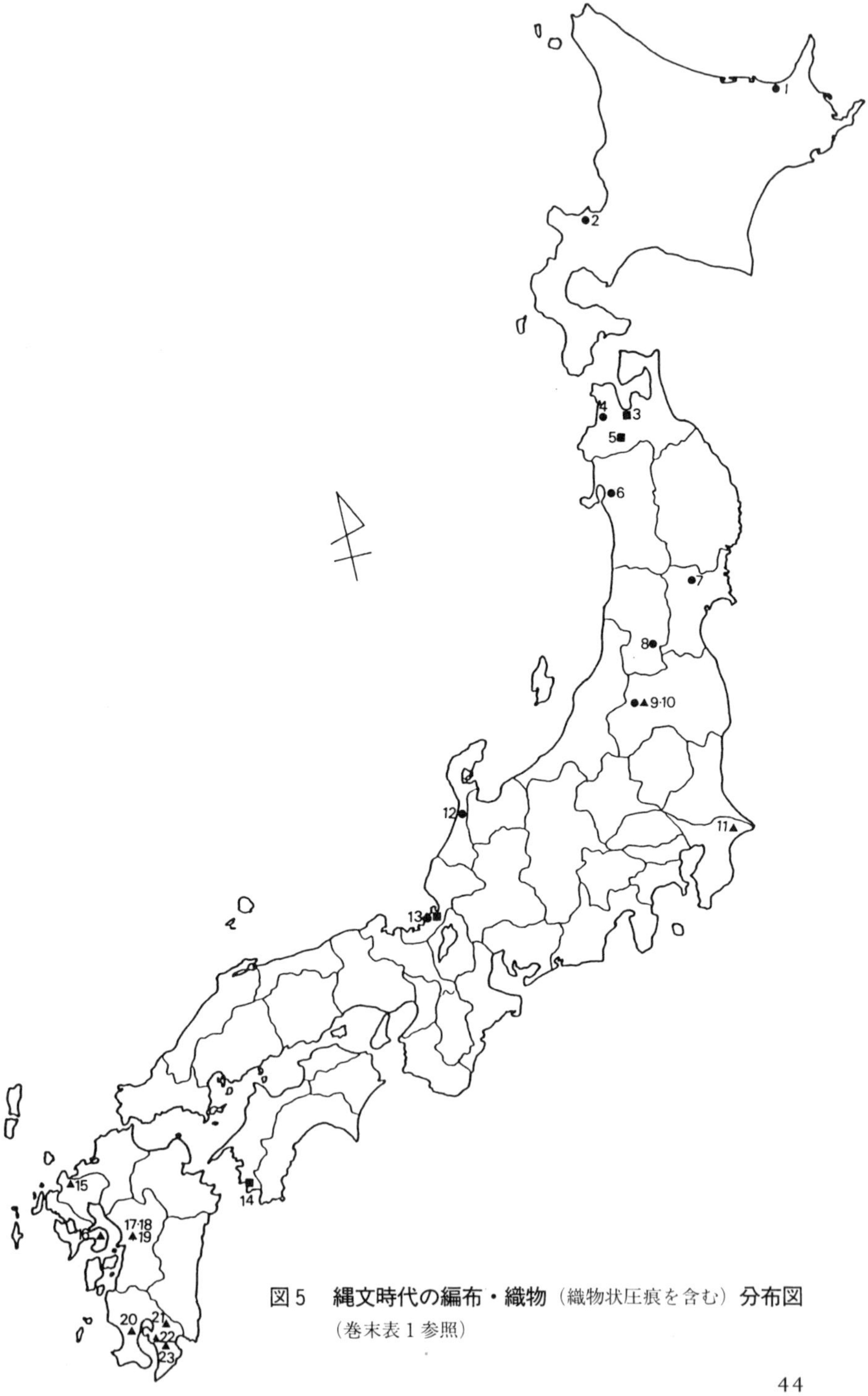

図5　縄文時代の編布・織物（織物状圧痕を含む）分布図
（巻末表1参照）

朱円遺跡の編布（写真22）は、河野広道氏によって発掘された。環状土籬《どり》のうち、第一三号墓壙《ぼこう》から出土した。発掘にたずさわったという斜里町の高桑華夷治氏は、当時の模様について「火葬された人骨の陥没した肋骨に付着し、出土時には大人の両掌を広げたほどであったものが、わが国ではじめての出土ということで各所へ分散してしまった」と語っておられる。斜里町立知床博物館で私が実見したものはすでに小さく、直径一〇cmくらいのシャーレに納まる程度のものであり、炭化が激しく、全体が黒く糸のゆるみも見受けられたが、撚った糸であることと、経糸が図4に示されている石附喜三男氏の模式図に見られるように左縄状であることが確認できた。糸の密度は滋賀大学の小笠原先生によると、最もしまっている部分で経糸間隔四～六mm、緯糸は一cm間に一二本で、右撚りに紡いだ糸を二本合わせ、さらに左撚りに撚った糸で編んでおり、糸の太さは〇・六～〇・七mmである。

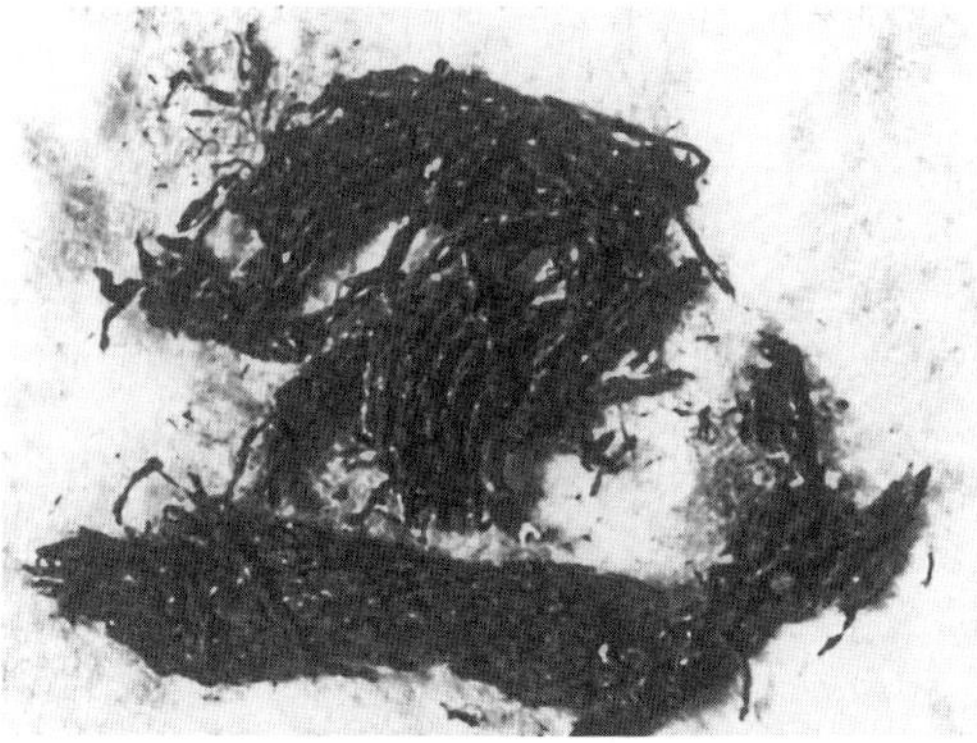

写真22　北海道朱円遺跡出土の編布
（縄文後期末、斜里町立知床博物館提供）

北海道小樽市忍路《おしょろ》土場《どば》遺跡（縄文後期中葉）一九八七年発掘。

一九八七年夏、北海道埋蔵文化財センターで実見した忍路土場遺跡の編布は現在までの出土中最も大きく、上下約四〇cm、左右約三〇cmの一見凹凸のある自然岩に、黒と茶褐色の塗料が付着したかと思われるほど炭化が著しく、繊維らしいものを肉眼で見る

図6　編布の模式図
（『忍路土場調査報告書』より）

ことは困難であったが、いたる所に編布が観察され、経糸間隔は三㎜〜五㎜、緯糸は一㎝当たり八〜一〇本である。これを朱円遺跡の編布と比較した場合、経糸間隔は朱円のものよりやや緻密（間隔が狭い）、そして緯糸は朱円よりやや粗いが、きわめて類似していることが確認できた。編成法は朱円遺跡や他遺跡のものと同様である。

素材については、京都工芸繊維大学名誉教授布目順郎先生の鑑定でオヒョウと判明している。なお一九八九年出版された『忍路土場調査報告書第四分冊』に掲載されている基本編布の模式図（図6）を見て、私はきわめて珍しい編布だと思い種々調査したが、その結果模式図が編布の模式図でなく、間違いであることがわかったので付記しておく。

青森県西津軽郡木造町亀ケ岡遺跡（縄文晩期）　一九八一年発掘。

『青森県立郷土館・考古第六集亀ケ岡石器時代遺跡』によれば、一九八一年に発掘された「縄」について、「撚糸を束ねたロープであるが、表面に漆が塗られているために保存されたものと思う。縄として固定するため細い糸で直角方向に結びつけているのが特徴である。この遺物は、あまり例を見ないものであるが、保存が良いので今後注目されるであろう」と記されているが、その後の調

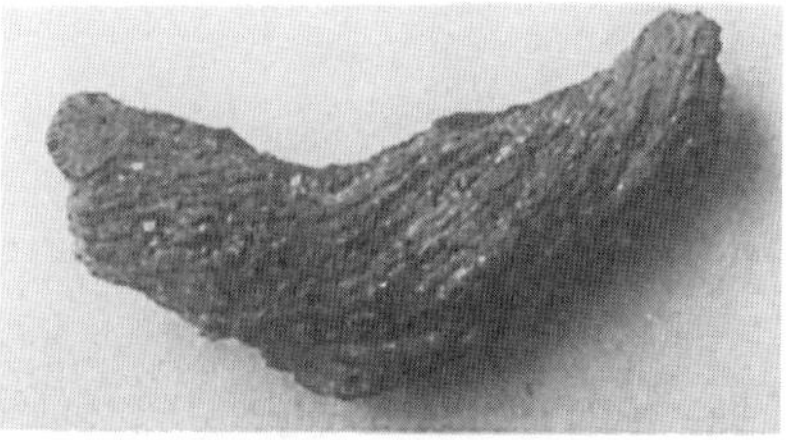

写真23　青森県亀ケ岡遺跡出土の編布
（縄文晩期、青森県立郷土館所蔵）

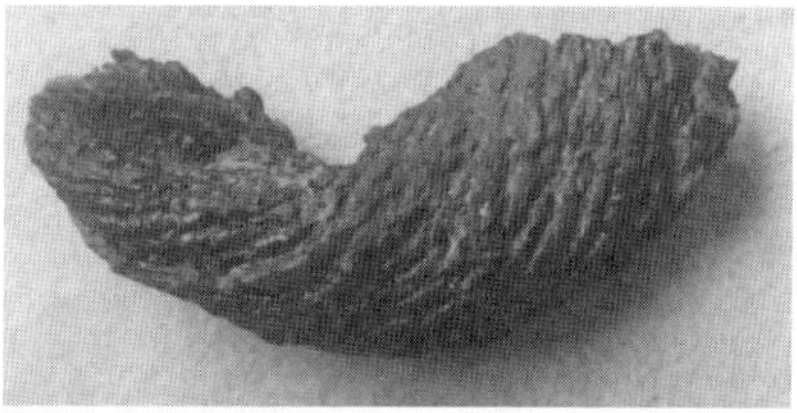

写真24　青森県亀ケ岡遺跡出土の編布
（縄文晩期、青森県立郷土館所蔵）

査で編布であることが確認された。
　亀ケ岡遺跡の編布は、全長八・三cmと六・八cmの二点あり、いずれも暗褐色を呈している。糸の太さは約一・五㎜あり、密度は経糸間隔一〇㎜、緯糸は一cm当たり六本とみられ、出土編布としては粗い方である。私も実際に見たが保存状態がよく、他の出土編布と同様左絡みで編まれている（写真23・24）。

秋田県南秋田郡五城目町中山遺跡（縄文晩期前半）一九八三年発掘。

　朱円・忍路土場・亀ケ岡遺跡のものとは異なり、この遺跡の編布は、筒状に巻かれ全長一三cm、経一一～一一・六cmで、密度は経糸間隔が一・三～一・四㎜（一cm当り七本）、緯糸が一cm当たり一〇本という現在までの出土品中（表2）最も細密なものであるが、編成法は他の遺跡と同様である。素材はカラムシであり、漆液の濾過《ろか》精製に使用されたものといわれ、黒色を呈している。また、その後の調べで、巻かれた部分の長さが推定七～八cmあるといわれている（写真25・26）。
　私は写真撮影のチャンスにめぐまれ、そのとき編布に手を触れたが、漆が付着しているので堅く、布という感触は全くなかった。

写真25　秋田県中山遺跡出土の編布
（縄文晩期前半、五城目町教育委員会提供）

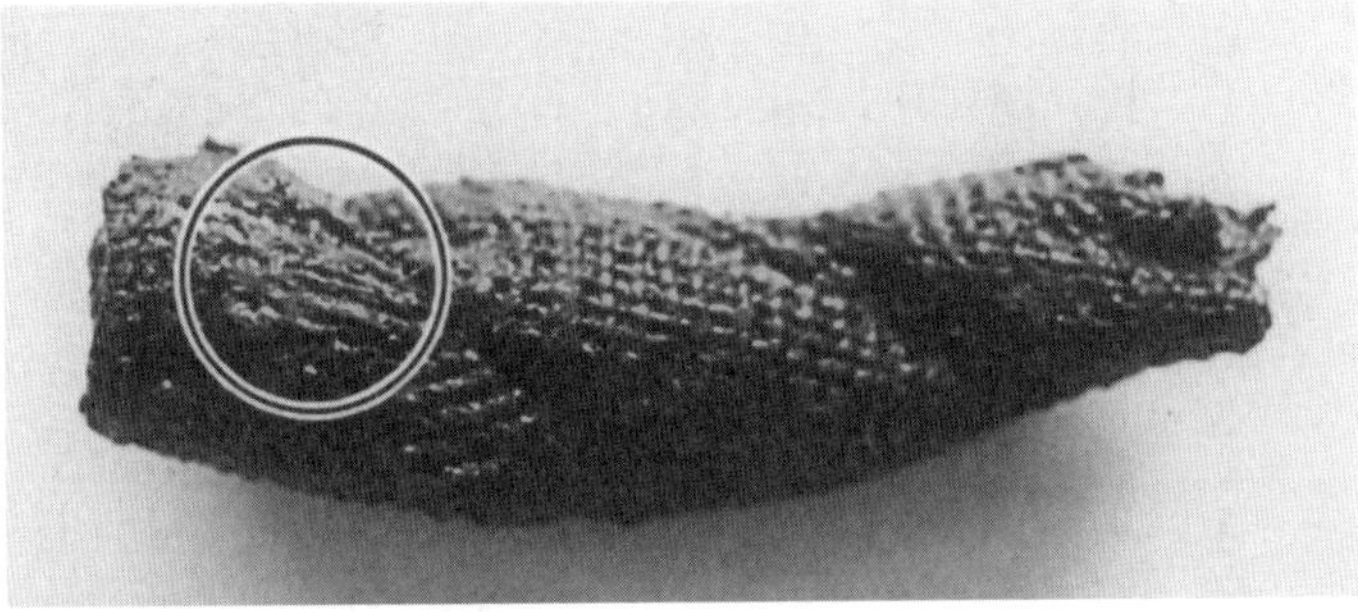

写真26　写真25の拡大

宮城県栗原郡一迫町山王囲遺跡（縄文晩期中葉）　一九六四年発掘。

山王囲遺跡例（写真10）について、伊東信雄氏はつぎのように記している。

資料一　昭和三九年十一月の第一次発掘の際に大洞C2式土器を含む層から出土したもので、長さ九cm、太さ一・五〜一・九cmの縄状にまかれて出土した。最初は縄が出土したと思ったが、後に編布がまかれたものであることが判明した。全体がS字状にねじれている。糸は太さ約一mmで、きわめてゆるい左撚りである。緯糸は一cm間に六〜七本ならんで密接しており、経糸は一cm間隔で全体に一〇本の経糸が数えられる。元来は幅五cmぐらいのものではなかったかと想像される。

資料二　前者と同じようにまかれたものが第二次発掘の際にも出土している。長さ一一・五

cm、太さ一・五cmほどで、布の組織は前とほぼ同じである。

資料三　第二次発掘の際、地表下約三mの大洞C2式土器を含む泥炭層から発見されたものである。発見当初は長さ一〇・五cmぐらいであったが、いまは砕けて小さい破片となっている。最大の破片で長さ四・二cm、幅二・四cmであるが、組織はよくわかる。糸の太さは一mm、緯糸は密接していて一cmの間に八本を数える。経糸の間隔は狭い部分で七mm、広い部分で一〇mm、普通八mmである。拡大写真で見ると薦のように見えるが、実物は糸が細くて布の感じである。全体暗褐色を呈している。

資料四　これも第二次発掘の際、地下三mの大洞C2式の層から出土した。幅二cmの帯状のもので、先端は爪形をなしているが、破損がひどく、詳細は不明である。糸は左撚りで、太さ一mm、緯糸は一cmに八本ぐらい。茶褐色を呈している。

私もこのうち三点を実際に見たが保存状態がよく、肉眼で糸の丸みおよび撚りと経糸が左絡みで編まれていることを確認した。

山形県東置賜郡高畠町押出《おんだし》遺跡（縄文前期）一九八六年発掘。

押出遺跡の編布（図7）は、布目先生の教示によれば経糸間隔約一〜一・三mm、緯糸は一cm当たり約八本と、前述の中山遺跡につぐ緻密

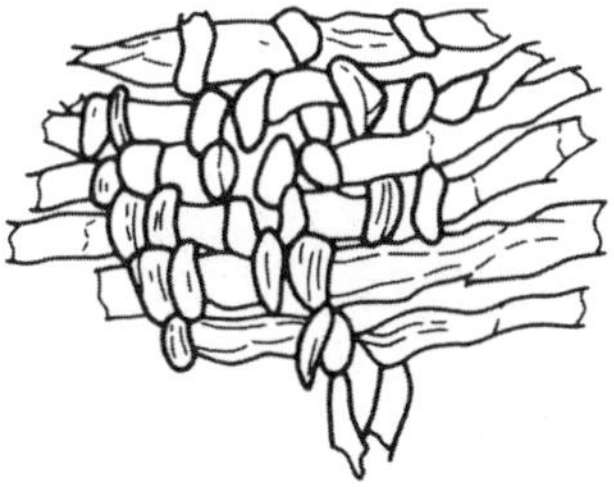

図7　**山形県押出遺跡出土**（縄文前期、『山形県教育委員会第一次調査説明資料』より）

写真27　福島県荒屋敷出土の編布
（縄文晩期、三島町教育委員会提供）

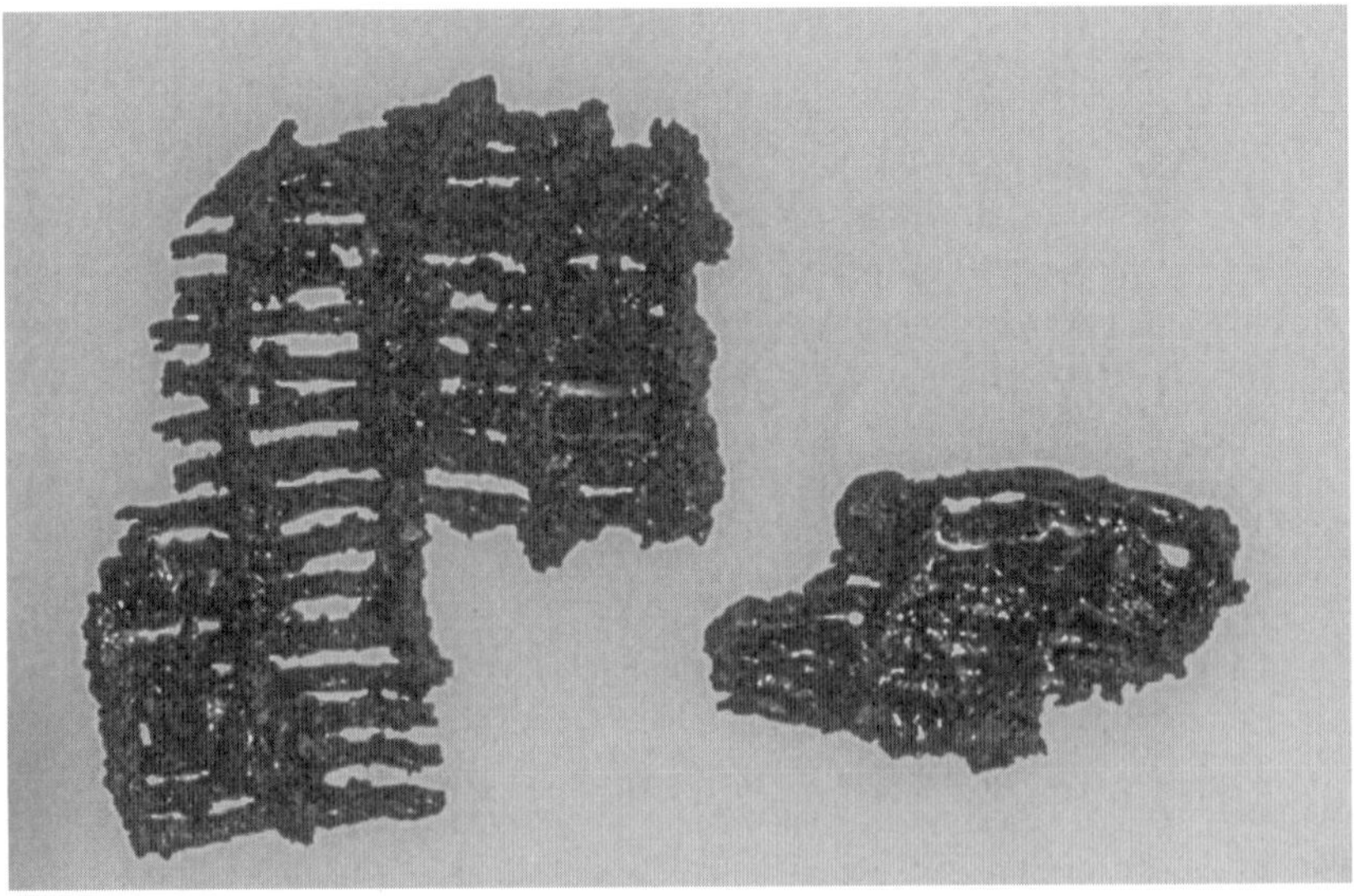

写真28　福島県荒屋敷出土の編布
（縄文晩期、三島町教育委員会提供）

な編み方であるが、遺物がきわめて小さく、左右一・三㎝、上下が〇・九㎝で、素材はアカソということだ。

また先生の『絹と布の考古学』には「押出の繊維にはまだいくらかの弾力性が残っており、それは、直角に曲げようとした場合に折れる程度のものである。また、乾燥状態にある繊維を水で濡らすことによって約一・七％伸長した。それぞれの繊維が互いに融着することが少なく、ほとんどの繊維が離れ離れになっていることから、十分に叩いてあると思われる。その用途としては、衣料としてもっとも多く使用されたと思われる」と述べられている。同遺跡からはこの外に、二点編布が出土しているが、それは本書の「縄文の布の謎解き」にて述べる。

福島県大沼郡三島町荒屋敷《あらやしき》遺跡（縄文晩期）一九八六年発掘。

荒屋敷からは三点の編布が出土しているが、その中の二点は次のようである。

資料一　長さ二・四㎝、幅四・七㎝の不等辺三角形状のもので、炭化が進んでいるからか、それとも漆（全体が黒く所々茶褐色）が厚く塗られているせいか、編目が不明瞭である。密度は、経糸間隔が五～六㎜、緯糸は一㎝当たり六～七本で、経糸の太さは一～一・二㎜、緯糸は一～一・四㎜である。この編布は、写真27で理解できるように、経糸の並列が部分的に見られ珍しい出土品である。

資料二　長さ二・四㎝、幅二・七㎝で表面の状態は資料一と変わらない。密度は経糸間隔が

写真29　石川県米泉遺跡出土の編布
（縄文晩期、石川県立埋蔵文化財センター提供）

写真30　石川県米泉遺跡出土の編布
（縄文晩期、石川県立埋蔵文化財センター提供）

五mm、緯糸は一cm当たり七本で、糸の太さは資料一よりもやや細く見受けられる（写真28）。

石川県金沢市米泉《よないずみ》遺跡（縄文晩期）　一九八七年発掘。

同遺跡の編布は次のようである。

資料一　円筒状に巻き、左方向に撚った布（写真29）は、経一・五〜一・七cm、長さ約五・五cmを計測する断片で全体が濁黄褐色を呈している。漆漉しに使用されたものらしく、全体が漆の薄膜で覆われているため、残ったものと推定される。密度は経糸間隔が二・五〜三・六mm、緯糸は一cm当たり七〜六本、糸の太さは経糸が〇・八〜一mm、緯糸は一・三〜一・七mmで経糸・緯糸ともアカソである。

資料二　数個に破壊された形で出土したが、もとは三角柱状に巻かれた一個のものであったらしく思われる。その主な破片三個を接続したものが写真30であり、褐色である。

なお三角柱の中央部には漆が充たされており、資料一と同様漆漉し布に用いられたらしい。経糸間隔は二・五〜三・三mm、緯糸は一cm当たり一〇〜一二本である。経糸の太さは〇・六〜〇・

九㎜、緯糸は約一㎜で、素材は経・緯糸ともにアカソである。特にこの編布は編目が明瞭でかつ整然としており、縄文時代という古さを感じさせない。

福井県三方郡三方町鳥浜貝塚（縄文前期）一九六一年発掘。

押出遺跡同様、縄文前期のもので、炭化が進み編成状態が不明瞭であるが、部分的に荒屋敷遺跡の資料一と同じ経糸の並列が認められる。密度は前述のいずれの遺跡のものよりも粗く、経糸間隔は一五㎜、緯糸は一cm当たり五～六本であり、実際に見たとき、私は糸の端に触れてみたが、想像以上にソフトな、まるで毛糸の感触であった（写真31）。

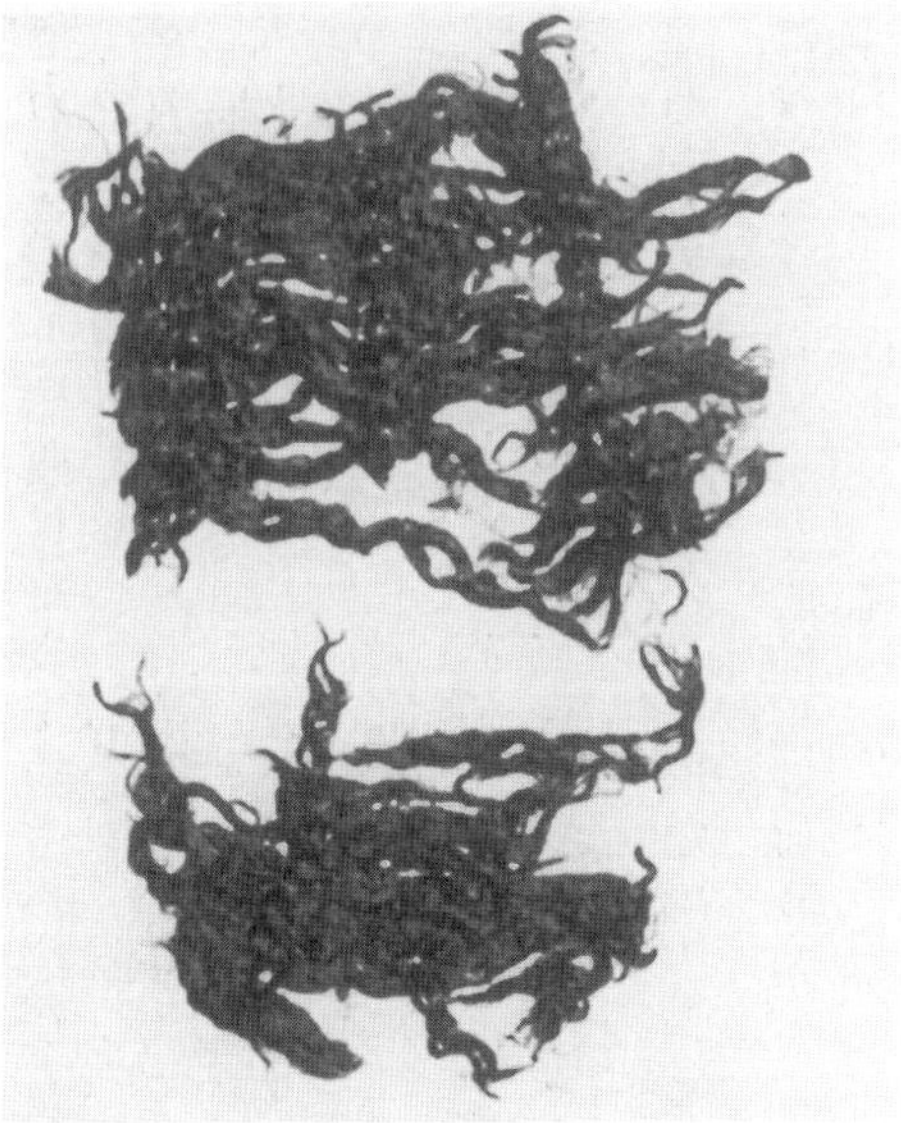

写真31　福井県鳥浜貝塚出土の編布（縄文前期、若狭歴史民俗資料館提供）

なお『鳥浜貝塚―縄文前期を主とする低湿地遺跡の調査6―』（布目順郎先生）によれば、「原野から採集してきたばかりのアカソの皮を剥いで、その断面を検鏡すると、繊維同士が互いに接着している様が見られる。その皮を乾燥し、木槌で叩いて柔かくしたものを糸に撚って使用するわけであるが、そのようなものでは繊維が離ればなれになる。しかし叩き方が浅いと接着したままのものが残る。鳥浜貝塚の編布の場合は、繊維が互いに接着しているものがきわめて少なく、ほとんどの繊維が離ればなれになっている。それは木槌によってよく叩かれていることをあらわしているように思われる」とあり、ソフトな感触も木槌で叩かれたからであろう。

『絹と布の考古学』には「このような繊維は柔らかく、繊維間に豊富な空気を保蔵することができるから、衣物にしたときの着心地や保温性がよくなる。発見当時は毛糸のセーターに似た手触りであったといわれるのもそのためである。しかも未だに弾力性と吸湿性を残有し、乾かしてから水に浸すと約八・五％の伸長をみせた。経糸をよくみると、諸糸が二本づつ並んでいるのは補強のためとみられる。」と述べられている。

以上が九遺跡出土の編布であるが、縄文時代前期から布が実在していたこと、そしてその素材は鑑定されたすべてが植物性繊維であること、しかもきわめて精巧なものや、経糸が並列して編まれているものなど、デザイン的にも工夫がこらされていることが示唆され、やはり縄文人の衣服についても、それなりのアイデアで着られていたのではないだろうか。

土器底面および側面に編布状圧痕の見られるもの

まず土器の底面や側面になぜ編布状の圧痕がつくのかについて述べよう。

縄文土器は、粘土を環状にしたものを重ねこれを両手でのばし、巧みに土器の形を作ってゆく。したがって土器は一定の場所におかれたまま、人がそのまわりを回って型を整え、文様を施してゆく。こうした場合、柔らかい粘土の土器の底面は、置かれた場所へくっついてしまう。ところが、石を台にして土器作りをする場合、石の上に木の葉を敷いたり、網代や編布、織布等を敷けば、製作中の土器の底面が、台に付着することはない。しかも土器は敷物があるので回すことができる。つまり、人は土器を作るときに動かなくてもよいことになる。これは楽だ。すなわち、ロクロ発生前の土器と製作台の緩衝物体であるとともに、ロクロの役目をしたものの圧痕が土器の底面に残存した。それが土器底面の圧痕なのである。

なお、九州地方の編布圧痕は、土器の内面についているものと外面についているものの二種類がある。それは、土器作りに型を用い、型の内側ないし外側に編布をはり、その上に粘土をはりつける。いわゆる型造りを行ったとき、型から粘土をスムーズに離す目的で使用した編布の圧痕である。

編布状圧痕のもっとも代表的なものは、土器底面に付着したものであるが、異色の例としては、土製品や砂鉄塊等に編布の編目が残されているものもある。

鏡山猛氏の蓆目（編布）圧痕、ならびに渡辺、布目両先生そして上原甲子朗氏、川端敦子氏、金田由紀子氏らが収集された編布圧痕の見られる遺跡については数が多いので表3（巻末）に示すことにし、ここでは珍しい例のみ述べよう。

写真32　**青森県福泉遺跡出土の砂鉄塊に付着した編布痕**（縄文晩期前半、五所川原市教育委員会提供）

新潟県山北町上山《うえやま》遺跡（縄文後期末）の土製品（写真11・12）は長さ一二・六㎝、幅六・九㎝で幼児の右足型が作られており、その裏面に編布の圧痕がつけられている。密度は、経糸間隔一一㎜、緯糸は一㎝当たり八～九本ということで、山王囲遺跡の編布と類似している。

私はこの土製品の写真を見て、現代の若い両親が、子供の誕生を記念して幼児の手形・足形をアルバムに押して喜ぶことを連想した。

足形土製品を作った縄文の両親も、きっと記念の意味で、編布の上に粘土をのせ、その上に愛しいわが子の小さな足を置き形を取ったのではなろうか。子を思う親心はいつの世にも変わらぬものだと痛感したと同時に、私は縄文時代に生きた人たちの心のぬくもりを感じた。

また青森県五所川原市の福泉《ふくいずみ》遺跡（縄文晩期前半）からは、楕円形砂鉄塊に編布状圧痕が付着している。五所川原市の『福泉遺跡発掘調査報告書』には「布状の織物に包み、右方向に布を絞って固めた可能性があるように思われる」と記してあるので、私は、縄文時代に鉄塊ということが珍しいことと、報告書の写真から判断して織物ではなく編布ではないかと考え、一九九四年四月、五所

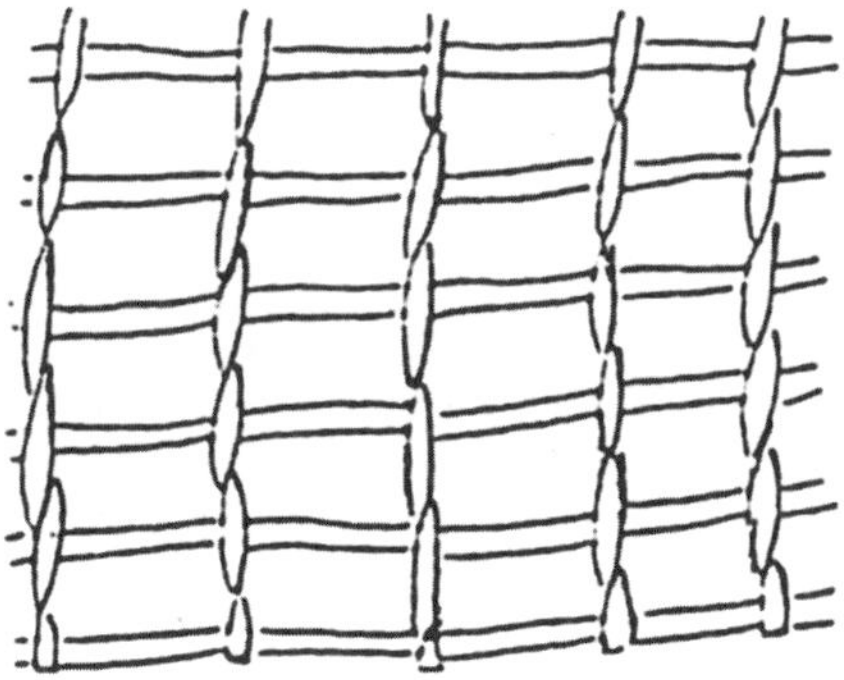

図９　出土編布の拡大図

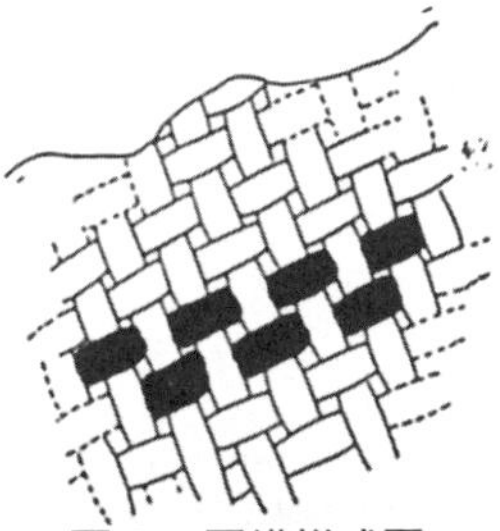

図８　平織様式図

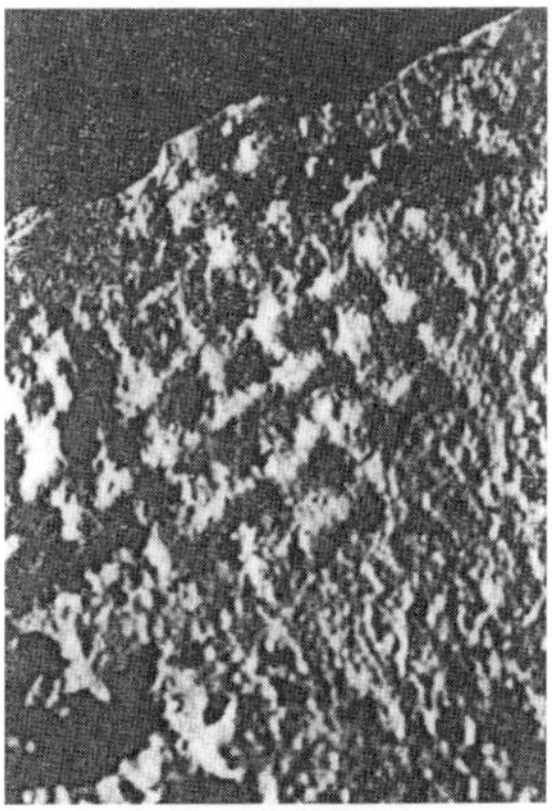

写真33　平織と報告されている上片貝遺跡の編布
（縄文中期、『新潟県小千谷市上片貝遺跡より出土した縄文時代の土器面に見られた布目文について』より）

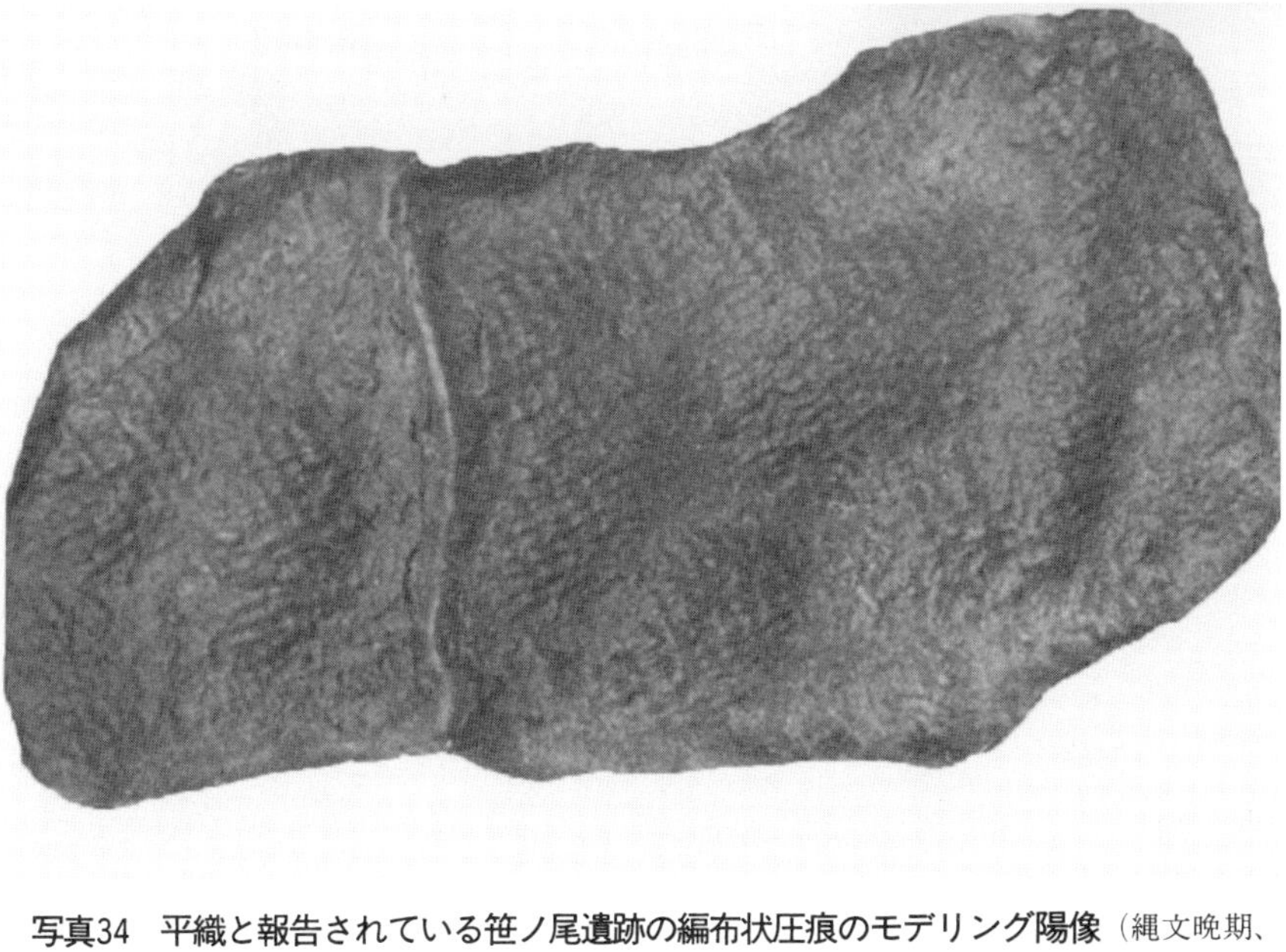

写真34　平織と報告されている笹ノ尾遺跡の編布状圧痕のモデリング陽像（縄文晩期、『原生期の織布』より）中央部が編布の特徴で、経糸が縦にそろっている。

川原市の資料館へ赴《おもむ》き実際に見学した。やはり編布であった。

しかもきわめて繊細な編布である。経糸の間隔は二〜三㎜がもっとも多く、中にはまれに四㎜もあり、緯糸は一㎝当たり一〇〜一二本と非常に密度が高く、中山遺跡の編布よりも経糸はやや粗いが緯糸は中山のものより細密で、ちょうど米泉遺跡の編布に匹敵するものである（写真32）。

なお、余談になるが鉄塊については報告書に「欠落した小片をこまかくし、磁石をのべると、その小片や砂鉄状細粒は、磁石に密着するから鉄分を含むことは明白であって、多分砂鉄であろう。またその小片を、ピンセットではさみ、火をつけると溶けながら燃え、その黒煙の匂いはアスファルトの匂いと思われる。さらに燃え残りを一〇倍のルーペで観察すると黒く光りアスファルト状となる。以上のことから、このような砂鉄塊を作るためには、砂鉄のみでは長い間固っていないものと考えられる。多分アスファルトを溶かし、それに砂鉄を入れて布状のものに包み絞って固めた可能性がある」と記してある。

縄文人が、なぜ製作に手間のかかる緻密な編布を使い、砂鉄塊を作ったのかは謎であるがユニークな出土品である。

一九五八年大賀一郎・寺村光晴両氏によって報告されている新潟県小千谷市上片貝《かみかたがい》遺跡（縄文中期末）出土の平織状圧痕のある土器については、報告されて以来平織とされてきたが、実は細密な編布であることがわかった。実物を見ようと小千谷市およびその周辺で遺物を探したが、残念なが

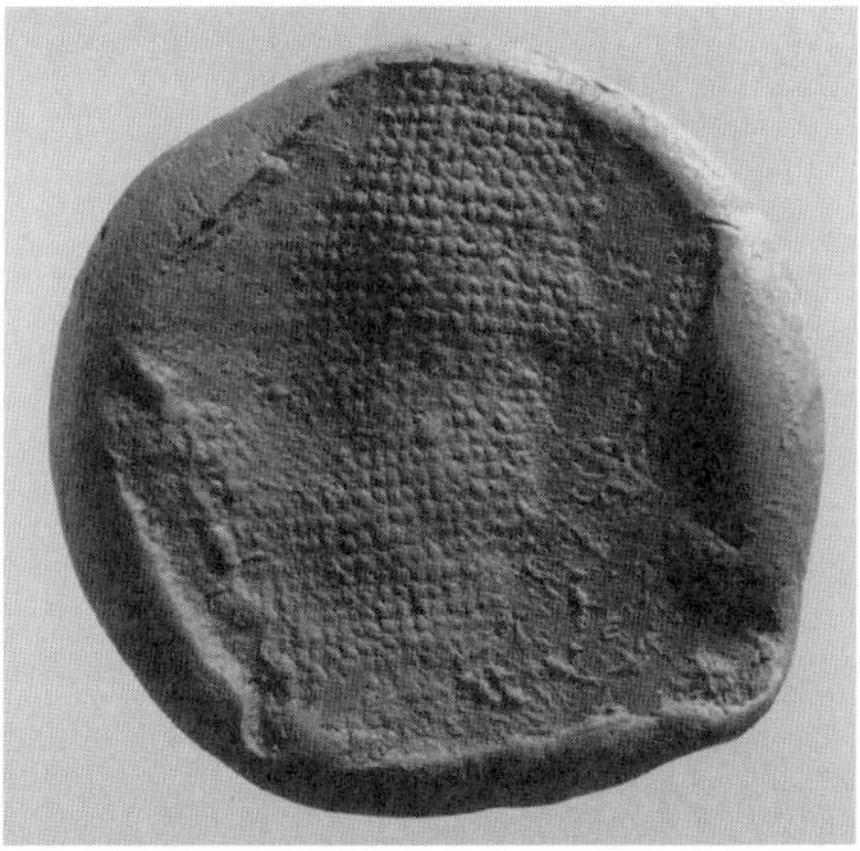

写真35　A（左）**佐賀県唐津市菜畑遺跡出土の編布圧痕とB**（右）**そのモデリング陽像**（佐賀県教育委員会提供）

ら所在が不明であるので報告されている写真で判断せざるをえない。

写真33・図8は文献中の写真をコピーしたものであるが、両者を比較して見ると、写真33は出土編布の特徴である経糸が、図9の経糸に類似している。したがって図8とは経糸の現れ方が違うので、私は編布の部類へ入れた。

文献によれば「これは土器の包含層から出土したもので、中期末の縄文土器と思われるが、縦四・三cm、横四・五cmの不等五角形の破片の裏面とみられるその一角に縦六mm、横八mmの平織圧痕があり、その中に経糸が九本と緯糸が八本しか存在していないが、これを一cmに換算すれば経糸・緯糸とも一五本」と述べられている。この高い密度は、中山編布より繊細なものである。

また、鏡山氏の著書『九州考古学論攷』に報告されている佐賀県唐津市笹ノ尾《ささのお》遺跡（縄文晩期）の布目痕土器がある。布目とは平織のことであるが、この圧痕も、よく観察すると、やはり編布の圧痕とわかった（写真34）。経糸間隔が〇・八〜一㎜つまり一㎝に一〇本から一二本の経糸が数えられる。また緯糸は一㎝当たり六〜七本である。鏡山氏の調査から、九州地方の編布は、経糸間隔が割合に広く、緯糸はかなりつまった状態で細い糸が使われているのが特徴のようにうかがわれるが、笹ノ尾遺跡のものは例外である。

ちなみに中部地方の出土品の平均数値は、九州と同じ編布であるが、経糸間隔が三㎜と割合に狭く、緯糸は一㎝当たり三・八本と少々粗く、九州のものよりやや太い糸が使われている。

笹ノ尾遺跡には問題の圧痕以外に、編布の圧痕が一八例出土しており、それらの経糸間隔の広いものは二五㎜、狭いもので五㎜、平均して一一・三㎜である。また緯糸は一㎝当たり六本となっている。

しかし、平織痕といわれてきた編布状圧痕は、同じ笹ノ尾遺跡の出土品でも極端に細密な編布と見られるので、私はぜひ実物が見たいと思い、佐賀県へ問い合わせた。しかし、所蔵先がついに判明せず報告されている写真で判断した。

さらに、佐賀県唐津市菜畑遺跡（縄文晩期）のすでに報告されている平織状圧痕の中にも、編布状圧痕が一点混入している（写真35Ａ・Ｂ）。経糸間隔が一㎜、つまり一㎝に一〇本の経糸が見られ、緯糸は一㎝当たり九本と笹ノ尾に匹敵する細密な編布である。菜畑遺跡にはこの他にも編布の圧痕が出土している。

鹿児島県鹿屋市水の谷遺跡（縄文晩期）からも比較的細密な編布圧痕が出土している。経糸間隔三・三㎜、緯糸は一㎝当たり一一本数えられ、経糸密度は笹ノ尾や菜畑遺跡の編布より低いが、緯糸の密度はやや高く、細い糸を使って製作されたものであり、九州地方の特徴をよく表している。なお、水の谷遺跡からは、これに準ずる編布圧痕が数点出土している。一遺跡からこのように比較的細密な編布圧痕の数多い出土例は、今のところこの遺跡だけである。

さらに圧痕のなかには、熊本市上南部《かみなんべ》遺跡のように、経糸間隔を七～一〇㎜おきに、経糸三本を密集並列とか、鹿児島県末吉町上中段《かみなかだん》遺跡では経糸間隔を一二～一五㎜とり、二〇㎜に経糸五本を並列というように、縞《しま》状の編布が見受けられる。このようにユニークな編成の編布は、編具を考えさせられる貴重な資料である。

出土した織物

織物の出土例は非常に少なく、次の四遺跡である。そのうち、鳥浜貝塚の繊維製品は『鳥浜貝塚―縄文前期を主とする低湿地遺跡の調査1―』によると編物の部類に入っている。そのほかに編物は三〇点以上出土しており「これ等の編物は、カゴ、ザル、バスケット、袋などの容器、敷き物、あるいは網類などの用途が想像されようが、何分にも部分あるいは断片の資料でしかとりあげておらず、その全容を知るまでに至っていない」と述べられているが、材質は、経・緯糸とも大麻と

写真37　青森県平賀町石郷遺跡出土籃胎漆器内面の拡大（村越潔氏撮影、綾織と平織が見える）

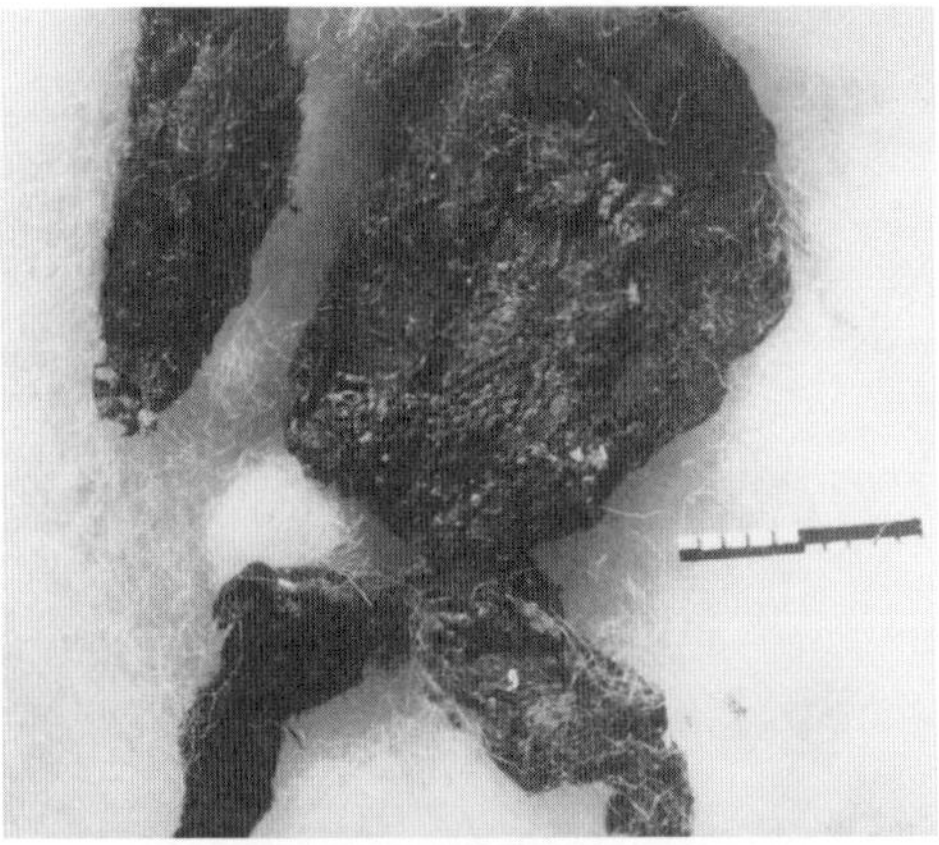

写真36　A（上）**愛媛県御荘町平城貝塚出土の平織**（縄文後期）**と、**B（下）**その拡大**（森 勇一氏撮影）

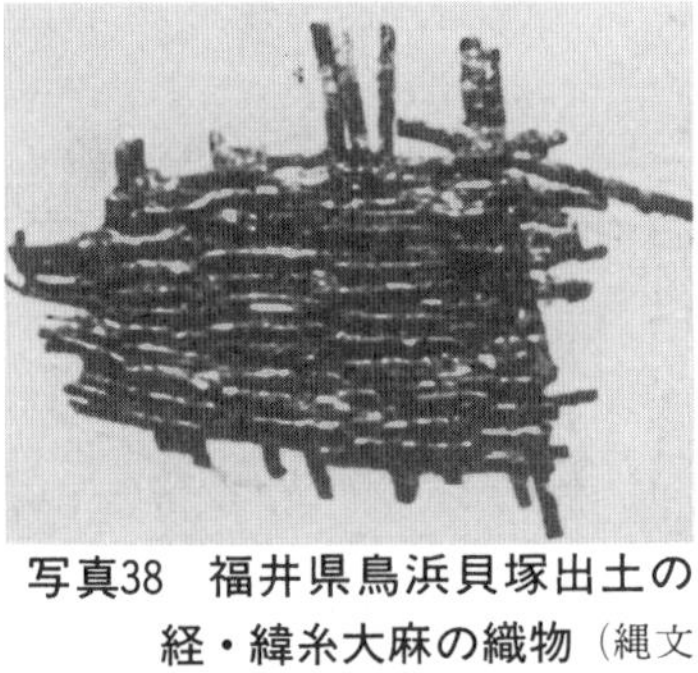

写真38　福井県鳥浜貝塚出土の経・緯糸大麻の織物（縄文前期『鳥浜貝塚』より）

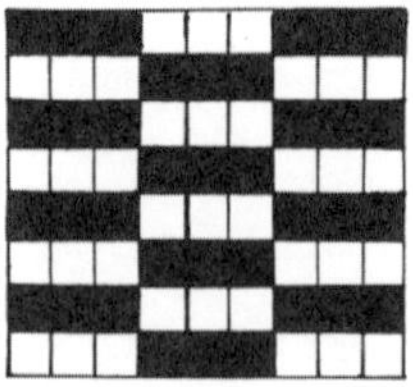

図10　鳥浜貝塚出土の織物組織図
（平織変化組織）

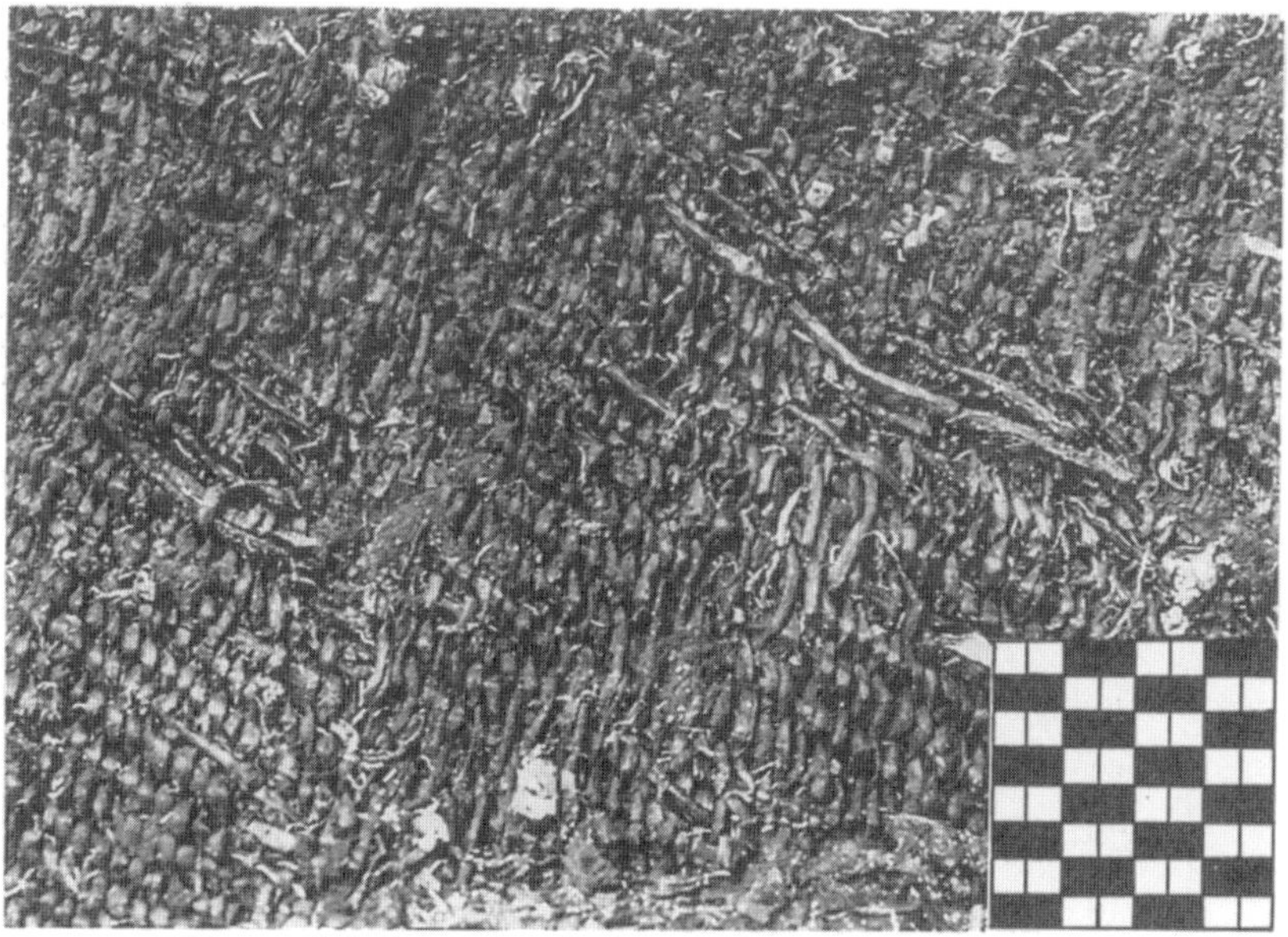

写真39　青森県三内丸山遺跡出土の織物（縄文前期～中期）
図11　三内丸山遺跡出土の織物組織図（平織変化組織）

鑑定されている。

大麻なら別名が麻で、現代も衣服の素材に使われている。竹工芸作家の瀬邉功山氏は「大麻には蔓のような固さがなく、道具がなければ編むとか織ることはできない」といわれた。したがって布を製作するには、横編法のような道具を使わなければならない。またこの繊維製品の糸は太いが後世の越後アンギンの作業衣と比較すれば細いので私は織物の部類へ入れた。

三内丸山遺跡の繊維製品は、織目が粗いので籠類に属するものかと悩んだが、やはり越後アンギンの作業衣に使われている糸の太さよりも細くて、蔓とかヒゴの固さが感じられず、一見オヒョウのように衣服に使う繊維に見受けられたので織物とした（図5・巻末表1・4）。

福井県三方郡三方町鳥浜貝塚（縄文前期）

青森市三内丸山遺跡（縄文前期〜中期）

愛媛県南宇和郡御荘町平城貝塚（縄文後期）

青森県南津軽郡平賀町石郷遺跡（縄文晩期）

一九六一年八月早稲田大学の金子浩昌先生が、平城貝塚の貝層中より採集された織物は、上下の長さ約四㎜、左右の幅約八㎜といった極めて小さいものであるが、歴然とした平織である。布の密度は、一㎝当たり経糸が二五本、緯糸が二〇本である（写真36A・36B）。

石郷遺跡のものは、発掘調査をされた青森大学教授村越潔先生によると籃胎《らんたい》漆器と思われる遺物が小さな破片（上下二・六八㎝左右三・二九㎝および上下一・二八㎝左右一・七三㎝）であることから接写し、六倍に引伸ばしてやっと確認できたということである。布の密度については、一㎝当たり経糸が二四本、緯糸は二二〜二四本の平織であり、それは現代の晒《さらし》より細かく、金巾より粗いということである。かつて私はこの石郷遺跡の織物を「縄文時代の布—編布・織布とその製作技法」においては平織としたが、村越先生から頂いた写真（写真37）の所々に綾織らしい部分が見うけられるので、愛知県尾張繊維技術センターや名古屋市工業研究所の専門家の方々の判断を仰いだところ、やはり確定はできないが綾織らしい部分があると教えていただいた。

鳥浜貝塚の織物は、現代の畳を連想するような織り方である。それは、経糸が三本引揃えの平織変化組織といって、写真38や図10でわかるように緯糸の間から三本ずつ経糸が確認できる。密度は、経糸が一㎝当たり一・八本、緯糸は一㎝当たり五・五本を数え、糸の太さは経・緯糸とも約二㎜。写真38で見る限り糸は扁平であるが、長期間埋蔵されていたせいであろう。

三内丸山の織物については、出土した直後に現地を訪れた(一九九四年一二月はじめ)が、実際に見ようとした出土品は、すっぽりと雪に覆われ凍りついていた。

雪の解けるのを待ってから実際に見た出土品は、水々しかったことと、まだ凍っていたためか、繊維が少しちりちりしたように見受けられ、あまり固いものには感じられなかった。

織り方は鳥浜貝塚の織物と同じようで、大きさは二〇㎝×一五㎝。図11のように、経糸が二本引揃えの平織変化組織である。密度は、経糸が一㎝当たり三本、緯糸は一㎝当たり八~一〇本である。なお、同遺跡からはもう一点出土している。織目は畳状で前のものと似ているが緯糸の中に経糸が一本の平織である。大きさは約二〇㎝×一五㎝で前のものとほぼ同寸法である。密度は経糸が一㎝当たり二本、緯糸は一㎝当たり一〇本で、糸は一~一・五㎜と二点とも同じような太さである(写真39)。

土器の織物状圧痕

土器の織物状圧痕の出土例もきわめて少なく、九州地方のみである。

佐賀県唐津市菜畑遺跡(縄文晩期)

長崎県南高来郡深江町山《やま》ノ寺《てら》遺跡（縄文晩期）
熊本県上益城郡甲佐町麻生原《あそうばる》遺跡（縄文晩期）
鹿児島県鹿屋市榎木原《えのきばる》遺跡（縄文晩期）
鹿児島県日置郡松元町フミカキ遺跡（縄文晩期）
鹿児島県垂水市宮下遺跡（縄文晩期）

この中で菜畑遺跡の平織は、表4のように八点出土している。細密なものは一cm当たり経糸が二一本、緯糸は一〇本、またそれより粗いものは一cm当たり経糸が一五本、緯糸は九本で、さきに述べた平城貝塚や、石郷遺跡のものと比べると、全般的に粗い平織である。とくにこの遺跡の特徴は経糸・緯糸の密度比に開きがあることで、その顕著《けんちょ》なものは、この遺跡としては細密な平織である。一cm当たり経糸が二一本、緯糸は一〇本というように、緯糸は経糸の二分の一以下である（写真40A・B）。

榎木原遺跡からは、平織痕二点が出土しているが、土器の磨耗が著しく、はっきり観察できないが、経糸が一cm当たり六本のものと七本、緯糸はどれも四本と、今までの出土例中最も粗いものである。

なお、鹿児島県立埋蔵文化財センターの長野真一氏（調査課長）より、フミカキ遺跡と宮下遺跡の平織痕モデリング陽像を頂いた。フミカキ遺跡の土器も磨耗のせいであろう、ところどころに平織が確認される。経糸が一cm当たり粗いところで一二本、細いところで一六本、緯糸は一cm当たり粗いところで六本、細いところは一〇本と、菜畑遺跡の出土品によく似ている。また、宮下遺跡の出土品は、経糸が一cm当たり七本、緯糸は一cm当たり六本でこちらはやや粗い織目である。

また、山ノ寺遺跡の圧痕については、実物を見ることはできなかったが、長崎県教育庁の田川肇氏より、古田正隆氏の「山の寺梶木《かじのき》遺跡」（『百人委員会埋蔵文化財報告第一集』一九七三）を頂き、それに記載されていたので採用した。

熊本県麻生原遺跡の平織痕についても、まだ見ることはできていない。

写真40　A（上）佐賀県菜畑遺跡出土の平織状圧痕とB（下）そのモデリング陽像

なお『下弓田遺跡総合調査報告第一』の「附節―布痕土器」として鏡山氏は、平織状圧痕のある土器について報告された。しかし一九九四年になって下弓田出土の圧痕土器を所蔵している宮崎県総合博物館の近藤協氏から「下弓田遺跡出土の平織状圧痕の土器は、平安時代の製塩土器とわかったので縄文時代からは外した方がよい」との知らせがあり、今回削除した。

以上に述べた布の遺物と圧痕の特徴を概括すれば、縄文の布は、大多数が「編む」技術をもちいて作成された編布であったことは明らかである。それは縄文時代の生活・労働用具の作成状況に照らしても、ごく自然な結果であるとみることができる。

とはいっても編布にしても、織物にしても私たちがジョーモンという言葉からは想像できないくらい繊細なものがある。あらためて縄文人は、どんな編具・織機を考案し、布作りをしていたのであろうか。謎を深める観察であった。

道具と製作技法

二種類の道具

縄文時代の編布の作成に関しては前に述べたように二つの説が認められている。

その一例としてあげられるのは、越後アンギンの道具である。

アンギンの組織は、緯糸を経糸で、縄のように撚《よ》り合わせて、からみながら編んで行く、たとえば簾《すだれ》や俵のように編んだものである。したがってアンギンの編機（写真8）は俵編機と同じ原理で、

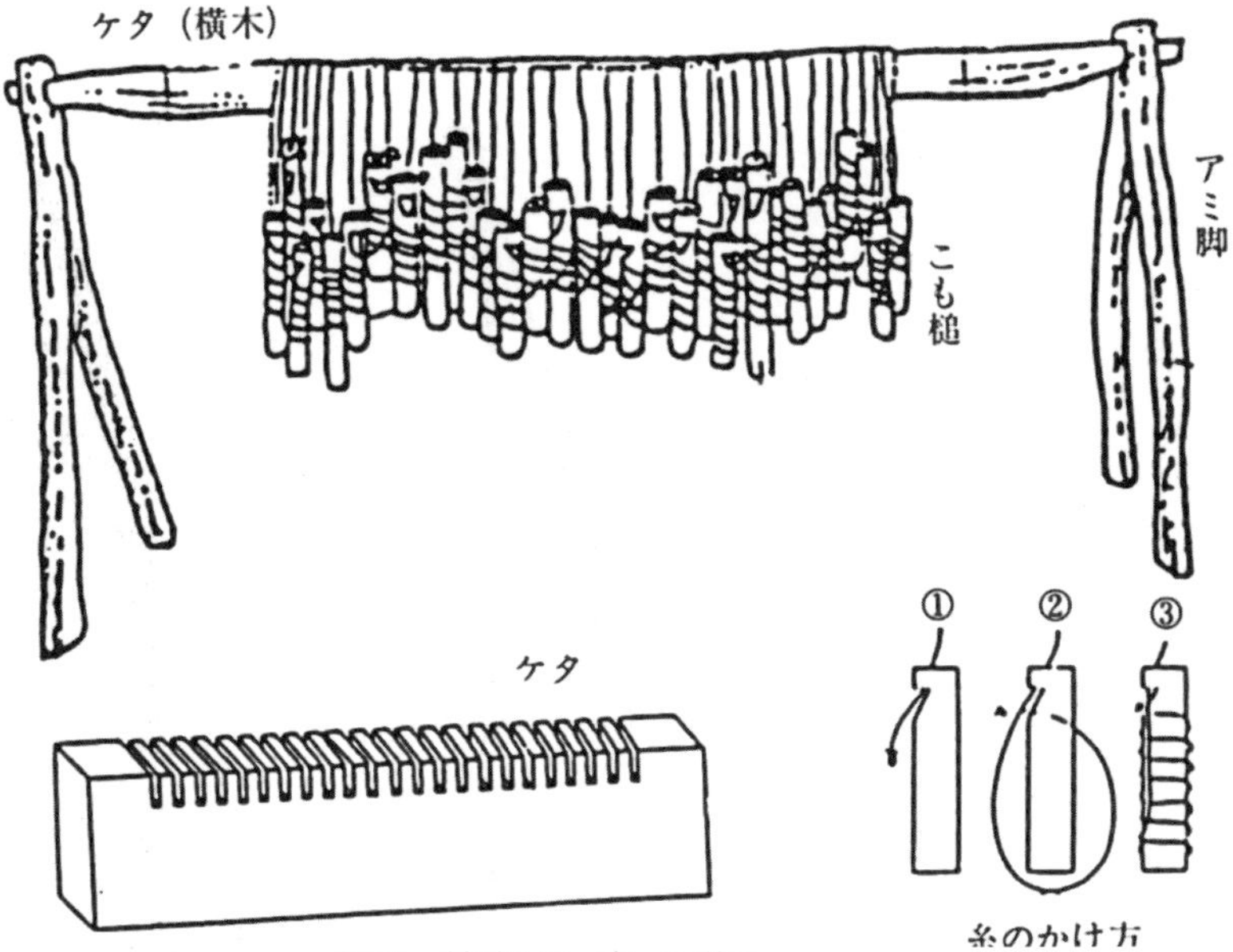

図12　越後アンギンの道具

経糸を掛ける横木（ケタ）と、その両端を支える脚（アミアシ）を組み合わせたものが本体で、それに経糸を巻くコモヅチを合わせて一式である（図12）。

他の一例はアマゾン上流インディオの編具に類したもので、写真21のように一本の蔓《つる》を丸めるように両端を一つにしてしっかり結ぶ。結び目を上にした枠は変形の楕円状になっている。その中央よりやや上った所で左右の枠へ紐をかけ、その紐と枠の下側へ上下に経糸を張る。このように枠と紐によって糸を強いテンションで保たせる。道具としてはこれだけの簡単なものである。

この道具の場合は、越後アンギンの編み方と異なり、上下に張った経糸に緯糸で絡みながら横方向に編んでいく方法である。

このような方法は各地で行われている。台湾のタイヤル族は、太い竹を割ったものを図13のように弓状にし、これに経糸が強く張られている。西太平洋のソロモンでは図14のように弓形に枠を入れて経糸を張り、インディオの編具によく似ている。

なお、アメリカ北西部トリンギット族のチルカット、ニュージーランドのマオリ族も、道具に違いはあるが、横方向に編み進ませている。

そこでこれら二つの作成技法をもちいて編布と平織の製作実験を行い、縄文時代の布は果してど

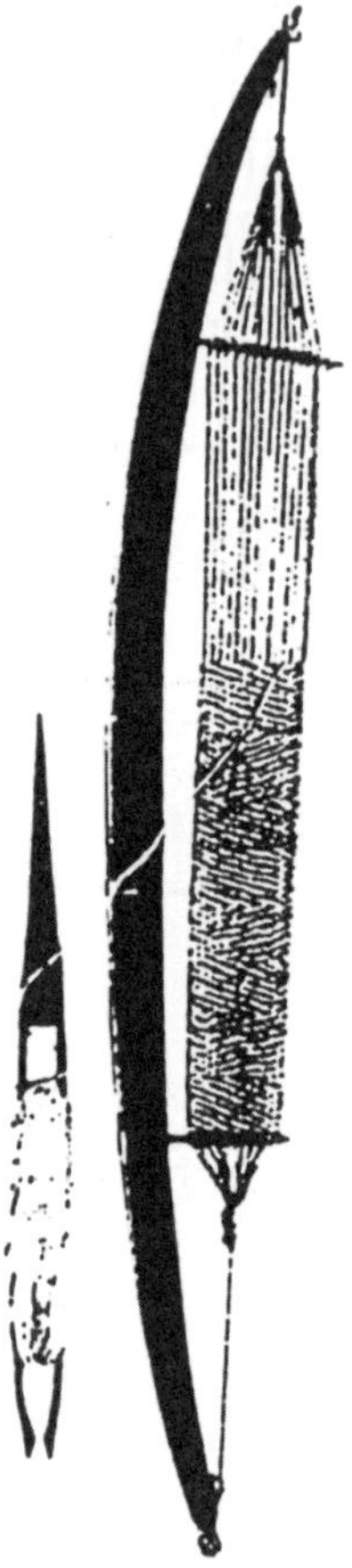

図13　台湾タイヤル族の弓形編具（『日本原始繊維工芸史』より）

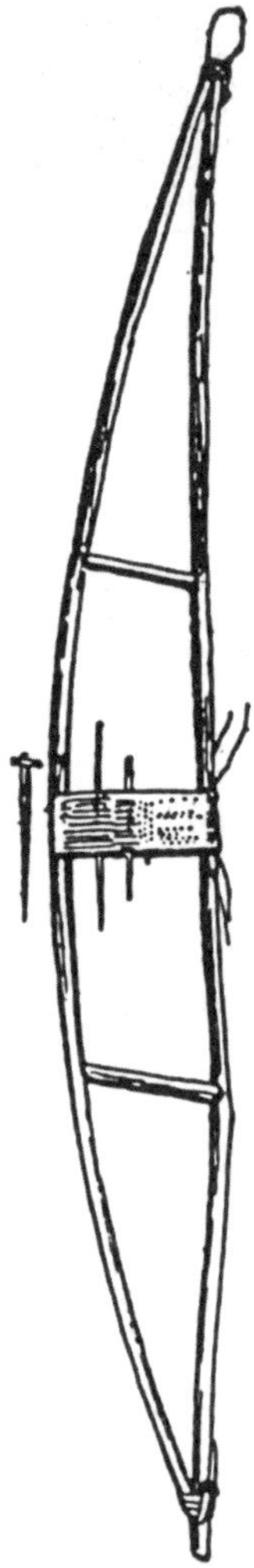

図14　ソロモンの弓形編具（『日本原始繊維工芸史』より）

の道具が用いられたのかを検討したい。以後、越後アンギンの道具に類したものを使用する製作法を「編布法」とよび、インディオの道具に類したものを使用する製作法を「横編法」とよぶことにする。私は滝沢先生に越後アンギンの編成法を師事したので、越後アンギンの製作法から述べることにする。

越後アンギンの製作

まず編もうとする物の幅をきめる。これによって目数がきまり経糸の本数がきまる。つぎは経糸の長さをきめる。長さは必要とする布の長さの約三倍。それを二つに折って中心をきめ、両端の糸を図12の2にしたがってコモ槌《つち》に取りつけて巻き、それをケタの刻み（図15の①）に一本ずつ掛ける。越後アンギンは目数を必ず偶数にする。つぎは経糸を掛けたケタの上に一本目の緯糸（図15の②）を当てる。糸の両端はケタより相当の長さを出しておく。

端から手前側のコモ槌を左手に持ち、向こう側のコモ槌を右手に持ってケタの上で交叉させる。図15の③のように二本の経糸は緯糸を絡むことによって右縄状になる。なお編み進む段階で経糸を一目ずつ飛ばしていく。一本目を編み終わったら二本目の糸をその上に当て、一本目に編み残した緯糸と二本目の糸を一括して絡ませる。以下図15の④に示すよう一目おきに編み、編み終わりで三本目の緯糸を加え同時に編み込む（この部分のみ緯糸が三本重なる）。これでケタの両側には、一本目および二本目の緯糸の端が二本ずつ、三本目の糸が一方だけに一本出ることになり、一方は二本、他方は三本の糸が出る。つぎからは端に出た緯糸を上にあげて編むが、その場合は三本集まった一番下の糸を上に上げる。上げ方は、右端では上の二本の糸の裏側を、左端では二本の糸の手前から上げる。このくり返しで図16のような越後アンギンとなる。

出土編布の製作

a 編布法

最初は越後アンギンと同様にし、経糸の両端をコモ槌に巻きケタに掛け、緯糸をケタの上にのせる。つぎに出土編布は、経糸にて緯糸を一本づつ毎回絡み一段目を端まで編む（図17）。二段目はその緯糸を折り返し絡み編むといったくり返しを続けることで、図9のような素朴な編布が製作される。なお出土編布は経糸の絡みが左縄状であるので、コモ槌を持つ手は越後アンギンの逆である。また秋田県中山遺跡（縄文晩期）の編布は糸の密度が高いので、目盛板の細かいものを選び、アミ脚を高くする。編み方に変化はないが、図18のように手前側にコモ槌を下へ降ろし、緯糸を引き締めることで製作は可能である。私は五㎜ごとに刻みの入ったケタを使い八番手の綿糸で、幅五㎝、丈四㎝を試作実験した。非常に面倒ではあったが、経糸間隔一・四㎜、（一㎝当たり七本）緯糸は一㎝当たり一〇本の緻密な編布が製作できた。

b 横編法

横編法については、まず写真21のインディオの編具を参考にした。インディオのものは、蔓状の

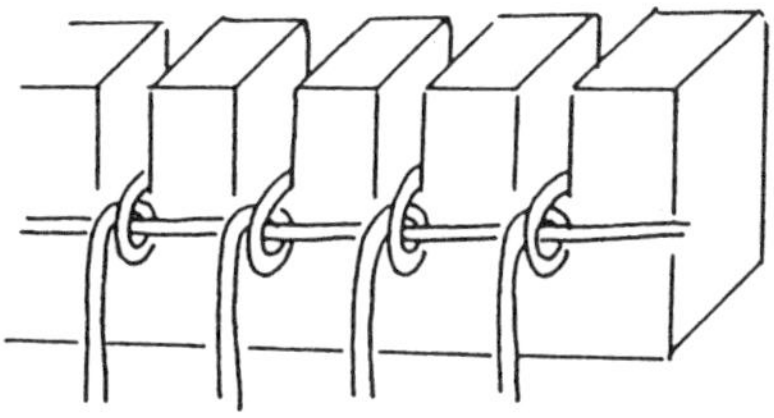

図17　基礎編布（出土編布）の編み方

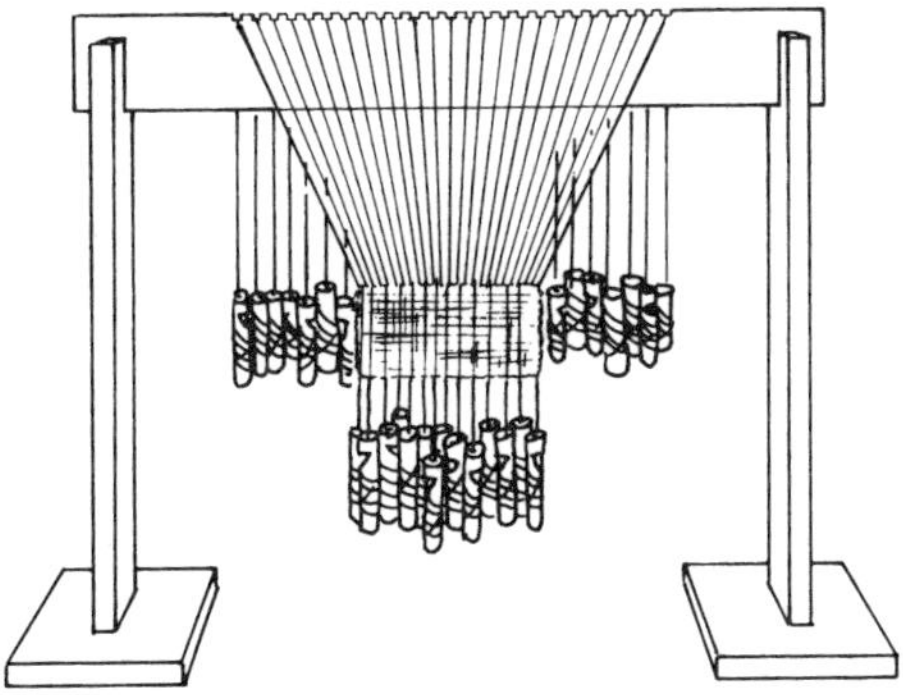

図18　細密編布の道具

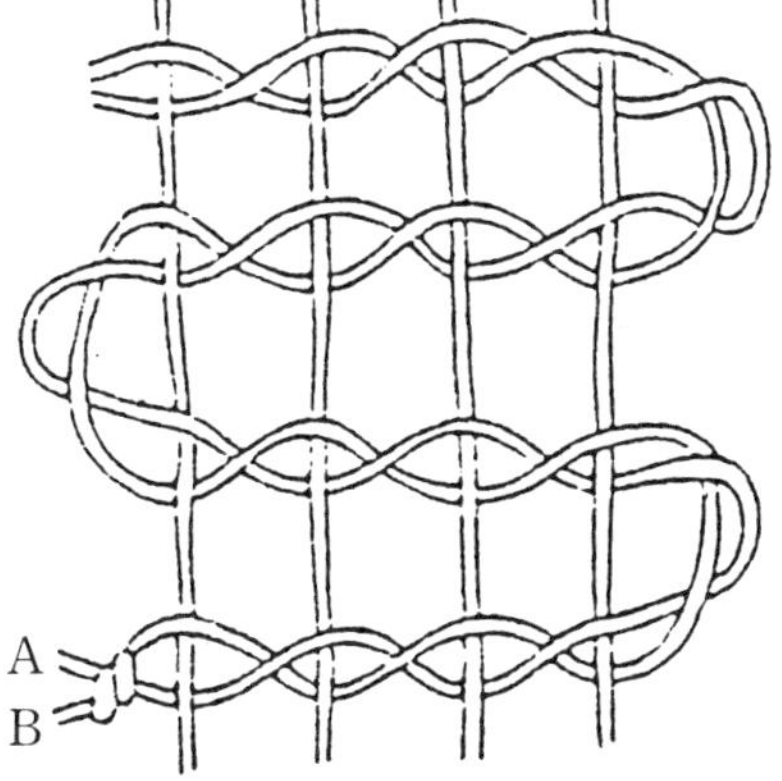

図19　横編法による編布の編み方、糸のかけ方、糸のからませ方

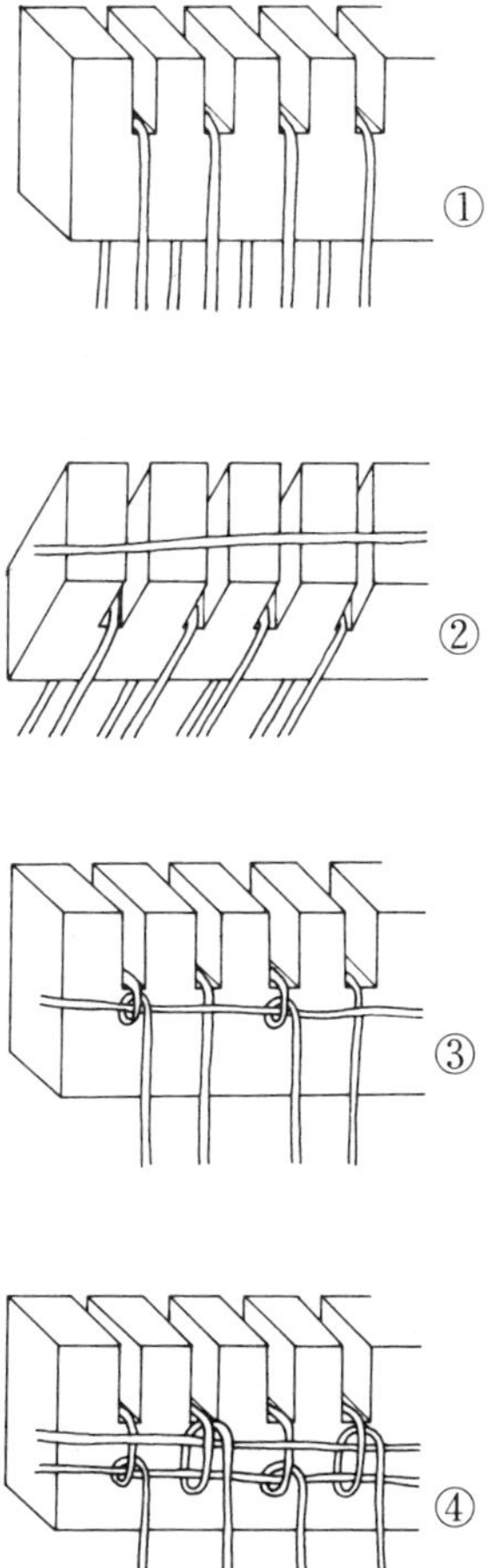

図15　応用編布（越後アンギン）の編み方

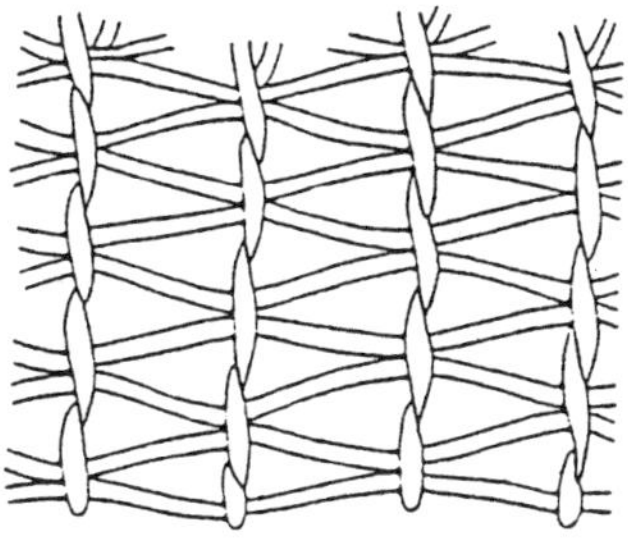

図16　応用編布の編目拡大図

もので枠を作り、その中に経糸を張る紐が左右の枠に渡されているが、道具に対する私の目的は、あくまで編み方の実験用であるので、細部を簡略して、木枠そのものを道具とした（パネルの上下に釘を打ち経糸を張る方法も使用）。そしてその木枠に経糸（横編法では編布法の緯糸を経糸とする）を張る（経糸が常に強いテンションで保持されることのみを考えた）。図19の示すようにA・Bの緯糸を絡ませながら横に編み進む。

この方法は、編布法と異なり、すべてが指先のみの単純作業であるので、経糸間隔および緯糸の編目を整えるゲージを合わせるのに一苦労した。また、編布法と同量の布を製作する場合、より長時間を要した。

織布の製作

a　編布法

図20の①のように一段目は出土編布と同じ絡み編み、二段目は図20の②のように絡ませず交叉させるというこの要領の繰り返しで、図21の平織が簡単に作製され、図22の①・②にしたがえば綾《あや》織も可能である。（綾織の糸の掛け方は、誤解を生ずるので一一八頁に改めて示した。）

なお綾織は、まず最初の二段を綾織の準備段階として平織にする。つぎは図22の①のようにAとBのコモ槌をケタの刻みにかけ、CDを刻みから外す。この方法を繰り返して綾織の一段目とする。二段目は緯糸を渡し、図22の②にしたがいBのコモ槌を刻みから外し、Cを刻みにかけAとDはそ

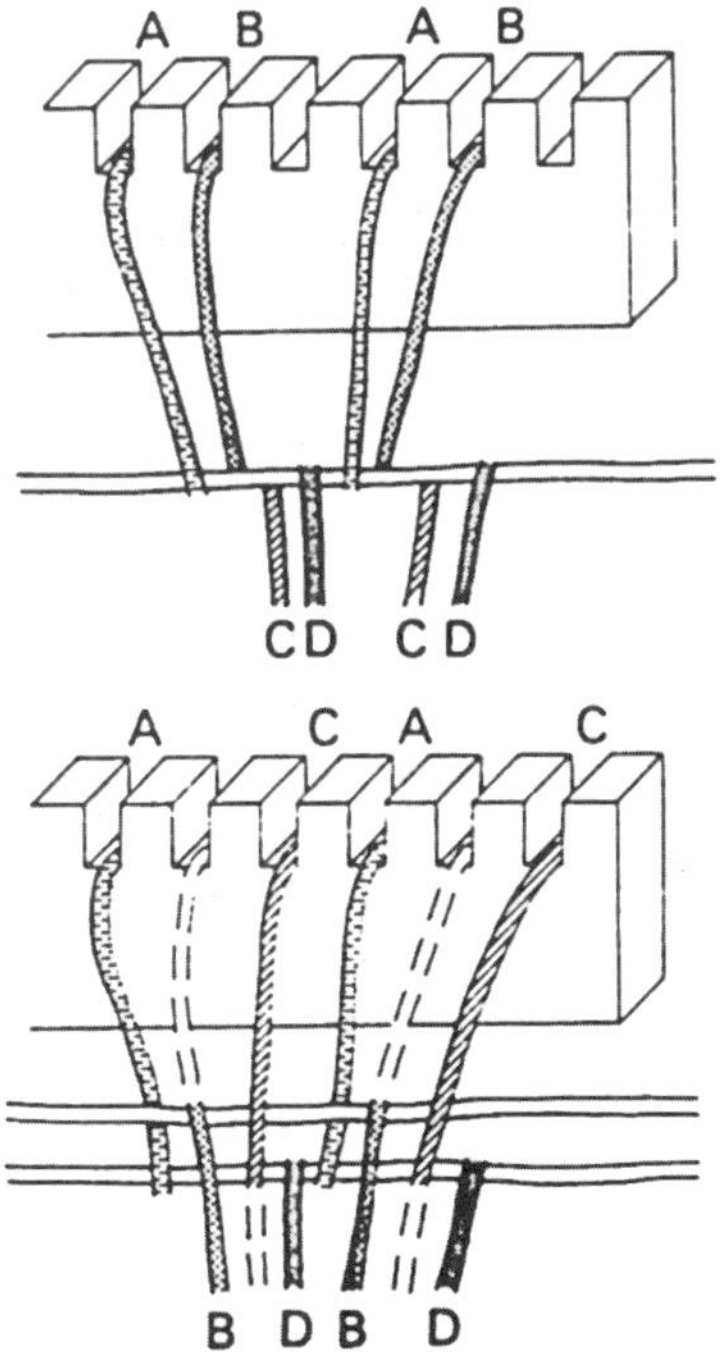

図22　綾織の織り方
(上が①下が②)

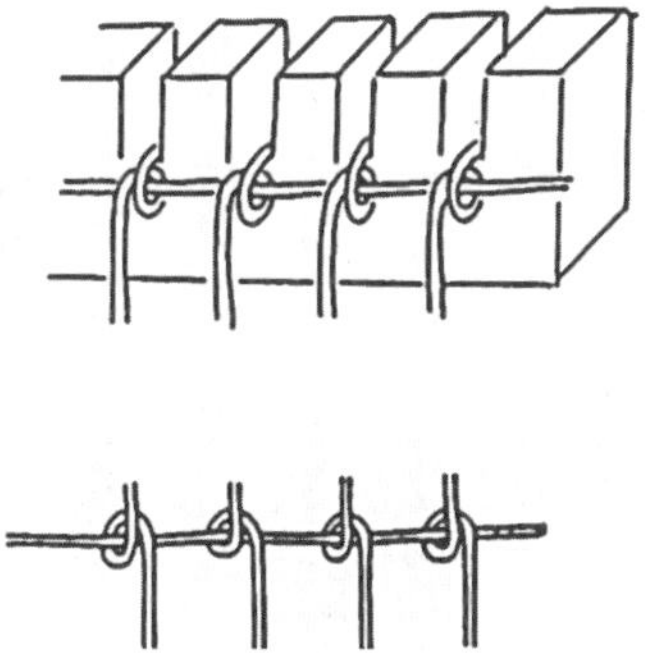

図20　平織の織り方（編布法、上が①下が②）

A　　B

図21　平織組織図

図23　綾織組織図

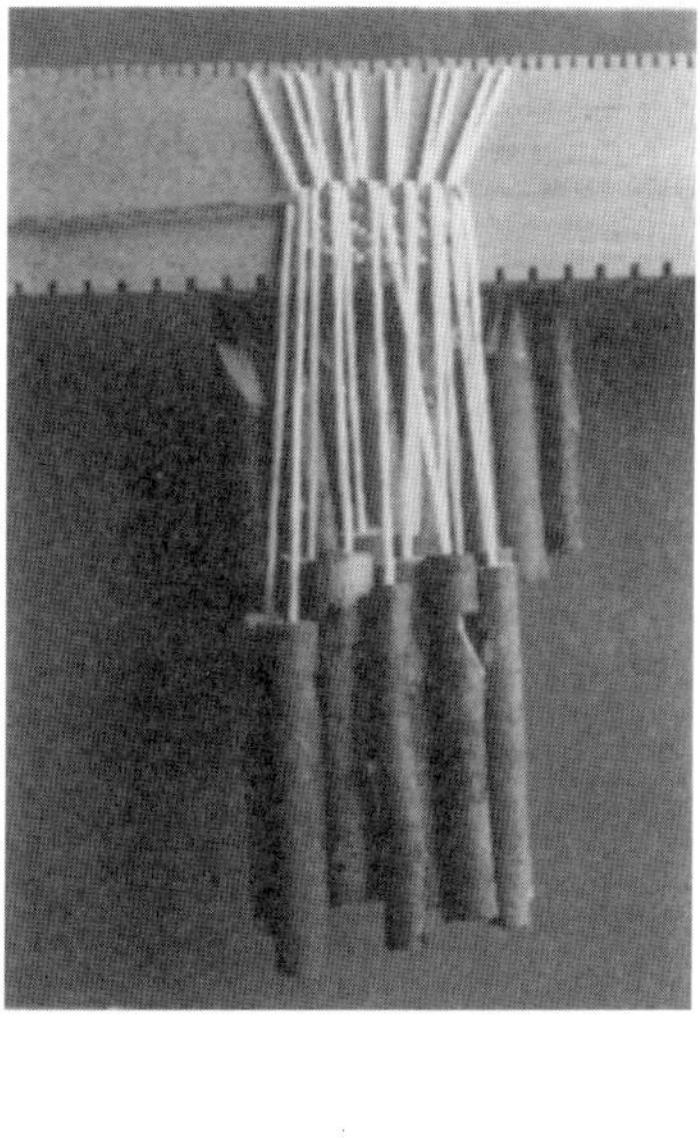

写真41　A（右）編布法で綾織を製作、B（左）綾織

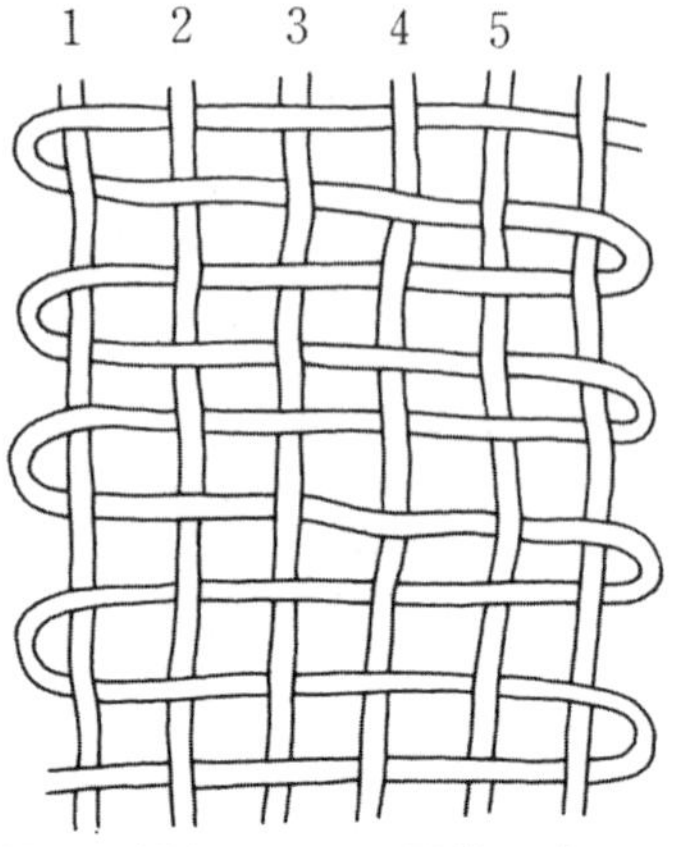

図24　横編法による平織の織り方、糸の進め方

のままにする。この繰り返しで二段目が終わる。あとは緯糸が二本になるコモ槌を上下に移動させて、織り進めば、図23の綾織が製作される（写真41A・B）。

綾織の場合は、ケタの溝を不規則に使用するので、布の製作部分がケタよりはずれる。したがって布幅は指先で決めなければならない。ケタは溝間隔の狭いものを選んだ方が製作しやすい。

また、綾織の製作技法が、図18の細密編布の製作技法と多少似ているので細密な綾織は製作困難であるが、経糸一cm当たりに一〇本まで位のものなら容易に製作することができる。

b　横編法

横編法による平織も、最初は編布と同様、木枠に経糸を張る（図24参照）。横編法の平織は緯糸で奇数の経糸をくぐらせ、偶数の経糸を越え、また奇数の経糸をくぐる、というように最後の経糸まで緯糸を運ぶ。つぎは緯糸を逆に越えたり、くぐらせたりして織り進む。この繰り返しで平織ができる。編布より織り易く感じたが、布幅は編布法のようにケタがないため常に狭くなる傾向があり、布幅を保つのに苦労した。また細密な織布の場合は経糸を拾うのに手間どった。

以上二種類の道具による試作実験を行った。編布法による出土編布の編成は、ケタに刻みがあり、

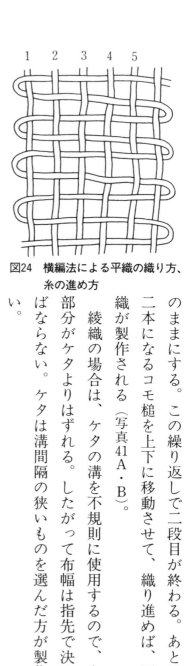

ケタの前後のコモ槌を移動させるといったきわめて単純な作業で経・緯糸間隔の整った布が製作できる。一方横編法の場合は、編布法のように布幅を固定させる道具（ケタ）がないため、すべて手作業に頼るので経・緯糸間隔のバランスが取りにくく、したがって一目一目に気配りが必要なため、編布法のように能率的に作業がはかどらず、精神的な疲労も大きい。これは織物の場合も同様である。

なお細密な編布および平織については、編布法・横編法両方ともにその編成はきわめて困難である。

しかし、その後の研究で木枠式・パネル式の横編法に骨針そして簡単な緯打具等を使用すれば、細密な編布・平織も製作可能であることがわかった。これについては、本書の「横編法の見直し」で述べる。

基礎編布と応用編布

遺跡から出土した編布について研究者の中には、新潟県十日町地方の民俗例に残る越後アンギンと同一組織と述べている人もいるので、実験によりそれを検討した。まず編成段階においても出土編布は、一本の緯糸を二本の経糸で毎回絡ませる。この方法の繰り返しであり、越後アンギンは、二本の緯糸を一目おきに二本の経糸で絡ませ編み進む。したがって編成過程および外見上（図9・16）においても同一組織ではないことを実証した。なお私はこうした事実に基づき、単純な編目の

写真42　A（右）**石川県御経塚遺跡出土の土器底面の応用編布**（縄文晩期）**と、B**（左）**そのモデリング陽像**（野々市町教育委員会提供）

出土編布を基礎編布とし、複雑な編目の越後アンギンを応用編布と呼ぶことにした。

縄文時代の応用編布

土器底面圧痕のモデリング陽像中に珍しいものを発見した。北海道から九州まで、いわゆる全国の遺跡出土の編布や編布状圧痕はすべて基礎編布であるという私の先入観が崩れた一瞬である。それは圧痕中に応用編布があったのだ。石川県石川郡野々市町御経塚《おきょうづか》遺跡（縄文晩期）の土器底面である（写真42A・B）。どのようにして製作されたのであろう。

かつて私が滝沢先生に師事した越後アンギンの編成法は、緯糸を五本使用しなければならない。その点出土編布（基礎編布）は一本の緯糸でよい。つまり私は、縄文時代にこうして一本の緯糸で編成可能な基礎編布が普及されている中で、いきなり五本の緯糸を必要とする飛躍的な応用編布が考案されたのだろうかという疑問を抱いた。そこで応用編布の製作を一本の緯糸で挑戦することを試みた。実験の結果は、意外と簡単に編成することができた。また、一本の緯糸で基礎編布を編成し、連続して応用編布に変化させることも可能である。いいかえれば、縄文時代の応用編布がどのようにして編成されたのか定かではないにしろ、基礎編布も応用編布も一本の緯糸からという関連性のあることが、妥当ではなかろうかと私は考えた。そしてなお二本、三本の緯糸を使用しても同じ応用編布が編成されることを実験で確かめることができた。

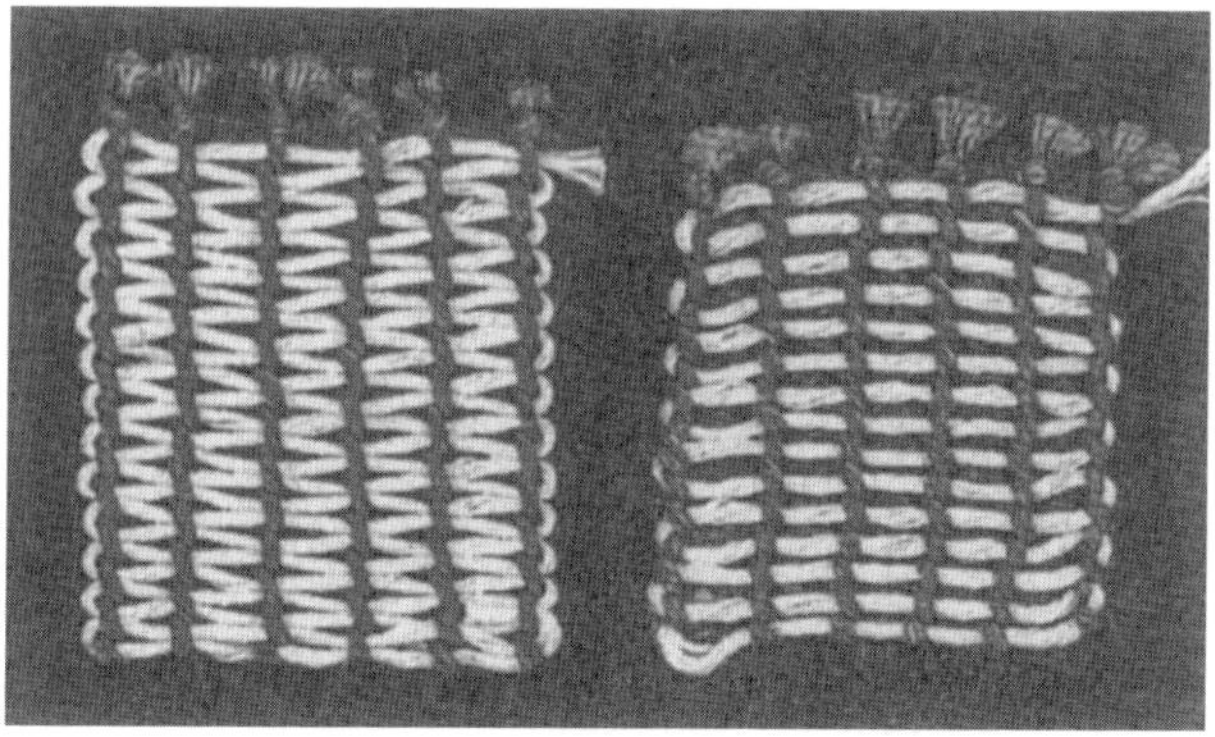
写真43　A（右）基礎編布とB（左）応用編布

異なる点は、〝耳〟といわれている編端が三本以上の場合、矢羽状に整う。つまり三本とか五本で編成することは外見上から考えられたことであろう。しかし実際はわからない。

また、編布といえば縄文時代からの伝承と考えられる、それならばどこかに縄文時代と同じ基礎編布があってもいいはずだ。そこで編成法とともに十日町市博物館をはじめ、中魚沼郡川西町歴史民俗資料館、中魚沼郡津南町歴史民俗資料館、中魚沼郡中里村教育委員会などで、越後アンギン仕立ての袖なし、前当て・前かけ、袋、そして時宗僧侶の阿弥衣を総本山の遊行寺を皮切りに、祢名寺、連華寺、歓喜寺、長楽寺、西郷寺と方々で実見調査した。編成法については、三本の緯糸を使用したものが最も多く、中には明らかに一本の緯糸で製作されたものもあり、五本の緯糸使用は、ごく稀であった。耳についても、左端は自然に矢羽状に仕上げられるが、右端を無雑作（矢羽なし）に製作したものも数多く見受けられた。

基礎編布に関しては写真18に示すように、中里村教育委員会所蔵の袋の口にわずかに見られたのみであった。

縄文時代には出土品のほとんどが基礎編布であった。しかし時代を経て、鎌倉・江戸時代には現存するすべてが応用編布に変化した。それは写真43で理解できるように、同じ糸を使用してより編目が細かく感じられるのが応用編布である。その上編成作業においても経糸を一目づつ飛ばしながら編み進むため時間的に早く仕上がるというメリットがあるからであろう。

編具に関する考察

a　遺物の再点検

私の使用した編具に関しては実験に際して説明した通り、横木に〇・五〜一cm間隔で溝を刻んだ単純素朴な用具であり、縄文時代でも十分に製作はできるはずである。

この用具は、経糸を一本ずつケタにかけ先端にコモ槌を縛って錘《おもり》にすれば作業することができる。なお布幅は横木の長さによってではなく、刻まれた溝の数によってきまるので、五〇〜六〇cm間に刻みを作った横木とそれを支える二本の支柱（アミ脚）と錘具（糸を巻くコモ槌）があれば足りた。

しかしながら、このように単純素朴な木製用具ではあるが、現在まで同様の木製遺物は発見されていない。

なぜこのような用具が発見されていないのであろうか。木製の遺物であれば、どこかで出土してもよさそうである。私ははじめ過去の出土例に見落としがあったのではないかとも考えたが、単純な木棒・骨角器から土製品にいたるまで再調査してみても、ついにケタに相応するような等間隔の多数の溝を刻み込んだ遺物を見出すことはできなかった。遺りにくいと思われる布が出土し木製品が出土しないとは実に不思議である。

そしてもう一つ私には大きな疑問が残されている。越後アンギンの編具に類したものが、縄文時代にも使用されていたことは想像できる。しかし細密編布の編具が何であったかである。前述した細密編布の製作法で、中山遺跡と同じ密度の編布を幅五cm製作し、他の編布と比較しただけでも大変であったと述べたが、それは小さいものを編んだにすぎない。

私はせめて、中山編布と同じ大きさのものが試作したい。中山編布は、幅が一三cmで、その中に経糸が九一本入っている。そこで五mm間隔の刻みのケタを選び、そのケタに九一本のコモ槌に巻いた経糸をセットした。そのケタの幅は四五・五cmと、中山編布の幅一三cmの三・五倍にもなった。

これでいよいよ編みはじめるのだ。緯糸をケタにかけそのまま二段編み、ここで手前のコモ槌を下へおろし緯糸を一三cmにまで引き締めた。これからは緯糸を指先の感覚だけで一三cmに保つのであり、いわば勘に頼って編み進まなければならない。それにさきに試作した幅五cmではさほど気付かなかった編目の変化が起きてしまった。幅四五・五cmのケタから下がる経糸を無理に緯糸で一三cmに引き締めるので、両サイドの経糸に強い拡散力が働き、布の両端は経糸間隔が極端に細かく、その反面中央部で粗く、編目は不揃いになる。それよりも、ケタの刻み目と編成位置が離れているのでコモ槌が前後したりからまって四苦八苦、七cm編むのに約四〇時間も費やし精も根も尽き果てたという状態であった。

衣服の製作から見れば、たった一三cm幅を七cm編んだのみにすぎないが並大抵の苦労ではない。ところが、中山遺跡に類したものが押出遺跡から出土し、しかもそれは縄文前期である。縄文人はどのような編具を考えだして使っていたのだろうか。

悩み抜いた私は、櫛の歯の細かいことに気付き、お六の櫛で著名な長野県木曽郡木祖村の櫛製造業川口助一氏を訪れ、何とか櫛同様の技法で細密編布用のケタは作れないかと尋ねた。川口氏は「柾目の通ったものに縦の刻みを入れなければならない、櫛の材料である黄楊《つげ》や柞《いす》は直径がせいぜい三〇cmほどのものしかない」といって九・六cmの間に一〇四の刻みをつけたお六櫛を参考に出してみせてくれた。私はその櫛目の細かさを見つめ、中山編布を連想した。中山のものは一cm間に七〜八本の刻みが必要だ。でもここまで細かい刻み目となると、素材の刻みの部分が面とりできず直角のままである。編布の場合、二本の経糸は常にその直角の刻み目部分で交差する。すなわち、そのつど経糸は素材の角で摩擦を免れ得ない。摩擦に対して細い糸は弱い。これも駄目だ。ここまで来ても私の疑問は解決しない。

この疑問を解明するためには、当然のことであるが、再点検の対象として原点にたちもどり、布または布圧痕土製品が出土した地域における、木製品や骨角器類の遺物に注目しなければならない。

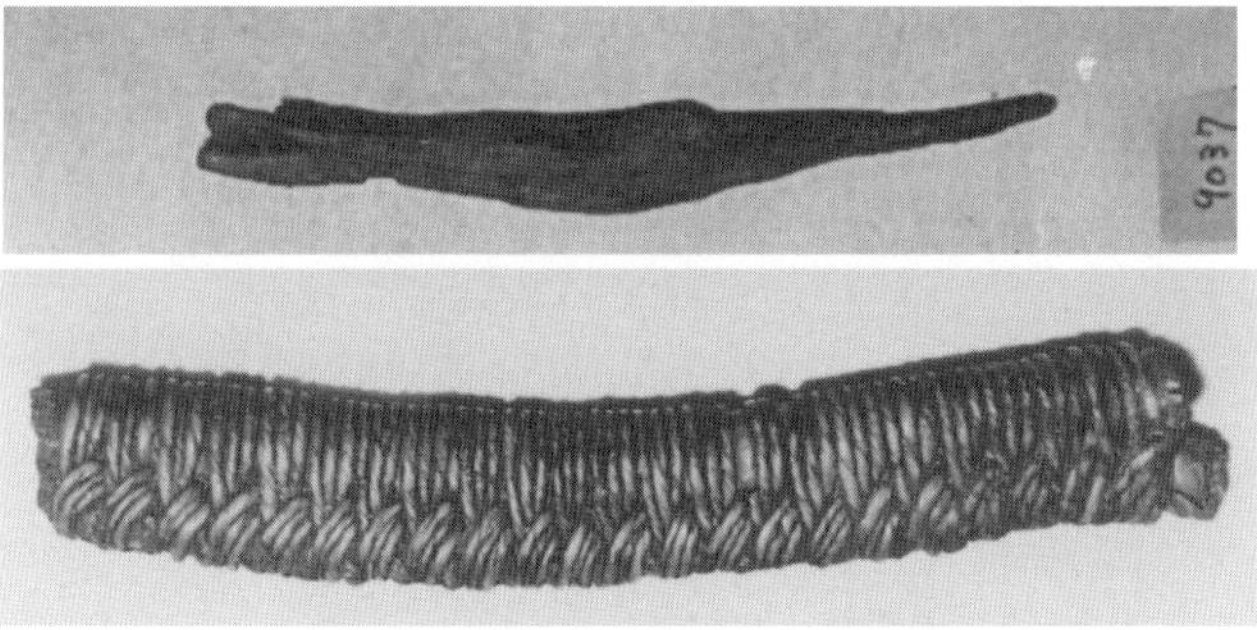

写真44　福島県荒屋敷遺跡出土の用途不明の作製物
（縄文晩期最終末～弥生初頭、福島県立博物館提供）

そしてついに、福島県荒屋敷遺跡（縄文晩期最終末～弥生初頭）の出土品のなかにただ一例、有力と思われる対象物を見出すことができた。

それは荒屋敷遺跡で、多数の繊維や編布とともに出土した遺物の中に、現在のところ用途不明とされている作製物がある（写真44）。長さが一五㎝ほど、末端の直径が二㎝のこの円筒型の遺物は、木の葉を芯にして幾重にも、植物性繊維を撚って作ったと思われる紐が巻きつけてあり、なんらかの用具という印象はえられるが、確かに一見しただけでは何々と特定することは難しい。用途不明と見なされたのは、無理もないことであろう。

重要な点は、この作製物の表面に一・七～二㎜の細い紐が一㎝当たり五本の割合で厳重に巻かれていて、隣り合わせた紐と紐の間に適当な溝ができ、ちょうど糸を架けるのに適しているということである。

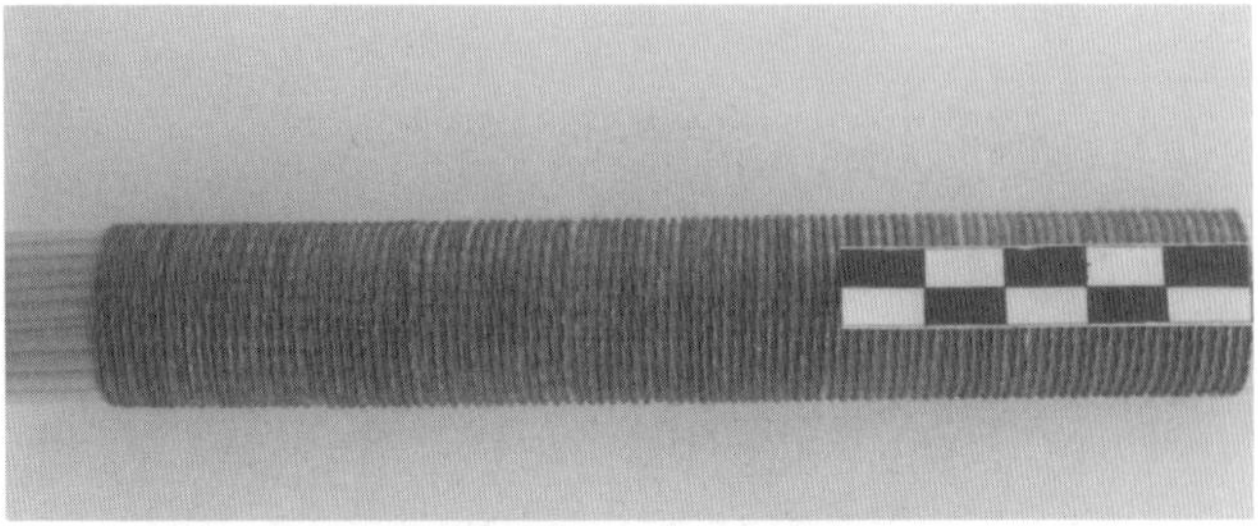

写真45　荒屋敷遺跡出土の用途不明品にヒントを得て作ったケタ

そこで荒屋敷遺跡のこの用途不明の遺物からヒントを得、これと同様のものを製作し、編み具として使用できるかどうかを実験してみた。

b　「荒屋敷編具」の検証

まず直径二cm程の木の棒に用途不明品と同じように、糊付けした麻紐(太さ二mm弱)を一cm当たり五本の割合で一五cm巻いた。そして太さ一mmの糸を使用して基礎編布を編む。今まで使用した細密編布用の木製編具より格段と編み易い。編密度は経糸間隔二mmで、中山遺跡の編布より粗く、米泉遺跡のものより細かいでき上りである。

この用具の利点は溝が繊維質であるため角ばった木製品のように糸を刺激しないことと、経糸の間隔を糸または紐により、自由に作ることができるので緯糸を下部におろさなくても、密度の高い布を編む・織るのに適していることである。

早速、中山遺跡の編布の試作実験にとりかかった。原寸幅は一三cm、丈は七~八cmであるので、それにあうように道具を作る。直径二cmの木の棒に、太さ約一mmの糊付けした糸を一・二~一・四mmの間隔にぐるぐる巻きつけ(約一五cm)これをケタにした(写真45)。そして図18のアミ脚とコモ槌はそのまま使用した。つぎはコモ槌に巻いた経糸をケタに掛ける作業であるが、いずれの経糸

写真47　中山遺跡出土編布の試作

写真46　荒屋敷編具にて細密編布を製作する

も同じ長さでコモ槌に巻き付けた場合、コモ槌部分が大きく広がり編成しづらくなる。そこで広がりを防ぐため、経糸の長さを長短不揃いにした。このようにして一段目から左縄状に編み進むのであるが、ケタの溝が狭く、経糸も細いので、それをコモ槌もろとも指先で引き上げるのは困難なため、目打ちの先を利用したが、それでもなおかつコモ槌がケタの前後に密集するので、隣りあう経糸を絡ませないよう苦慮した。単純操作の割には一三㎝一段を仕上げるのに二〇分～二五分もの時間を要したが、経糸間隔の広い編布と同様ケタに沿って編成できるので、図18と比較した場合、能率的であり、仕上がりもきれいで、しかも広幅のものも可能というメリットが認められた（写真46・47参照）。ただし、細密編布の製作には、隣りあう経糸の絡みで、一苦労することを覚悟しなければならない。

実験の結果から見ると、荒屋敷出土の用途不明品にヒントを得て作った編布法の編具は私の考案した図18の細密編布用編具よりもすぐれている。これからはこれを「荒屋敷編具」と呼ぶことにしたい。

編布は織物か編物か

私たちの衣服は、毛皮や不織布を除きほとんどが織物か編物で作られているが、縄文時代の衣服は主に編布で作られているとみてよかろう。

ではその編布は織物であるのか、それとも編物なのか、……。

織物の見分け方

織物というのは「経方向に並列した糸、すなわち経糸と、これに原則として直交する糸すなわち緯糸とが交差しながら所要の長さ、幅、厚みをもつ織維製品となしたもの」といわれ、織物を理解する上で最も単純でわかりやすいのが平織である。図24に示すように、平織は経糸と緯糸とが一本づつ交錯して組織されている。

平織の代表的なものは、天竺《てんじく》や金巾《かなきん》である。身近な例としては、日本手ぬぐいや、さらしの布きんなどがあげられる。

編物の見分け方

編物は「一本の糸またはひも状のもので編目（ループ）をつくりながら布状に編まれたもの」と

いわれている。また編物は織物が直線的な経糸、緯糸の交錯によってできているのと異なり、ループの連続であるので、その伸長挙動は織物と全く違い、伸びやすく縮みやすい。セーターやTシャツでよく理解することができる（図25）。（写真48）。

編布の見分け方

編布の構成は、図9のように、一本の緯糸を二本の経糸で常に縄状に絡ませながら編み進み布状にする。いわゆる経糸と緯糸で成立っているので、織物かと錯覚するが、緯糸一本を、経糸二本によって絡ませるので、織物とはいえない。また織物を製作する織機を用いて編布の製作は不可能であり、この面からも織物ではない。

では、編物の部類に入るのかといえば、経糸と緯糸があるので編物の仲間でもない。なお、編物には伸縮性があるのに対して編布には全く伸縮性がない。このように見て

写真48　二本棒で編むニット表編

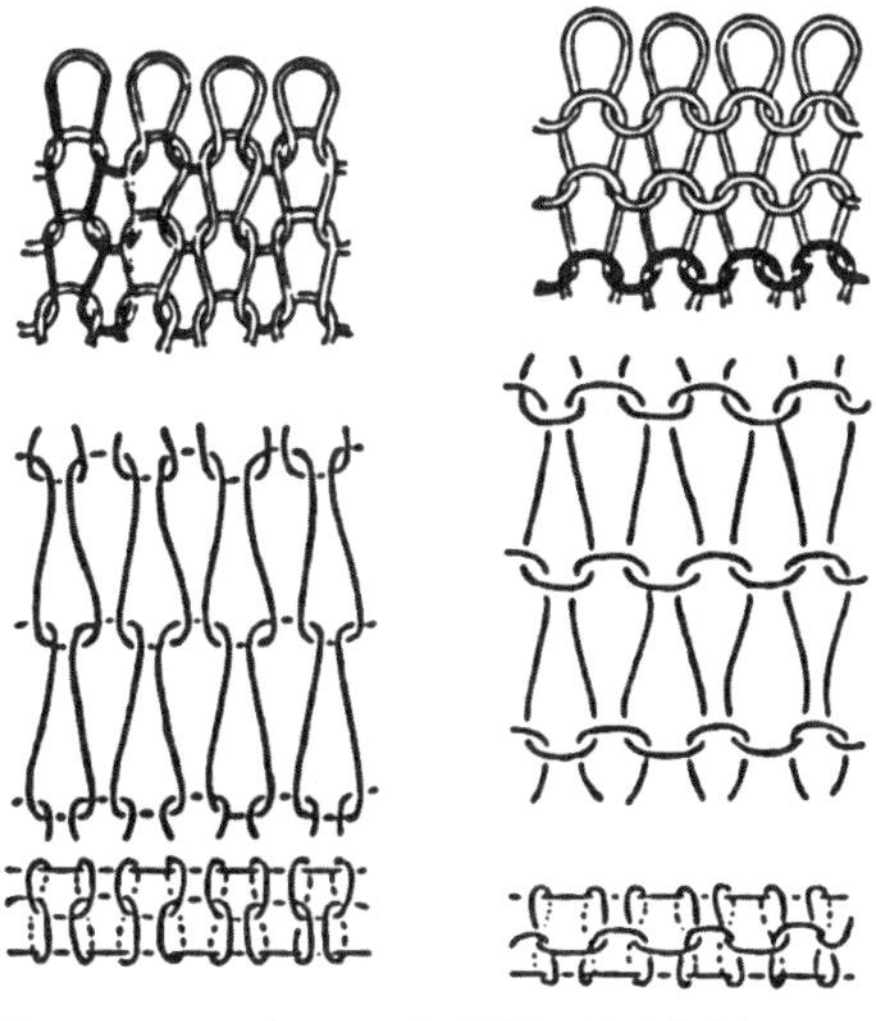

図25　A（上左）ニット表編、B（上右）ニット裏編、C（下左）D（下右）撚糸文
（撚糸文は『縄文文化の研究』より）

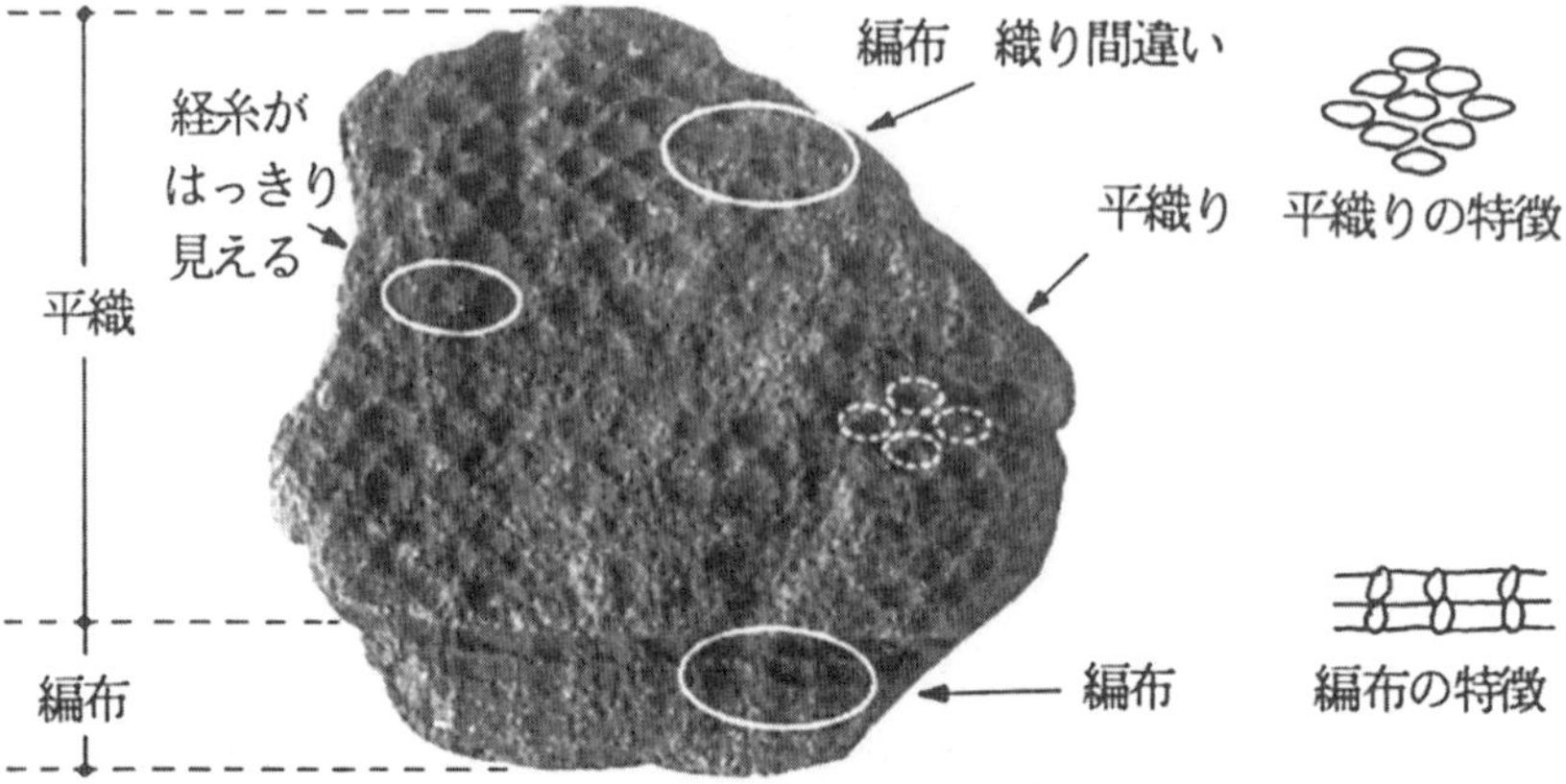

写真49　千葉県姥神遺跡出土の圧痕を解読する（写真69参照）

写真50　姥神遺跡出土の圧痕のモデリング陽像
（○印が織り間違い）

写真51　織りまちがいの試作
（○印）

いくと編布は織物でも編物でもない。いったい何であろう。

いうなれば編布は、日本最古の布として縄文時代にわが国で開発された特殊なものである。その編目は、簾《すだれ》や俵と同じで、経糸が縄のようになっているのが特徴である。

遺跡から出土した編布は、図9と比較すればすぐ理解できるが、土器の底面の圧痕の場合は、多少見分けにくいかも知れない。写真49は、編布と平織が最も見分けやすい圧痕の例であり、このように平織と編布は、比べて見ればすぐ理解できる。

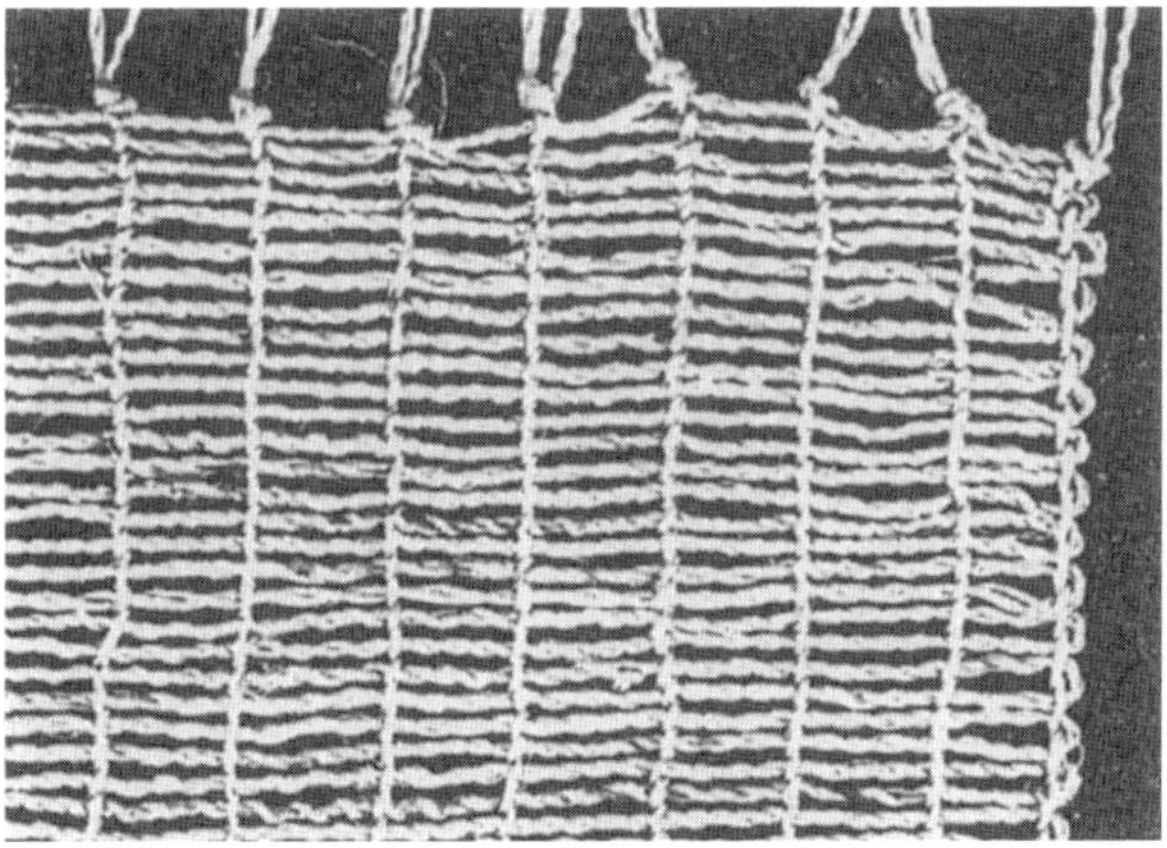

図26　山王囲出土編布の試作

平織は縦に一段、二段と見ていくと、織目の楕円形が互い違いになっているが、編布は一段目、二段目と編目の小さな楕円形が積み重なって見える。

なお、圧痕を見分けやすくするには、原布（土器を作る際粘土の下に敷いた布）と同じ織目・編目が見られるように、粘土でモデリング陽像を作るのである。写真50は、写真49のモデリング陽像であり、こちらではとくに平織部分がわかりやすい。

写真51は、圧痕をわかりやすくするため、経糸と緯糸の色を替えて試作したもの、こうして見比べると、さらに編布と平織の違いが理解できる。

これらの写真は本書「縄文の布の謎解き」で述べる姥神遺跡出土の土製品に関するものであるが、編布と平織が同居し、比較しやすいのでここにもちいた。

編布と平織の密度について

縄文時代の編布は、編目の粗いものは大人の指が入るぐらい間隔が広く、細密なものはどんな道具で編んだものかと首をかしげるほど繊細なものというようにバラエティがある。

本書では、そうした編布を観察しながら、縄文時代の衣文化を探求するのが目的であるので、編布の編目の粗さ、細かさ、いわゆる編密度の計り方、見方を述べておこう。

出土例は少ないが、織物についても同様とする。

密度とは、編物・織物の長さの単位をきめてその中に入る糸の本数をいう。長さの単位は現在おおむね一㎝とされているので、ここでは一㎝の間に経糸または緯糸が何本数えられるか、数の多い場合は、密度が高いといい、数の少ない場合は密度が低いという。

まず、出土編布は、一本の緯糸を二本の経糸で図9のように毎段、縄状に絡みながら編み進む。そこでその縄状のものを経糸一本と数えている。

図26は、出土編布を試作したもののコピーである。この編布のように経糸と経糸の間隔の広いも

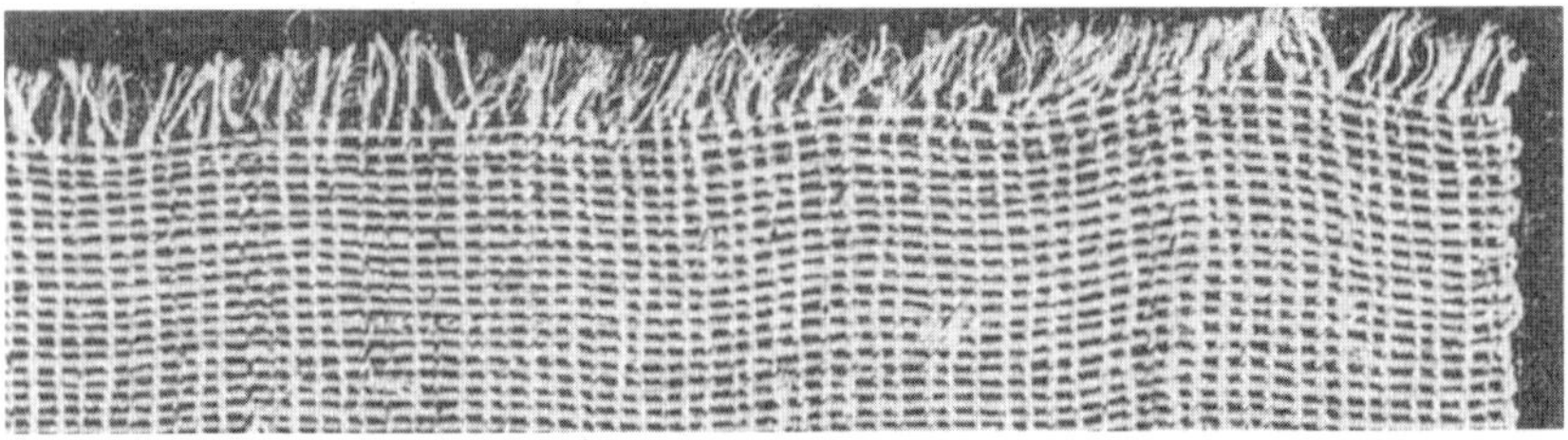

図27　細密編布の試作

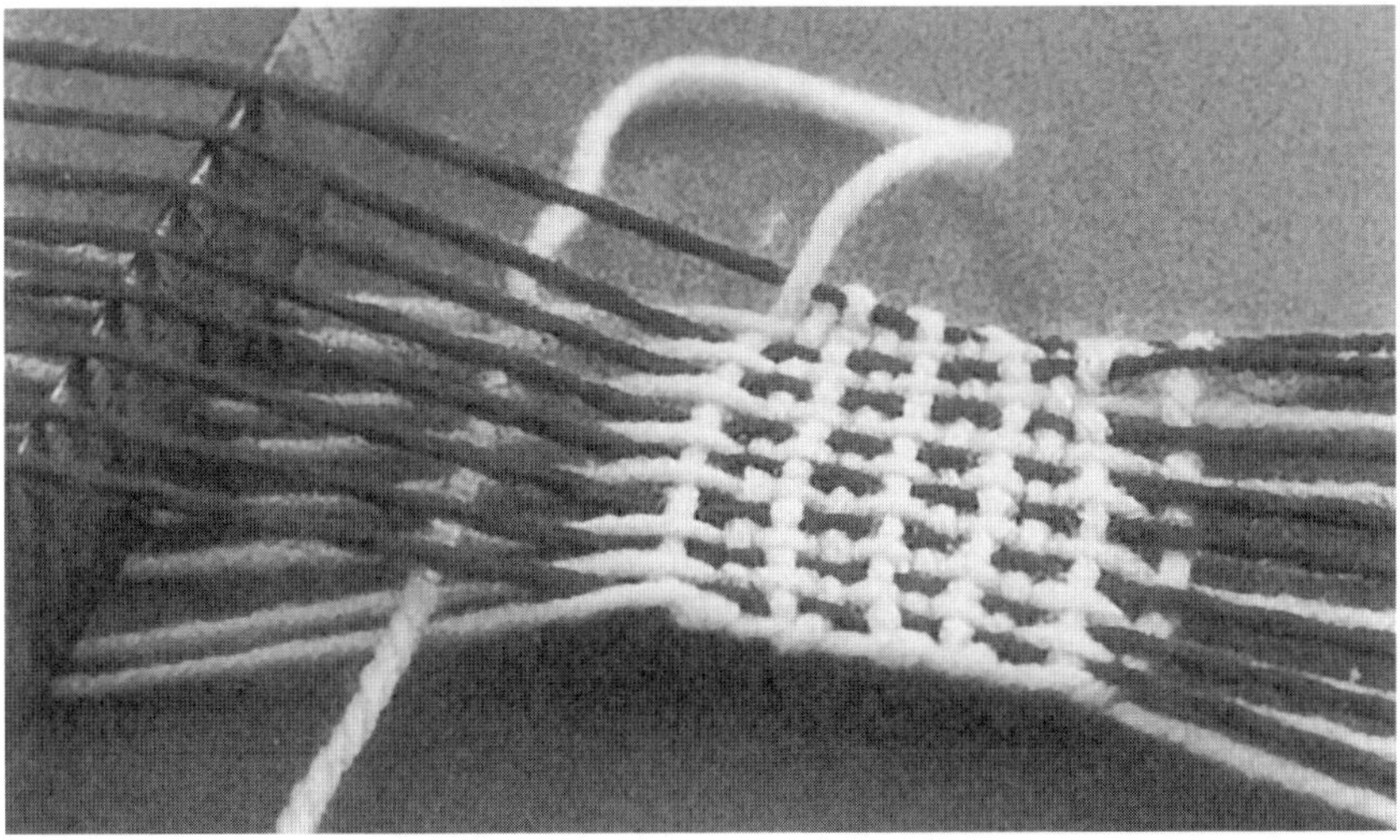

写真52　開口部（左側）へ緯糸を通す

図28　織機の推定図（森浩一「日本的生活の芽生え」『図説　日本文化の歴史１』松田順一郎作図，小学館1979より）

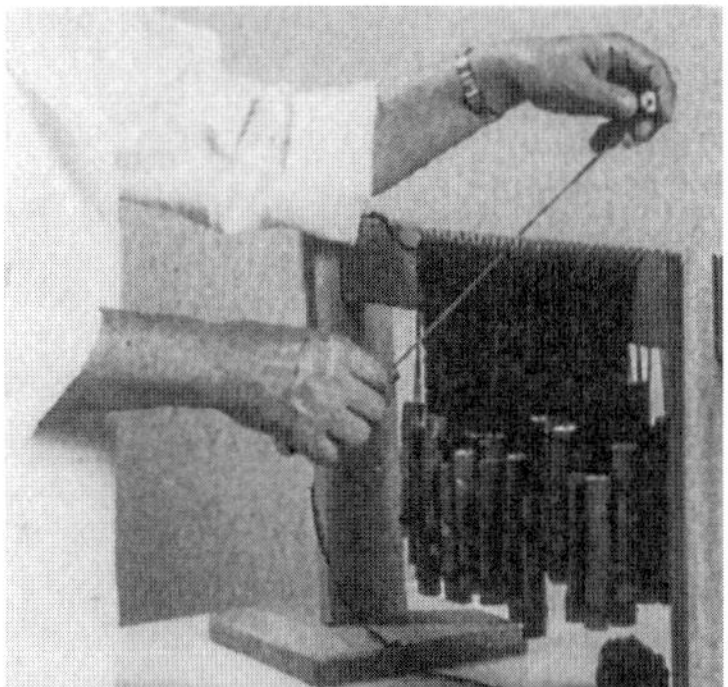

写真53　編布法の編み方（ケタの上で右のように経糸を絡ませる）

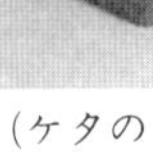

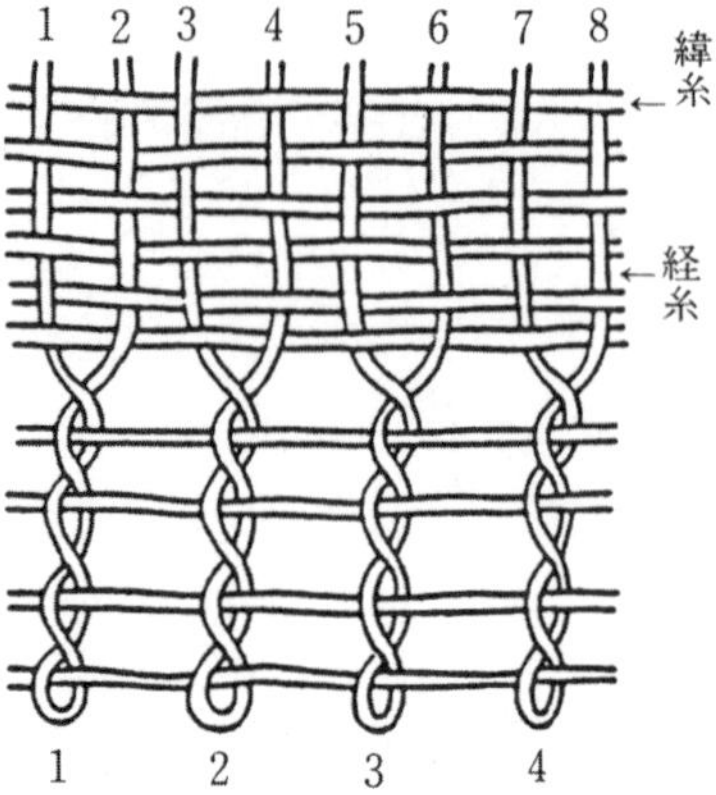

図29　編布法による編布・平織

の密度を表すには、経糸と経糸の間が何㎜あるかを計測し、経糸間隔は何㎜あると表現する。

一方、経糸間隔の狭い場合、例えば中山遺跡の編布のような細密なものは、経糸間隔何㎜とかさらに一㎝の間に経糸が何本入っているかというように織物の密度を表すのと同じ方法をとる。表現法としては一㎝当り何本というようにしている（図27）。これについては深い意味とか決りはないが、私はその方が細かさの度合いが早く把握できるように感じたのでそのようにしている。

緯糸に関しては、織物と同様一㎝当たり何本といって一㎝の中に緯糸が何本入っているかを計測する。

なお、縄文時代の織物について、知っておきたいことがある。織物は、横編法とか原始機で製作するが、編布法でも平織・綾織の製作は可能である。

原始機や横編法は、経糸を写真52のように奇数と偶数の糸に分け、糸の開口部へ緯糸を通す。これの繰り返しであり、現代の織機のように力強くトントンとそのつど緯打具（図28）で打込むことができないので、どうしても緯糸と緯糸の間隔が広まり、緯糸の密度が低い。その点編布法は、コモ槌をつけた二本の経糸で一本の緯糸をケタの上で交差（絡ませる）させる。この時のコモ槌をもった両手の力とコモ槌がケタの前と後に垂《た》れ下るときに生ずる力とで、緯糸と緯糸の間隔が狭められる。したがって緯糸の密度は高くなる（写真53）。

縄文時代の織物は、製作する道具によっても緯糸の密度に差ができる。つまり、編布法で製作した平織の方が、横編法や原始機で織った平織よりも原則として密度が高いということである。

また図29でわかるように、編布と平織を一枚の布として上下に編み、織りした場合の平織は、編布の二倍の経糸を数えることになる。平織は縄状に絡ませず、一本の経糸が一本の緯糸を越えたり、潜ったりして織るからである。平織の密度は、先に記したように、経糸も、緯糸も一㎝当り何本というように表現している。

図26は、山王囲遺跡の編布を復元したものであるが、これは出土編布中粗い方である。したがって経糸間隔は一〇㎜、緯糸は一㎝当たり八本といえばよい。

図27は細密編布を試作したものである。この場合は細密なものであるから、経糸間隔は一・四㎜、一㎝当たり七本、緯糸は一㎝当たり一〇本といえばよい。（経糸間隔を省く場合もある）

縄文人の糸作りに挑む

出土編布の編成法もわかった。また本書「研究の中で」で述べるが、カラムシからの繊維取りも教わった。

そこでいよいよ私は各遺跡から出土した編布の試作実験を行うことにした。研究室前に植えたカラムシも順調に成長し、トコブシ（写真54）を使って曲りなりにも繊維を作った。表2によると出土編布のほとんどが諸撚り（左）の糸を使用している。私も折角試作をするのなら、なるべく縄文の人たちが使った糸に近いものをと、少々こだわりをもち、糸作りに挑戦した。

正直いって私は全く糸作りというか撚りのかけ方を知らない。さきに仕上げた縄文衣服は、お話にならないほど幼稚な糸作りをしている。カラムシの繊維を適当に細く裂き、それを水でぬらし、両端を引っ張るように二人の学生が持ち、その片方が手のひらで撚る。

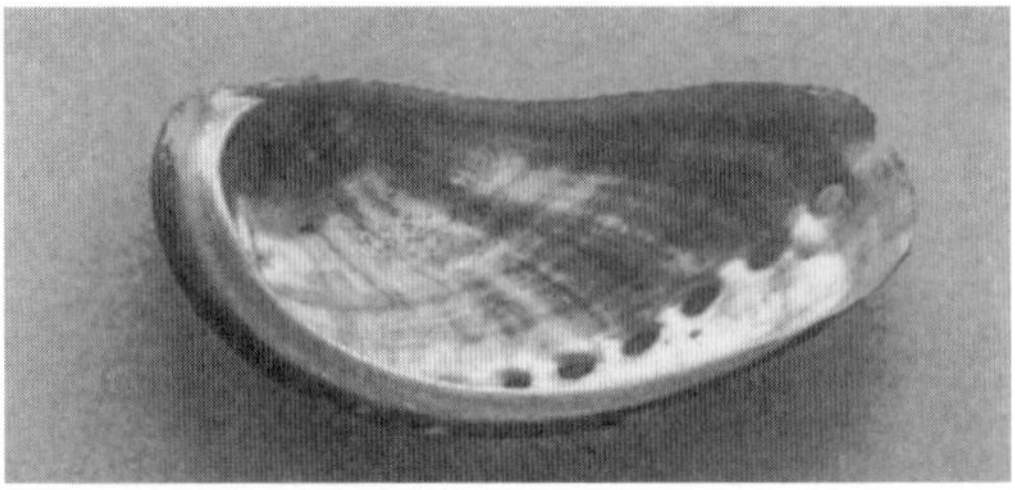

写真54　トコブシ

それを実験台の上にのせ、撚りが戻らないように両端をセロテープで実験台に張りつける。五、六本できると上からドライヤーで乾燥させる。お粗末きわまりなしである。したがって糸の長さは五〇cm前後と短いでき上がりである。

そんな糸でも衣服としての編布を製作するには、さほどさしつかえなかった。経糸は長いものが必要であるから、所々結び目を作ったが編み込んでしまえばよい。編布の製作中に緯糸が足りなくなっても、新しい緯糸を前の緯糸の上に重ねて、経糸で絡めば問題はない。今から思えば、ずさんな方法である。

余談であるが、数年前、「まぼろしの布・編布」と称するビデオテープを作った折りは、余りのお粗末さにその場面のカットを依頼した。

こんなわけで私はまず糸をつなぐ方法、いわゆる紡ぐことを工芸織維で著名な古川恵永氏に師事したが、しっかり紡ぐことは、おいそれとはできない。毎日毎日練習した。でも紡んだつもりがすぐ解けてしまい、しっかりつなぐことができるのは、一時間に数えるほどしかない。とてもこれでは間に合わないと紡ぐことは早々とあきらめた。

つぎに思い浮かべたのは、タイの山岳民族との出合いである。アカ族の女性が歩きながら紡錘車で木綿糸を、いとも簡単に紡いでいたことは印象的であった（写真55）。そうだっ、紡錘車で糸を撚ることは、ちょっと習えば私にもできると、今度は現在も毛糸を紡いでいる滋賀県甲賀郡石部町にある養護施設アザミ寮を訪ね、紡錘車の使い方など一通りの指導を受け、アンデスのものという紡錘車までいただいた。

あとはカラムシの長い糸さえあればよい。

写真55　紡錘車（右手）で木綿糸を紡ぐアカ族の女性

繊維取りでお世話になった宮古の平氏に理由を説明して、長い糸を作っていただくようにお願いをした。平氏は快諾してくれた。

さあこれで縄文編布がいよいよ出来ると思うと心が弾んだ。糸の到着を首を長くして待った。電話してから四日目に到着した。

胸をときめかせて包を解き驚いた。糸には違いないが、白髪のようで私には触ることもできないような細い細い糸である。

ただちに平氏に電話。「あれの一〇倍の太さの糸はありませんか」と尋ねた。「薄い宮古上布を織る糸で、撚る前のものはあれしかない。他には作れない」との返事。

とうとう糸作りに絶望し、私の張りつめた糸は一瞬にして切れてしまった。

素人がある日、突然糸作りを思い立っても、すぐにできるものではない。糸作りのむずかしさをまざまざと体験した。この間約半年。気持ちの整理をして、糸作りはどなたかのお世話にならねばと考え、カラムシの生産地である福島県昭和村の五十嵐スイ子氏に、出土した編布と同じ諸撚り(左)の太さ〇・六〜一㎜まで何種類もの糸を依頼した。

送られてきた太さ一㎜の諸撚糸は、専門家の五十嵐氏でさえ「大変むずかしかった」といわれた。私はあらためて、私自身の糸作りについての甘さに恥じ入ったしだいである。

それではここで撚りについて述べておこう。

編物や織物を作る糸には、多かれ少なかれ撚りがかかっている。貫頭衣を作るため学生が二人がかりでカラムシの繊維を撚った。これは大変下手な糸作りの方法であるが、できた糸は片撚糸である。

片撚糸は左撚りと右撚りの二種類ある。左の片撚りは撚りの方向がZ状になるので専門家はZ撚りという。一方の右撚りは撚りの方向がS状になるのでS撚りという（図30）。

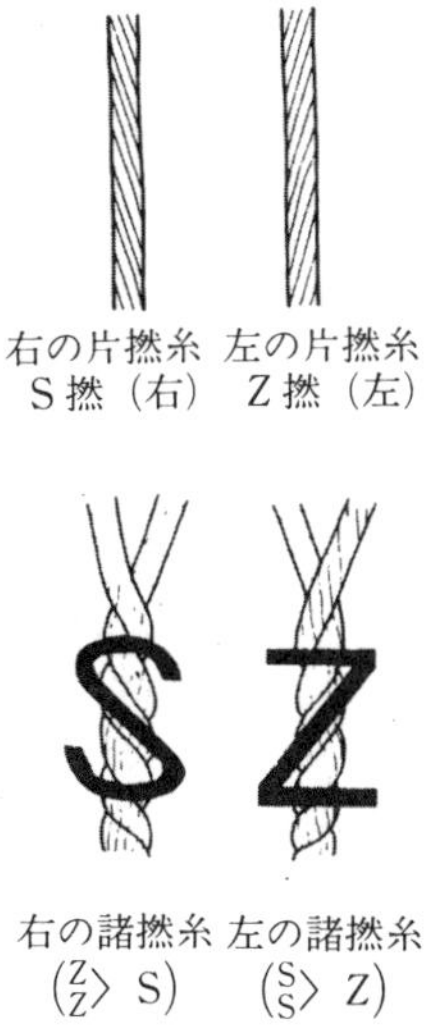

図30　糸の撚り

また諸撚糸《もろよりいと》も二種類ある。左の片撚糸を二本合わせて右に撚ることを右の諸撚りといい、右の片撚糸を二本合わせて左に撚ることを左の諸撚りという。

タイのアカ族の紡錘車について記したが、紡錘車というのは紡茎と紡輪からできており、糸に撚りをかける原始的な道具である。

出土編布を試作する

身のほども知らず、私のチャレンジ精神だけが先走って失敗に終った糸作りを教訓にして、つぎは慎重に出土編布の試作に入った。

なお、朱円・忍路土場・亀ケ岡・山王囲遺跡は編布法で試作し、中山・押出・米泉遺跡は経糸

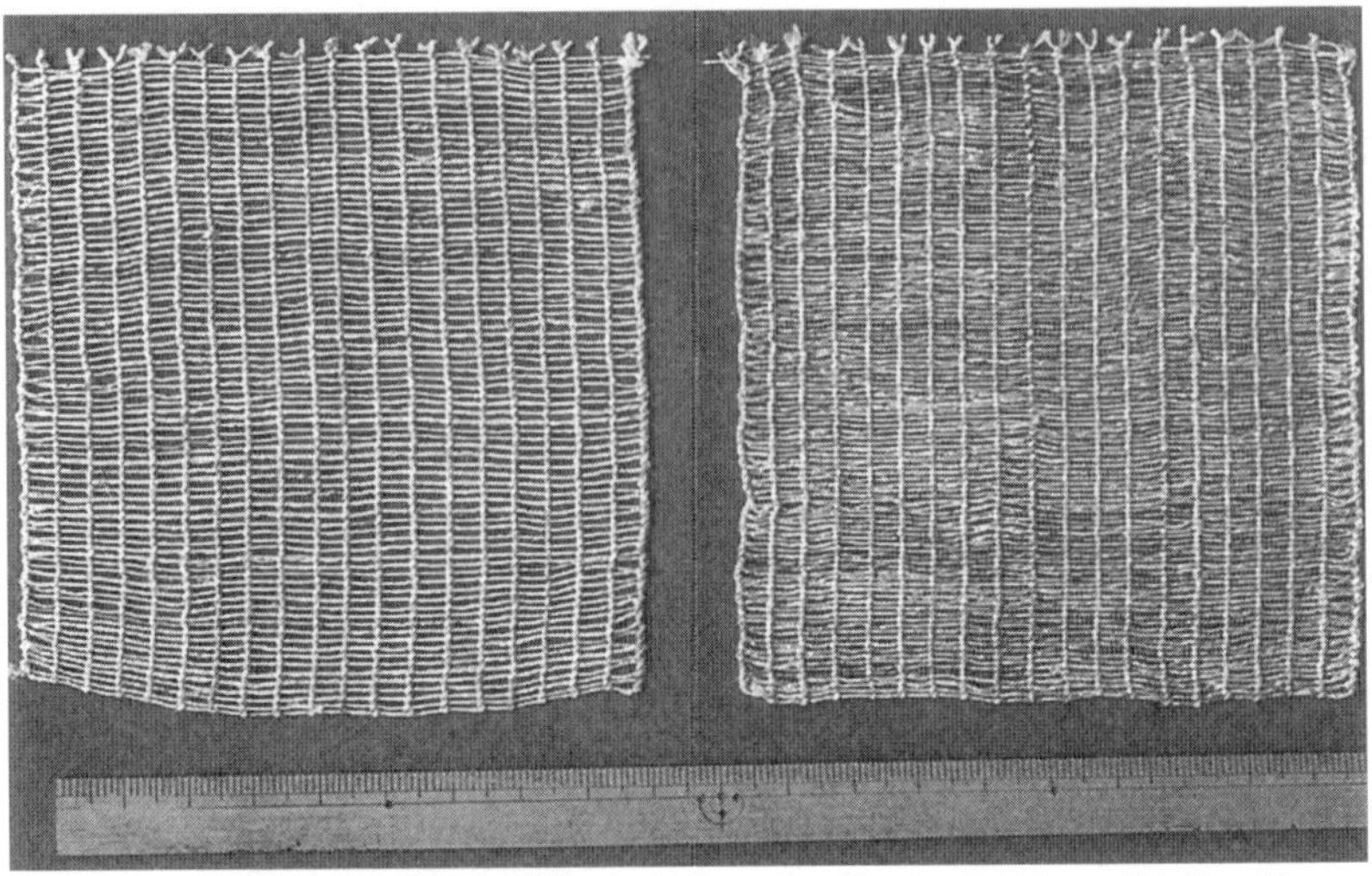

写真56　朱円遺跡出土編布の試作（A(左)アク抜き前の糸、B(右)アク抜き後の糸）

間隔が狭く、荒屋敷遺跡・鳥浜貝塚はともに二列並列の経糸が見られるので、自由に経糸間隔の選べる荒屋敷編具を使用したが、いずれも編布法である。大きさはなるべくそろえたいと思い、幅一三cm・丈約八cmに決めた。

朱円遺跡の編布試作

朱円遺跡の編布（写真22）は、経糸間隔が四～六mm、緯糸は一cm当たり一二本、糸の太さは経・緯糸とも〇・六mmから〇・七mmである（表2参照）。試作には〇・六mmの糸を使用し、経糸間隔を五mmにして編成したが、緯糸が一cm間に一〇本しか入らない（写真56A）。

出土したものは、〇・六～〇・七mmの糸、試作は〇・六mmの糸で少々細いはずであるのにどうして同じ本数にならないのかといろいろ考え、その結果コモ槌の重さに気づいた。コモ槌は錘《おもり》の役目もあるので、試作に使った一〇g前後のものから一三～一四gに替え、再び試作したが大差なし。

つぎは、使用したカラムシの糸が少し硬いので、糸のアクを抜いたらどうかと考え、灰汁で約二時間煮沸したものを使った。やっと一㎝の中に緯糸一二本を入れることができ、出土編布と同じ密度のものができた（写真56B）。

山王囲遺跡の編布試作

山王囲遺跡の試作では、表2の経糸間隔八㎜、緯糸は一㎝当たり八本、糸の太さ一㎜を選んだ。試作に当たっては、朱円遺跡の例にならって、あらかじめ糸のアク抜きをしたので、緯糸が一㎝間に七～八本と出土したものとほぼ同じ密度になった。

しかし、試作の経糸が目立って太く見える。計測したところ一・四～一・五㎜もある。出土編布は一㎜である。なぜだろうと考えたとき、編布の経糸は二本絡ませて編み進む、その格む時の力で丸い糸が平になることがわかった。

これは、糸のアク抜きよりも経糸の太さに関係があるのではないかと、早速一・四～一・五という数字を基準に経糸の太さを割り出した。

それによると山王囲の経糸の原寸は〇・七㎜ということだ。ちょうど手元に同じ太さの糸があったのでそれを使い再び試作した。やっと出土編布に類似した密度になった（図26）。

ここでもう一度、さきに手がけた朱円遺跡の試作品を見たが同じように経糸が太い。やはり表より三〇%細い経糸が必要であった。

以上のような結果から表2に示されている経糸の太さは、出土編布そのものを計測した数字であり、実際に使用された経糸は、それより三〇％程度細いものと判断した方がよいようだ。

中山遺跡の編布試作

細密な編布である米泉遺跡のものは二例共経糸間隔が二・五～三・六㎜とか、二・五～三・三㎜といった狭さで、越後アンギンのような木製のケタでは、経糸を入れる刻みができないので、荒屋敷編具を使用した。

経糸の太さは朱円遺跡の編布を参考にして選んだので、順調に試作することができた。

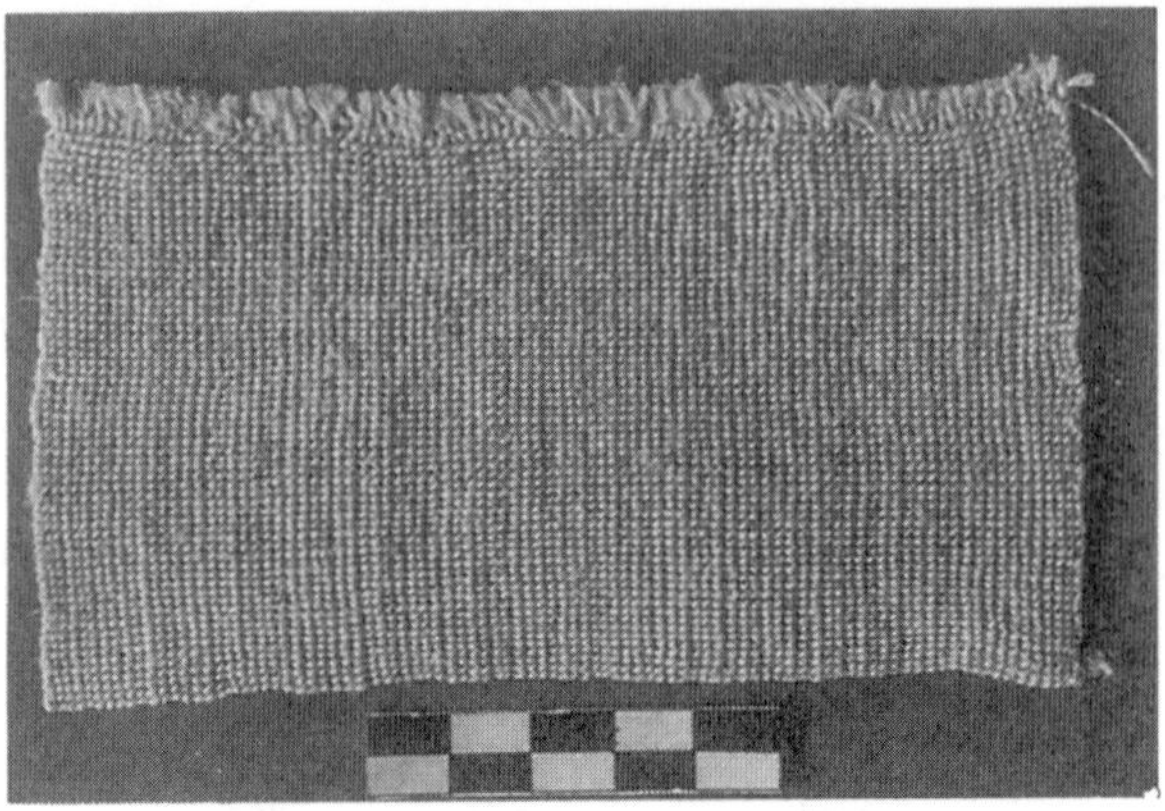

写真57　中山遺跡出土編布の試作

一苦労したのは経糸間隔の狭い中山遺跡の編布であった。経糸を巻いたコモ槌をケタにかけるまででも相当面倒で長時間かかったが、それよりも編む作業が大変なのである。細い糸で、しかも間隔が狭いので、コモ槌に巻いた糸はすぐにからまってしまう。編目は飛ばすという悪戦苦闘の作業が続き、一段一三㎝編むのに二十分以上かかった。そして、一時間その作業に集中すれば目は痛く、肩はこるといった散々な思いで丈八㎝を編むのに要した時間は約三〇時間であった（写真57）。

この試作中、編目を飛ばし苦労した夢まで見た。でき上ったときは、さすがに嬉しかった。押出遺跡のものも同様一苦労した。このようにして何とか九遺跡の編布はすべて試作した。

植物性繊維

縄文時代の編布や糸に使用された繊維は、鑑定されたすべてが植物性繊維である。忍路土場遺跡では北海道にふさわしいオヒョウ（アイヌのアツシの素材）、中山遺跡ではイラクサ科のカラムシ、山形県押出・石川県米泉の両遺跡のものは、イラクサ科のアカソ、それに福井県鳥浜貝塚もアカソである。

なお糸については山王囲遺跡から出土した糸が大麻と鑑定されている。編布に使われたオヒョウ、カラムシ、アカソは自生植物であるが、大麻は、中央アジア・西北ヒマラヤ地方を原産地とするアサ科の植物であり、しかも栽培植物であるので鳥浜辺りでは縄文時代草創期すでに、大麻の栽培が行われていたことが推測される。

この外、種実の出土については、鳥浜貝塚前期種子集積層から大麻の種子一粒とコアカソの種子が発見されている。また縄文後期から晩期に属する千葉県銚子市余山《よやま》貝塚から一〇数粒の大麻の種子、そして青森県南津軽郡尾上町八幡崎《やはたざき》遺跡（縄文晩期初頭）では、畳一枚敷ぐらいの大きさのアンペラの上に、厚さ二cm前後に桑科のカジノキの実が陰干にされた状態で埋没しているものが発見された。

カジはビルマ地方の原産で、紙布・タパ（原始的な衣料として使った樹皮布。ポリネシアでは、皮をはぎ、外皮を除去して内皮を水に浸して柔らかくし、木の台の上で木槌で叩いて伸ばす。それが樹皮布である）の原料として世界各地へ広がったものである。カジも栽培植物である。植物の幹や茎から皮を剥ぎ、糸として使えるようになるまでには、いくつかの工程が考えられる。参考までに植物性繊維の採り方を現在行われているものと伝承によるものとを表5（巻末）にて紹介しよう。

布をたたく木槌

前述したように、鳥浜貝塚の編布は、鑑定の結果木槌のようなもので叩かれたものであることがわかった。写真58Aは同遺跡から出土した槌状木製品である。全長四八cm、直径五・五cmの丸太で作られており、頭部は円頭形で一部がわずかながら欠損しているが完形品である。柄の長さは約一三cmで樹心部を残すように全周から削り込まれたもので、胴部から柄に移る傾斜面には粗く削られた跡が残っている。また柄の末端は、柄よりやや太いこぶ状に作られている。これは、柄、すなわち握る部分であるので滑り止めではなかろうか。全体が黒くところどころに亀裂が見られる。

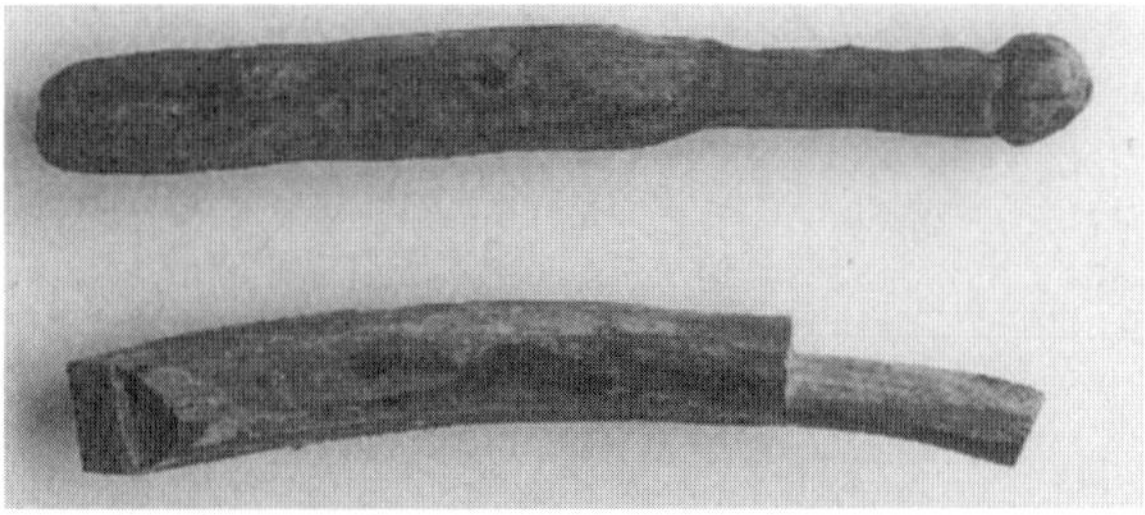

写真58　木槌A（上）**鳥浜貝塚出土**（縄文前期）、B（下）**十日町市**（現代）

このほか木槌らしいものは、忍路土場遺跡から二点出土している（ヨコヅチ？）一点は全長三七・四cm、径九・二cm×九・〇cm、といわれているので、鳥浜貝塚の木槌より一〇cm短いが、太さは倍近くある。もう一点の方は、長さ二三・一cm、径八・二cm×六・五cmと極端に短かいが頭部が欠損しているためと思われる。『忍路土場遺跡・忍路五遺跡』には「従来出土したり、江戸や明治に使われたもので残っているたたき具、ヨコヅチとは、全体形状は似ているものの、柄のつき方やツチの形、使用した痕の有無ということで、疑問符をつけた。建材の一部のようにも見うけられ、それを再利用した道具ではないかと考えここに分類した。繊維のなめしたたきや、木の実つぶし等に使われたものだろう」と記されている。

また、岩手県盛岡市萪内《しだない》遺跡（後～晩期）からも二点出土している。『御所ダム建設関連遺跡発掘調査報告書盛岡市萪内遺跡(1)』によれば、砧《きぬた》状木製品ということである。そのうち一点は、全長三四cm、厚さ四・五cm、幅七cm前後の板目材で作られ、槌の頭部より一四・五cmの部位を境にして削り込み柄が作られている。柄の径は三・五cmで、槌の面には敲打痕がある。

もう一点の方は、全長二九・七cm、厚さ三・二cm、幅五・七cm前後の

写真59　写真58Bの頭部

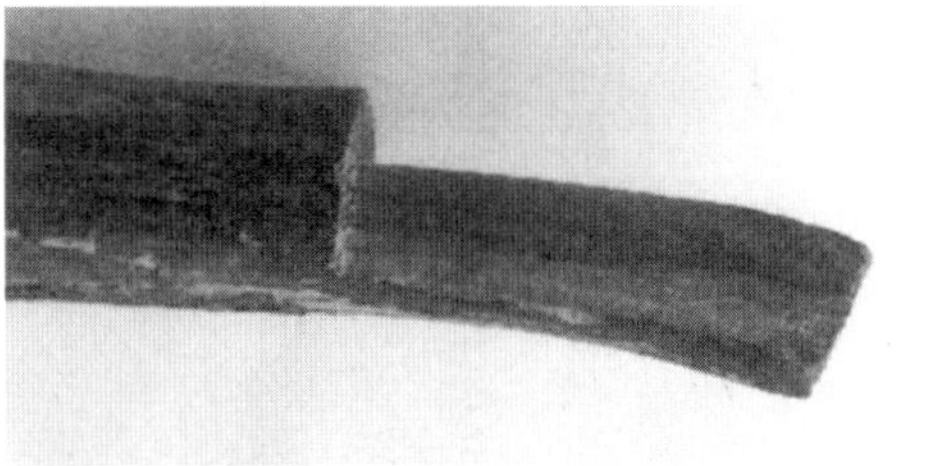

写真60　写真58Bの柄と胴の境

半割材を素材とし、こちらは柄の長さ一四cmが丸棒状に削られている。槌の面は著しい打痕と摩耗が見られる。素材全体が背側に反《そ》っており、この反りをいかして製作されたと考える。

このように、鳥浜、忍路土場、萪内と三遺跡の木槌を見たに過ぎないが、木槌の各々はデザインやサイズが異なっている。しかしいずれも、繊維・布等を叩くことは可能なものと見受けられる。

写真58Bは越後アンギンの作業衣等を叩いたといわれている木槌である。これは新潟県十日町市の多田滋氏より拝借したものであるが、全長四四・三cm、直径五・三〜五・六cmの反りのある自然木で作られており、全体が背を中心にして弧を描いている。背の部分には、薄い樹皮が残っているが、背と反対の部分は、表面が摩耗し、よく叩き使われたものであることがわかる。頭部は、鋸《のこぎり》で切ったままの状態で、その背部が頭部より約五cm胴部へ斜めに削り取られている（写真59）。また柄と胴の境の叩く側にのみ鋸を入れ、直径三〜四cmになるように削り取られて柄ができている（写真60）。

この木槌は、自然木を効率よく利用していること、また縄文時代と比較すれば、文明の利器ともいえる鋸の使用で見るからに簡単に作られているが、その形状は鳥浜貝塚の槌状木製品と極似している。

なお、十日町市の木槌よりはるか時代の古い鳥浜貝塚の槌状木製品の方が、一見いかにも入念な作りである。槌の頭部・胴部を丸くしたり、柄の先にはこぶし状の滑り止めまで作られている。

布を縫い合わせる針

縄文時代の針は、図31と表6（巻末）に示すように北海道から沖縄にいたるかなり広い範囲から出土している。材質は動物の骨や角で、早期および早～前期のものが四六遺跡中一〇遺跡、全体の二一・七％というように、早い時期より針を作っていたことがわかる。

写真61は青森県八戸市長七谷地《ちょうしちゃち》貝塚（縄文早期）の出土品である。Aは頭部と針先尖端部に欠損がみられるが、現存部分の全長は三六・三㎜、幅二・二㎜、厚さ一・五㎜である。また、Bは完形品で頭部や針先尖端部が、精巧に作られている。全長三八㎜、幅三㎜、厚さ一・六㎜、頭部尖端から約四㎜下ったところに針のミゾがある。長さ約一・二㎜、幅〇・八㎜である。

Cは、針先尖端部が欠損しているが、現存部分の全長四〇・六㎜、幅二・二㎜、厚さ一・六㎜、

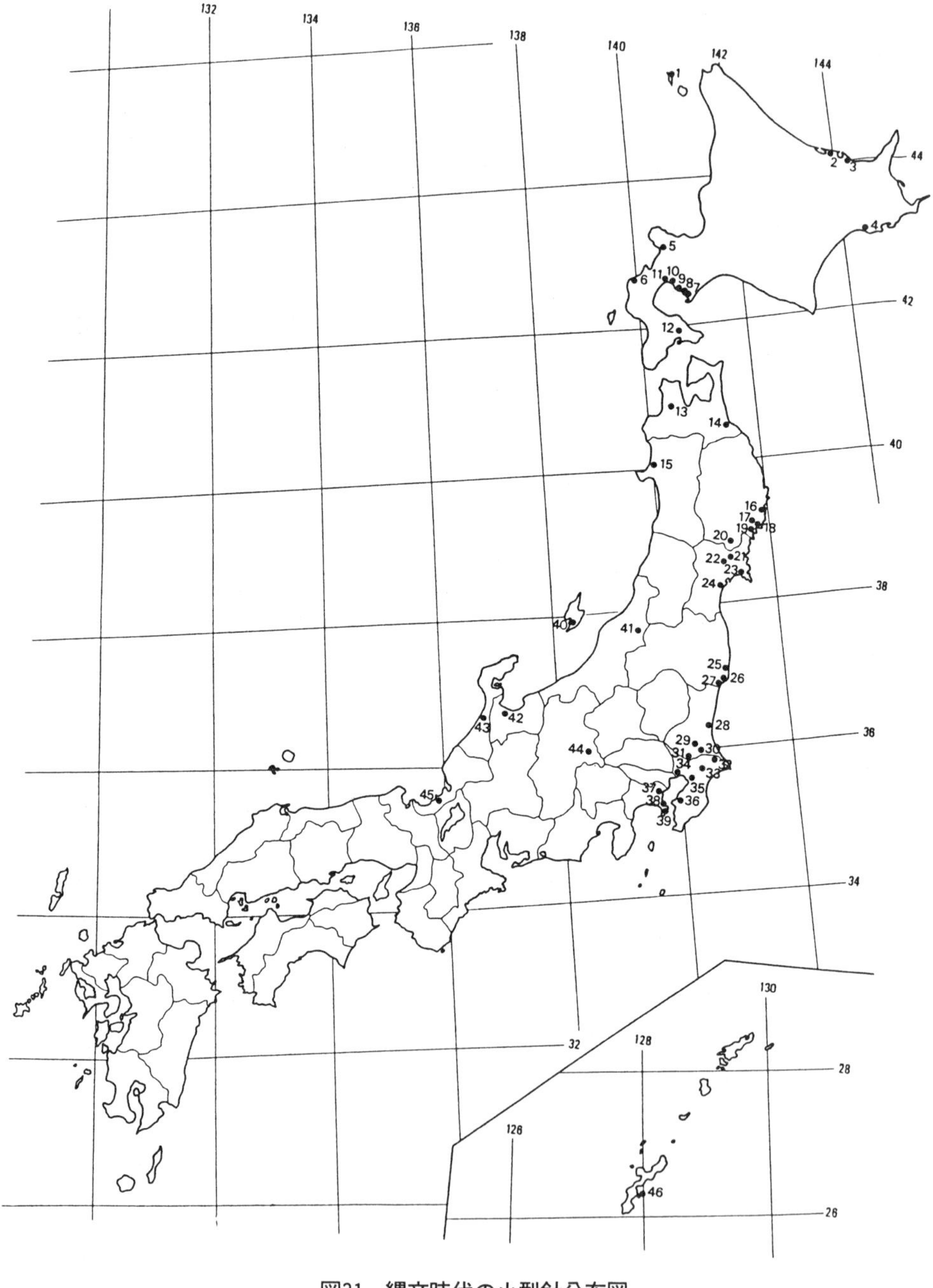

図31　縄文時代の小型針分布図

頭部より約二㎜下って針のミゾがつけられている。ミゾの長さ、幅ともに約一㎜、いわゆる円型のミゾである。これも精巧に作られており、八戸市縄文学習館の小林和彦氏によると、この針だけが鳥の骨で作られているということだ。

また、前期の鳥浜貝塚からも数多くの骨針が出土している。写真62は全長八三㎜、幅八㎜、厚さ四㎜と長七谷地貝塚の針よりは大型であるが、調査された森川昌和氏は「極めて入念な加工を加えて精巧に作ってある完形品である。形態の上からも現代人の使用する針と通じるものがあると思われる」と述べている。他の針についても「いずれも精巧な針であり、毛皮あるいは編み物をとじる針と考えており、同貝塚出土の糸と対比できるものでまさしく日常生活に欠かせぬ骨製品といえよう。針の孔についても直径四㎜内外の太いもの、あるいは二㎜内の細いもの、孔が円形のものが基本であるが、細長くあける工夫がこらされているものもある」といわれている。

写真63は現在、私が編布で縄文衣服を作る際使用している針である。Aは全長六〇㎜、幅（ミゾの広い部分）二・四㎜、厚さ一・八㎜であり、Bは全長五五㎜、幅（ミゾの広い部分）一・九五㎜、厚さ一・四㎜である。どちらも毛糸針なので、ミゾは大きいが全長や幅、厚さは長七谷地貝塚の写真61のCと類似している。

長七谷地貝塚の針をはじめて見たとき私は、これが縄文時代の早期のものとは思われず、すぐにも使ってみたいと思うほど、現代にも違和感の無いものであった。

縄文時代の針の用途は、獣皮や魚網の縫合も考えられるが、編布・平織など布と布の縫合のためにも欠くことのできない用具であり、針を使用することによって、布の大きさや形状に多様性が生じるとともに、布の用途も広がる。布衣の製作もその一環をなすものと考えられ、それは決して難しい仕事ではなかったであろう。そして、経糸を強いテンションで保つ横編法には、道具と針をセットで使われたのではなかろうか。私の実験では、針の有無によって作業の工程に影響のあることが、結果として現われている。針を使えば、細密な編布はとくに編成しやすく、見た目もきれいである。平織についても同様である。

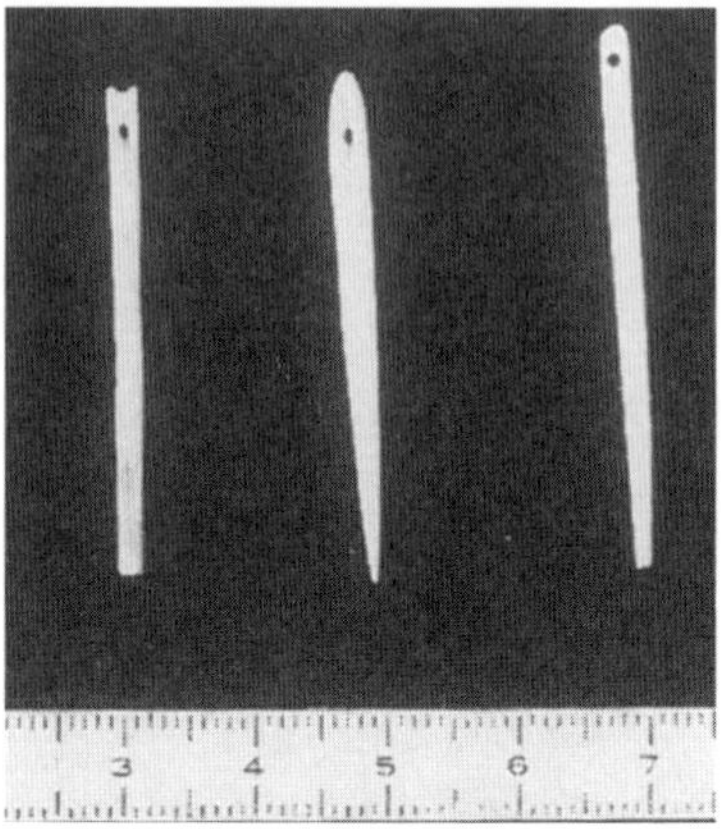

写真61　青森県長七谷地貝塚出土の針（縄文早期、左より A、B、C）

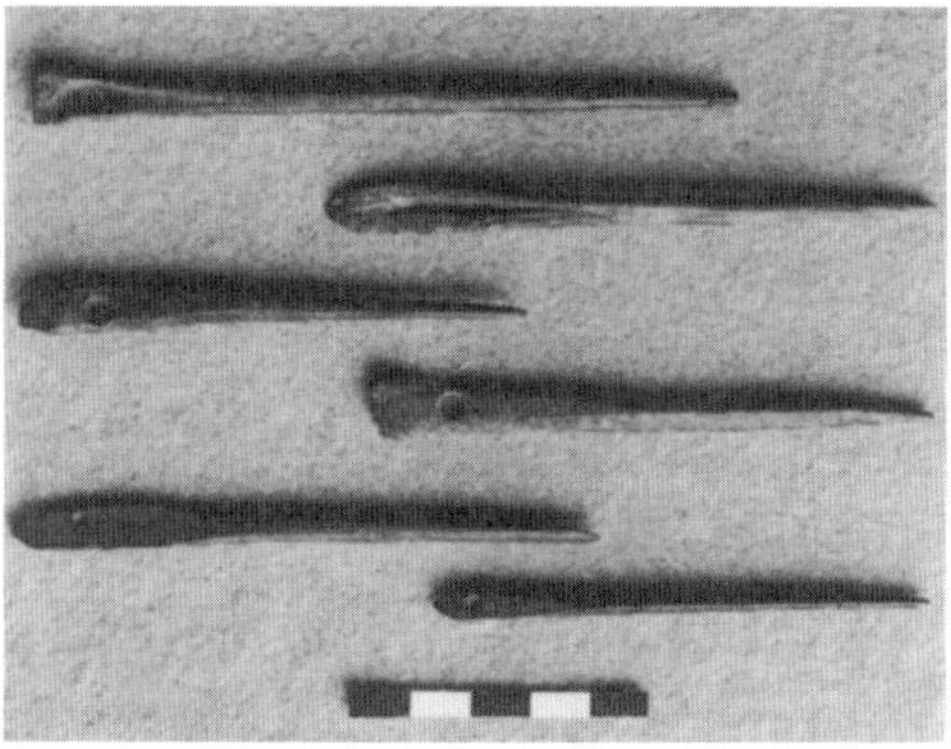

写真62　鳥浜貝塚出土の骨製針（縄文前期）

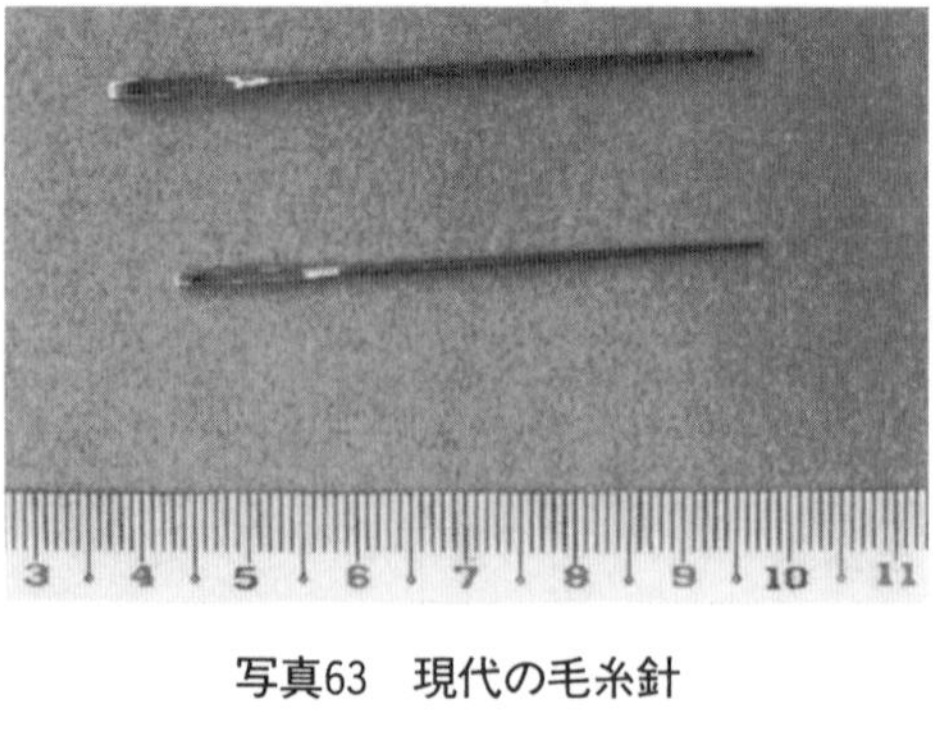

写真63　現代の毛糸針

なお、現在発掘中であるので、遺跡調査報告書は出版されていないが、青森市三内丸山遺跡（縄文前期〜中期）からは、鹿の角で作った針や、エイの尾を使用したギザギザの針や湾曲した針が一〇〇本以上出土している。三内丸山遺跡の規模は大きい。しかし、一つの遺跡から一〇〇本の針が出土しているということは、衣文化がすでに前期から中期にかけてそれなりに発達し、衣服の存在を物語っているようだ。

また、石川県宇出津崎山《うしずさきやま》遺跡（縄文中期後葉〜後期前葉）や、お経塚遺跡から出土した編布圧痕の中の返し縫いや、佐賀県菜畑遺跡の平織圧痕にはかがり縫いの跡がある。これらは、まさに針の使用を示唆した有力な資料である。

縄文人の刺繍

石川県下出土の編布状圧痕（写真64Ａ・Ｂ）や、菜畑遺跡の織物状圧痕（写真65Ａ・Ｂ）には、刺繍としか見られない条痕がある。かつて私は、この条痕に関して『縄文時代の編布・織布を実験する』のなかで、編布状の中の条痕について返し縫い（アウトラインステッチ・図32）、織物状のものをかがり縫い（ストレートステッチ・図33）として発表したが、各方面から返し縫いについては「編布の緯糸を二段づつ編んだものだ」とか「真脇遺跡のもじり編みII類ではないか」など、さらにか

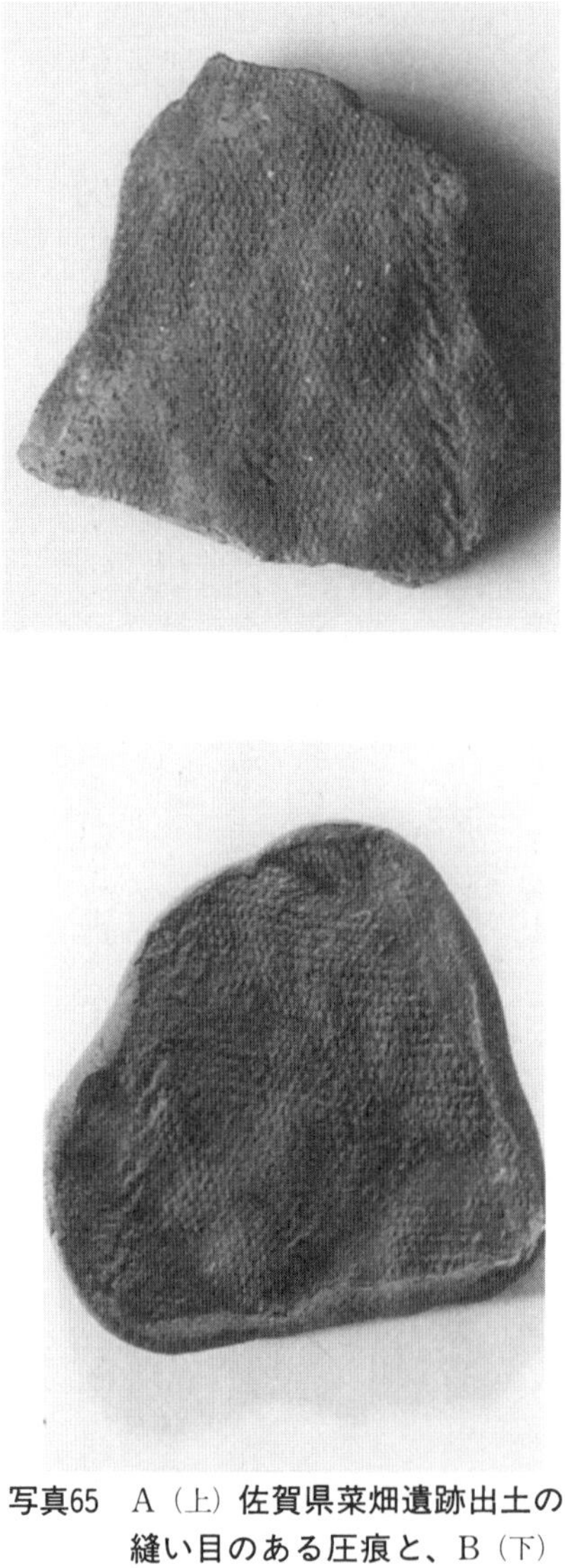

写真65　A（上）佐賀県菜畑遺跡出土の縫い目のある圧痕と、B（下）そのモデリング陽像

写真64　A（上）石川県宇土津崎山遺跡出土の圧痕（縄文晩期）と、B（下）そのモデリング陽像

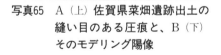

がり縫いに関しては、「小さな布を剝ぎ合わせたもの」など種々の指摘をされたので再検討することにした。

返し縫い

図34は石川県鳳至郡能都町真脇遺跡（縄文前期）出土の土器底面（モデリング陽像）の写真66からトレースしたものである。右側中央矢印は、返し縫いと見られる部分である。図35の①は、緯糸を二本づつ絡ませた編布の経糸一本を横にした模式図である。②は真脇遺跡のカゴに施されたもじり編みII類の模式図、③は返し縫いの模式図である。

この三種類の模式図と図34の矢印部分を丹念に観察しよう。まず①については、a・b・cのいずれも、緯糸の上で重なりが見られないが、図34の矢印はaとb、bとcが緯糸の上でそれぞれ重なり合っており①ではないことがわかった。②は、aとcがbを中にして互いに重なっている。図34の矢印部分にはaとcの重なりが見られずこれも対象外である。③は図34と同じようにaとcはbを中にして重なりが見られず三種類のうちでは③が図34の矢印に近いので私は石川県下の編布状圧痕の中にある図34の矢印に類似したものは返し縫いと推測した。

かがり縫い

写真65A・Bは菜畑遺跡のかがり縫い（矢印部分）と思われる条痕を有する粗製浅鉢形土器の底部である。

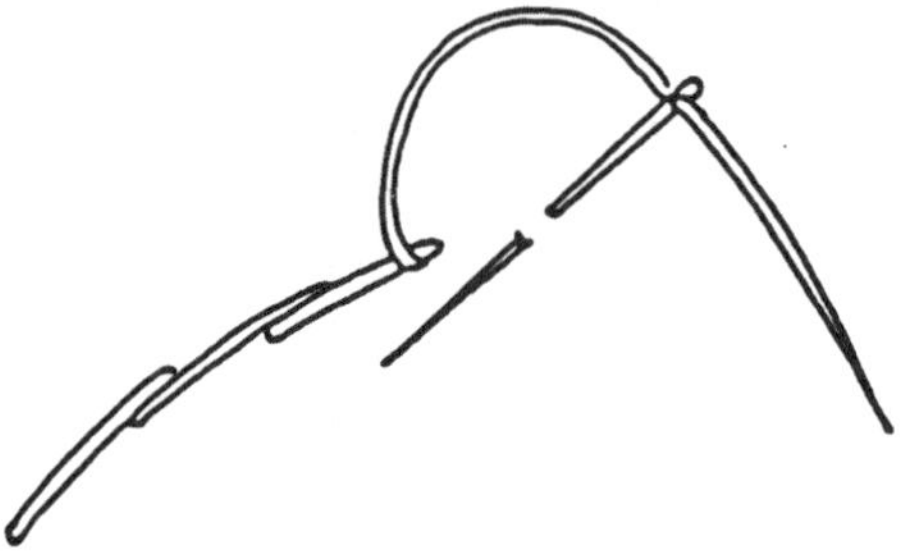

図32　アウトラインステッチ
（かえし縫い）

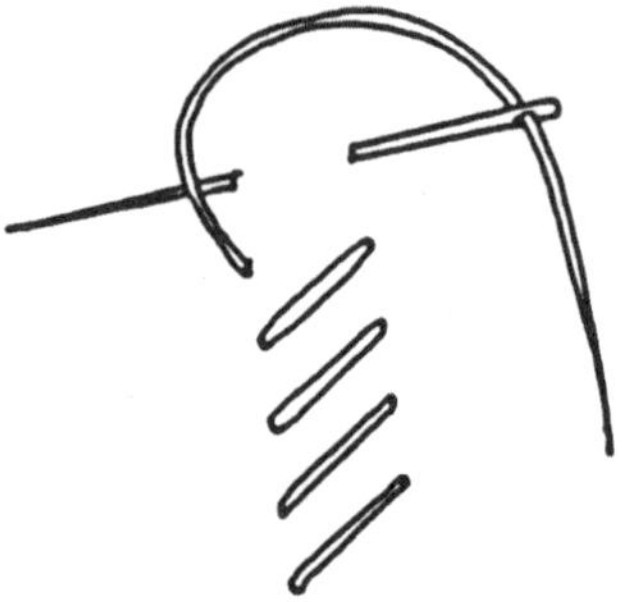

図33　ストレートステッチ
（かがり縫い）

写真66　石川県真脇遺跡出土の土器底面のモデリング陽像（縄文前期、返し縫と見られる）

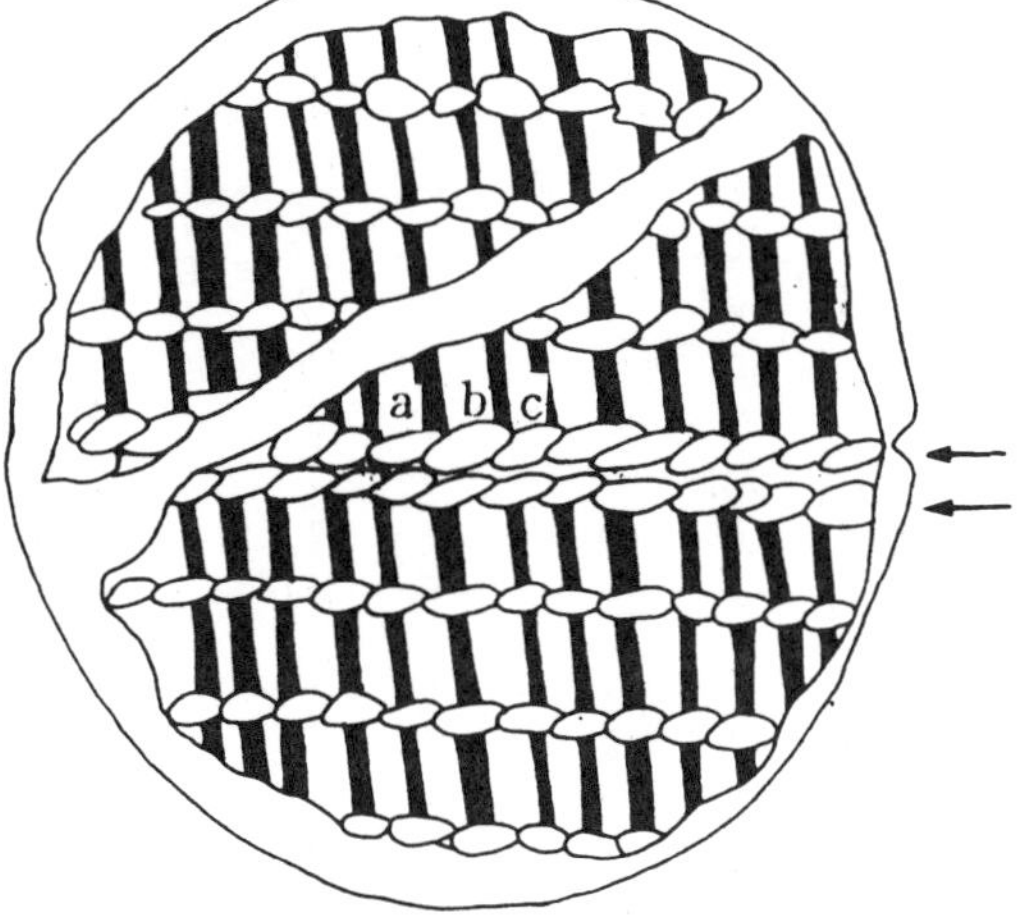

図34　石川県真脇遺跡の土器底面モデリング
陽像（真写66）**をトレースしたもの**

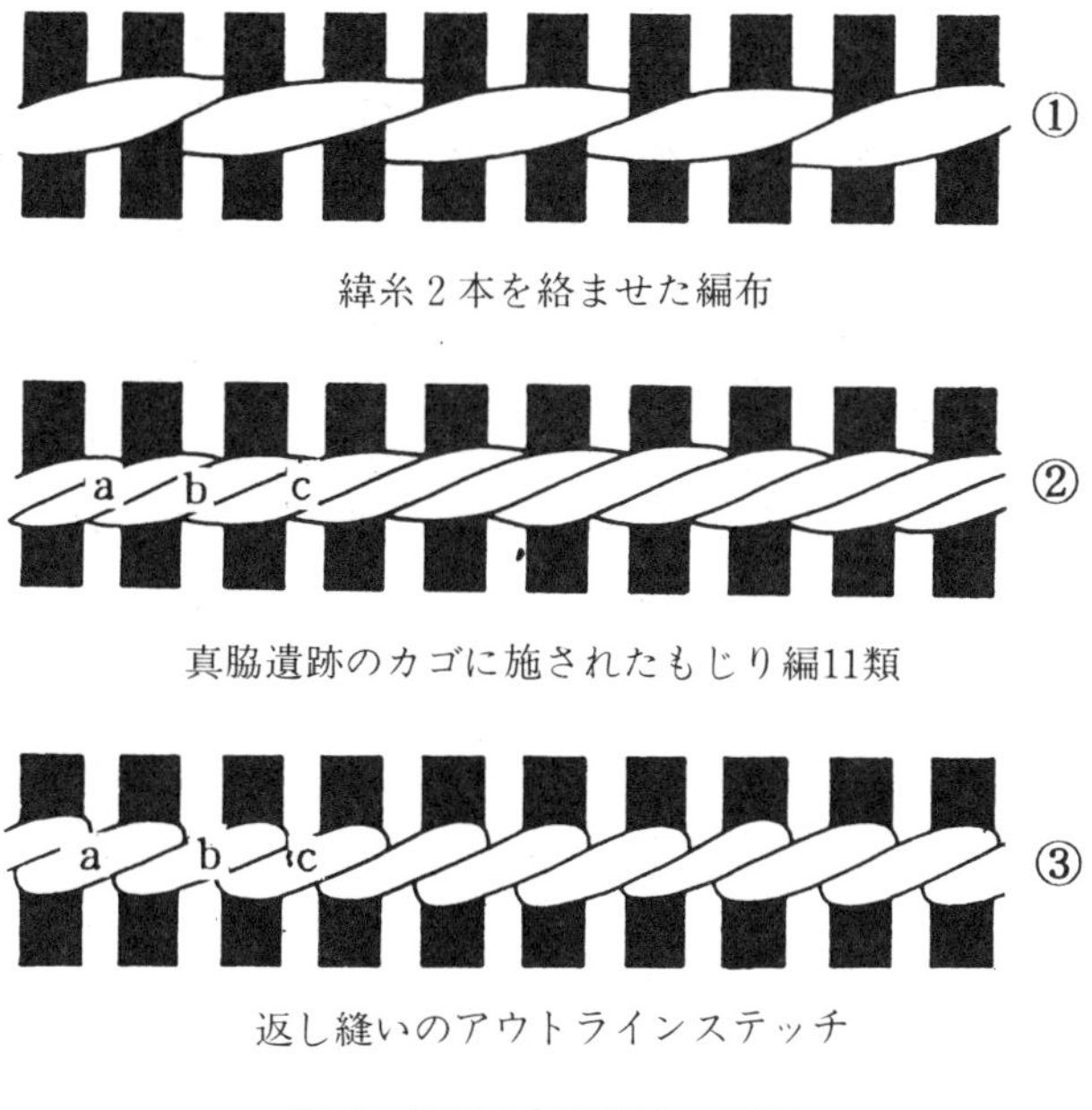

緯糸２本を絡ませた編布

真脇遺跡のカゴに施されたもじり編11類

図35　図34の矢印部分の想定

私はかがりの中央部に剝ぎ目らしい部分が見当たらないことや、かがりの左右の織目が等しく、別々の布とは見受けられないことから、剝ぎ目ではなく、かがりと判断した。

しかし、もう一度詳細に観察し検討するため、再び唐津市教育委員会を訪れ、一点の遺物を角度を替えて撮影した。それを愛知県尾張繊維技術センターの主任研究員である板津敏彦氏に、専門家の立場からの鑑定を依頼した。板津氏の観察、検証（立体顕微鏡五倍）の結果はおおむね一枚の布地と判明した。

以上により両者とも刺繡と見ることにした。それが何のために施されたのか定かではないが、デザイン的に使われたのではなかろうか。例えば生活必需品として重要な土器類の文様は、現代のわれわれが真似のできないほど高度な技術とセンスで作られている。

また前にも述べたが押出遺跡出土のクッキー状炭化物の表面には渦巻状の文様まで施されるなど、食品にまで文様を描こうとする縄文人の気配りと、心の豊かさを考えると、衣服にも返し縫いやかがり縫いで文様を描かれても不思議ではないように推察する。

衣服のデザインは土偶から

縄文女性像を象徴する土偶には、中期あたりから結髪の兆《きざし》を見ることができ、後期からは結髪文

写真67　試作した編布製の衣服

化が発生していたことがわかった。

　また衣服を着ているような土偶もいくつか見受けられる。図2の3はハッピを着ているようであり、1・4・8は北方民族の閉鎖的な皮製衣服に類して上着とズボンのようであり、とくに8は寒い冬を連想して作られたのか雪帽子風の冠り物がみられる。2は、オシャレなバーサーカラーとスカート風、また10は袖がなく貫頭衣であろうか。9・12はパンタロンルック、5は夏スタイルのパンツ、6は腰蓑風、14は、ワンピースであろうかローウエストでプリーツスカートを思わせるなど、今までの縄文イメージとはまったく違うオシャレなデザインが見られる。

　また土偶の文様について、乳房を表わしているものもあるので、衣服ではないとか、衣服の文様ではないとかいわれてもいるが、それでも私は、土器に文様があるように、縄文時代の衣服といえども無地では味気なく感じ、これらの土偶の文様をモデルにして縄文衣を作りその上に簡単なステッチをして楽しんでいる（写真67）。

衣服の製作にかかる日数

出土編布の編目のバラエティについては前述した通りであり、その試作についてもなんとか縄文人の布に近づくことができた。

なかには八cmの丈で幅一三cmといった葉書よりも小さな編布を編むのに、中山遺跡や押出遺跡のものは三〇時間という長時間を要し、私は精も根も尽き果ててしまった。

しかし、でき上ったものは、これが縄文時代に実在していたものかと見まがうほど精巧な編布である。そこでこの精巧な編布で縄文衣（貫頭衣）を仕立てた場合、どの程度の時間がかかるものかを、試作した編布を基準にして計算した。

縄文人は、現代の私たちより小柄で、成人女性の身長が一四八〜一五〇cmといわれているので、さしあたって肩幅を五〇cmとし、上着丈は五五cm、ズボン幅五〇cm、丈五五cmでズボンには襠《まち》（衣服の布の不足した部分に別の布をつけること。この場合はズボンの内股の部分につける布）をつけるといった夏用の貫頭衣を想定した。

このサイズでいくと編布は幅二五cmのもので五mは必要である（表7）。したがって一日八時間編み続けたとして四一七日、一年有余かかることになる。これだけを見れば長く感じられるが、私たちが見落としがちなことは、時間の観念である。

現代人と縄文時代の人とでは、その時間の感覚がずいぶん違うということである。私たちは大量生産に慣れていて、効率的にたくさんのものをつくるという考え方が、生活のすみずみにまでしみこんでいる。ところが縄文時代の人たちは、例えば大きな石を細かく打っていって、欠いて溝をつけ包丁や鏃《やじり》をつくる。今の私たちには考えられないほど精巧な細工をほどこしている。鏃などの半製品には、細かい作業の名残である溝が入っているのがたくさんでてくる。製作には、現代の時間感覚でいくと気が遠くなるような時間がかけられているのである。

そういう意味では中山編布にも同じことがいえる。欲しいものは何でも手に入る現代ではあるが、よりよいものを追求するには、やはり手間ヒマをかけなければならない。その最たる例としてあげられる「京鹿の子」(疋田絞)の振り袖などは、指先の作業に数ケ月要するという。

中山遺跡の編布は、たとえ長い時間がかかろうと、衣服として製作されたものと判断したい。縄文人の「ハレ」の装いとして丹精こめた衣服は、親から子へと譲り継がれたのではなかろうか。

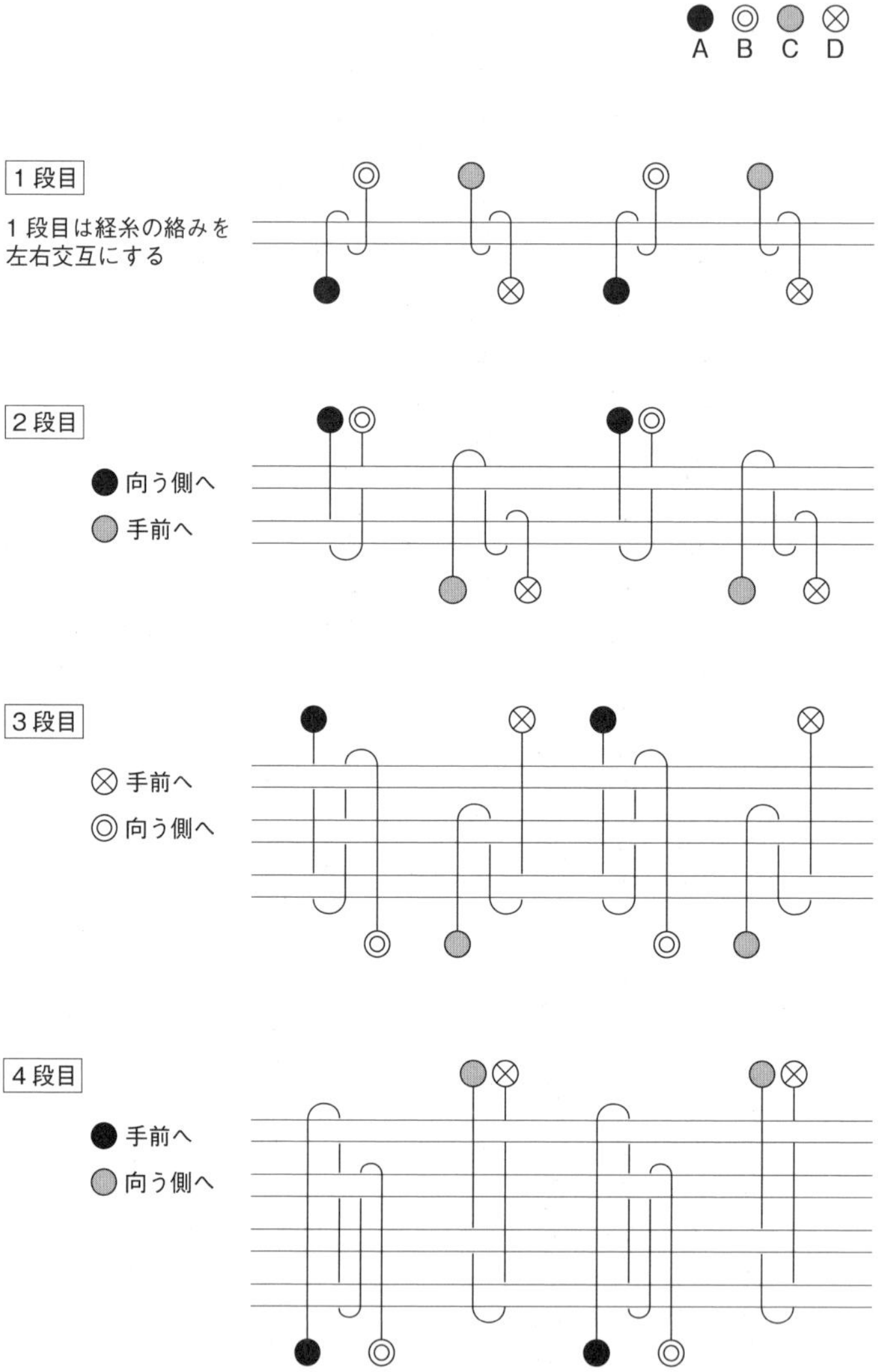

綾織の糸の掛け方
(本文74頁参照)

4　縄文の布の謎解き

謎を秘めた土器片の圧痕

一九八九年秋、福島県大沼郡三島町の教育委員会から二枚の写真（写真68A・B）が送られてきた。

「この写真の土器片の圧痕は、考古学の先生はじめどなたに見て頂いても何の圧痕かわからない。一度見てほしい。織物か編物か調べてください」

ということである。キャビネ版の一枚（写真68A）は土器片を撮影したもので、あとの一枚（写真68B）は土器片のモデリング陽像で、荒屋敷遺跡（縄文晩期最終末〜弥生初頭）から出土したものである。専門の先生方がご覧になってもわからないものをなぜ私に、と考えたが、せっかく送られてきたものなら解明しなくてはと、まずモデリングの方を見た。

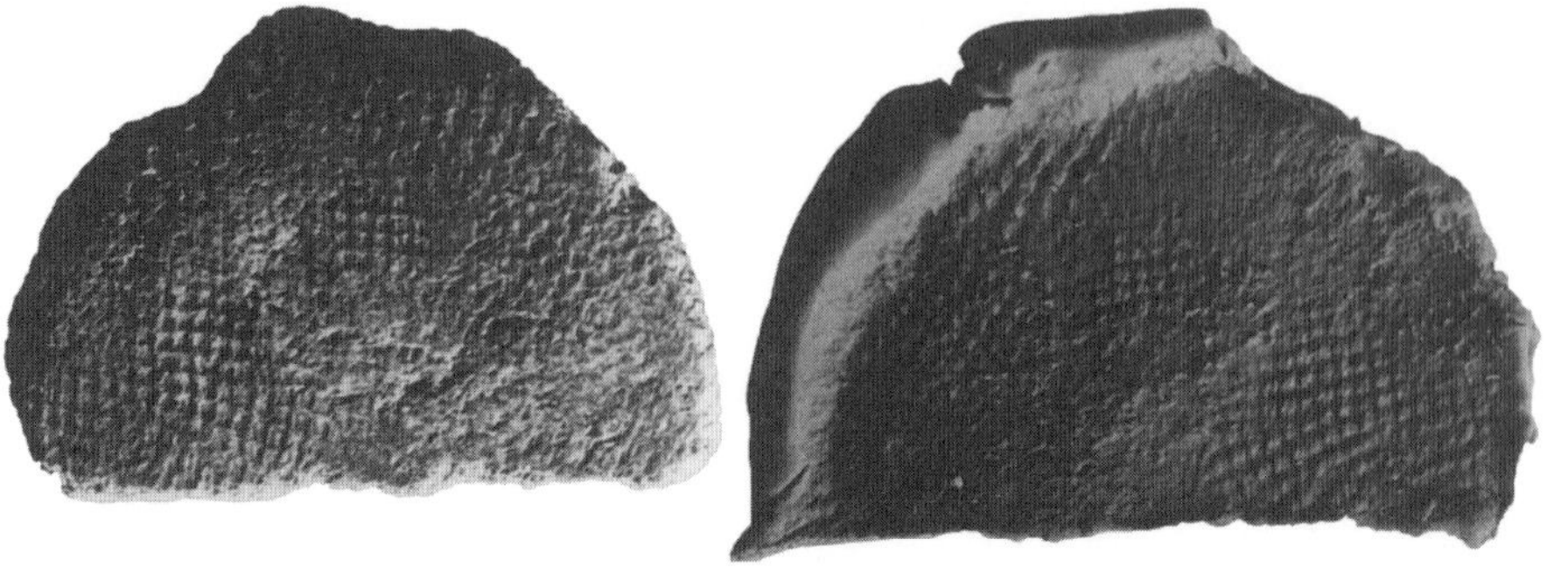

写真68　A（左）福島県荒屋敷遺跡出土の圧痕（縄文晩期最終末～弥生初期）と，
B（右）そのモデリング陽像（福島県三島町教育委員会提供）

半月状であるが左右の文様が異なり、一見しただけでは何の圧痕かわからない。蛍光燈の下や屋外の自然光で見たり、ルーペを使ったり、あらゆる手段で解明の手がかりはないかと努力したがわからない。ついには、被服材料学の専門家に見せてもいっこうに謎は解けない。

圧痕の中には、編布や平織、それに網代編があるが、荒屋敷の圧痕はどれにも該当しない。いま一つ考えられるのは漁網の圧痕ではないかということである。もともと縄文経済は、魚撈、採集を主とし、網漁法は早い時期から行われていたとされているからである。

鏡山氏も『原生期の織布』の中で、網の圧痕について述べられている。しかし種類まではわからない。私自身も漁網についての知識は皆無である。となれば、漁網を作っているプロに尋ねるほかない。

私は幼いころから海が好きで、家からさほど遠くない愛知県・知多半島にはよく遊びにでかけた。伊勢湾と三河湾のあいだに、長靴を突きだしたようなこの半島には懐かしい所が多い。半島の突端、師崎は、沿岸漁業の基地であり漁業が盛んだ。ここの漁業協同組合に尋ねたなら、わかるだろうと問いあわせると、漁協の担当者は、「漁網の種類を把握しているのは、東京の漁網組合の本部だ」という。教えられた通り、漁網組合の本部に電話を入れると、「愛知県なら、幡豆郡幡豆町に漁網を専門に製造している会社がいくつかある。そちらで尋ねるように」と、社名や住所を親切に教えてくれた。

こうして私は幡豆町の漁網メーカー木下製網㈱の門をたたくことになった。謎の圧痕解明の最後の手がかり。どうか圧痕が漁網であるように、そして何とか解明できるようにと祈る思いであった。漁網会社の島崎国郎氏に、例の写真を見せた。島崎氏は、網の種類を各資料で丹念に調べた結果、漁網にこのような編み方はないという結論だった。私ははりつめていた全身の力がいっぺんに脱け、前途が真暗。しみじみ自己の非力を思い知らされると同時に圧痕調査の限界を感じた。

秋から冬、謎はいぜんとして解けない。翌年二月、現物を見れば、ひょっとして解けるかも知れない（今から思うと浅はかな考えである）と思い、三島町へ出かけることにした。

三島町は会津若松から新潟よりである。以前、土偶の撮影で一度訪ねたことはあるが、かなりの山奥という記憶しかない。会津若松の福島県立博物館の森幸彦氏に相談したところ、同館の馬場秀之氏が「電車ではとても不便な所だ。会津若松まで来るならその先は車で同行してあげよう」といってくれた。

二月半ば、馬場氏の案内で三島町へ行き待望の現物を見せてもらったが、土器片は私の親指と人差し指で円を作ったくらい小さく、三島町から送ってきた写真よりもなお判断に苦しむ結果となった。期待がはずれ、がっかりしたが、せっかくはるばるやってきたのだ、と気をとり直し、私も粘土でモデリング陽像を作った。

名古屋に帰ってからは、毎日のようにその粘土を眺めすかしたが、全く新しい発見、進展は望めず、残念ながら、半年間の圧痕調査にピリオドを打ち、「何の圧痕かわからない」と三島町へ返事をした。一九九〇年四月のことであった。

姥神遺跡の土製品と復原試作

明けて一九九一年、お屠蘇気分が覚めやらぬ一月三日の午後、電話がなった。千葉県山武郡芝山町の戸村正巳氏からである。

「あなたからもらった編布と平織のつくり方を収録したビデオテープをお正月に、〝足あと（考古学同好会）〟の人たちとみたところ、メンバーの一人、高野安夫氏が、『一〇年前に採集した土製品の圧痕、今まで何の圧痕かさっぱりわからず不思議に思っていたが、テープの映像によく似ている』といって今日私のところへ持ってこられた。よく見るとたしかにそれらしい圧痕が見られるので送りますから見てください」ということである。

翌日、その土製品が宅配便で届いた。早速荷物をとき土製品を手に取った。〝オヤッ〟私は思わず驚きの声をあげた。今まで秋田県や石川県とあちらこちらの土器圧痕を撮影したが、一つの土器には圧痕が一種類ときまっていた。いま、戸村氏から送られたものは確かに編布と平織が同居している。このように二種類同居の圧痕は珍しい。

急いで戸村氏に電話した、「圧痕土器ありがとう。珍しい圧痕ですね、平織と編布がはっきり付けられていますね」「平織と編布の別々の布を上下に並べたのではありませんか」「いえ、一枚の布のようです。でもよく調べてみます」「平織の中に点々と編布が混ざっているようですが」「おっしゃるとおり平織の中に編布がありますね、一度試作してみます」

写真69　千葉県姥神遺跡出土の編布・平織状圧痕のある土製品・表（縄文晩期）

写真70　同裏

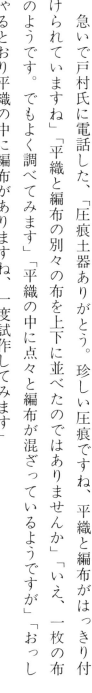

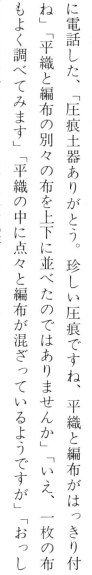

私は期せずして珍しいこのような土製品にめぐりあった。日本広しといえども、編布と平織が一枚の布に同居している資料は私の知るかぎり、わが国でははじめての例である。

さて、貴重な土製品を預った私は、調査に必要な写真を撮ったり、粘土でモデリング陽像をとらなければならない。お正月返上でその作業にかかった。

戸村氏の説明によれば、土製品は、千葉県香取郡山田町姥神《うばがみ》遺跡で採集され、所属時期は前浦式を中心とした縄文晩期全般のものということである。

この土製品の特徴は、通常の土器の底面や側面に押しつけられたものとは異なり、製作の目的は不明であるがこれだけ独立して作られたものと思われる。ちょうど手の平の凹みを利用して粘土を平にし、両面（実際にはこの土製品の表裏や上下を特定することは不可能であるが、便宜上写真69を表面とし、写真70を裏面、そして表面の平織部分を上とする）に布圧痕を付着させたものと推察する。用途についてはまったく理解できない。この土製品は縦四・一cm、横四・五cmの変形で、表面は平で写真69のようにほとんどが平織、編布は下部に平織の五分の一程度ある。また編布と平織の境部分に〇・二～〇・三cmの段差（平織部分が高くなっている）がつけられているが、この段差がどのような状態でできたものなのか定かではない。裏面は全面平織状で中央部分は凸レンズ状に盛り上がり一cmほどの厚みがあり外側へ緩やかに傾斜している。平織部分の密度は、経糸・緯糸とも一cm当たり約六本で、現在までの出土資料中もっとも粗い。また編布部分の密度は経糸間隔が約三・三㎜、緯糸は一㎝当たり五～六本である。

なお写真69に示すように、この土製品の編布と平織は互いに別個の布ではなく、一枚の布として製作されたものと見受けられる。それは、編布と平織の境に接する緯糸が互いに並行していること、両者の経糸・緯糸の太さが類似し密度も等しい。

さらに、編布・平織とも境に布端らしき圧痕がないことや、この二種類の布目が明瞭に押され、別々に押されたとした場合のダブリが見られず明らかに同時に押圧されている点などから、一枚の布と判断した。

また、この土製品の平織部分には、随所に編布らしい圧痕が見受けられる。その顕著なものは、写真49の矢印部分である。これは編布法により平織を織る際の絡み方の違いから生じるもので、いいかえれば〝作業ミス〟であり私もたびたび経験している。

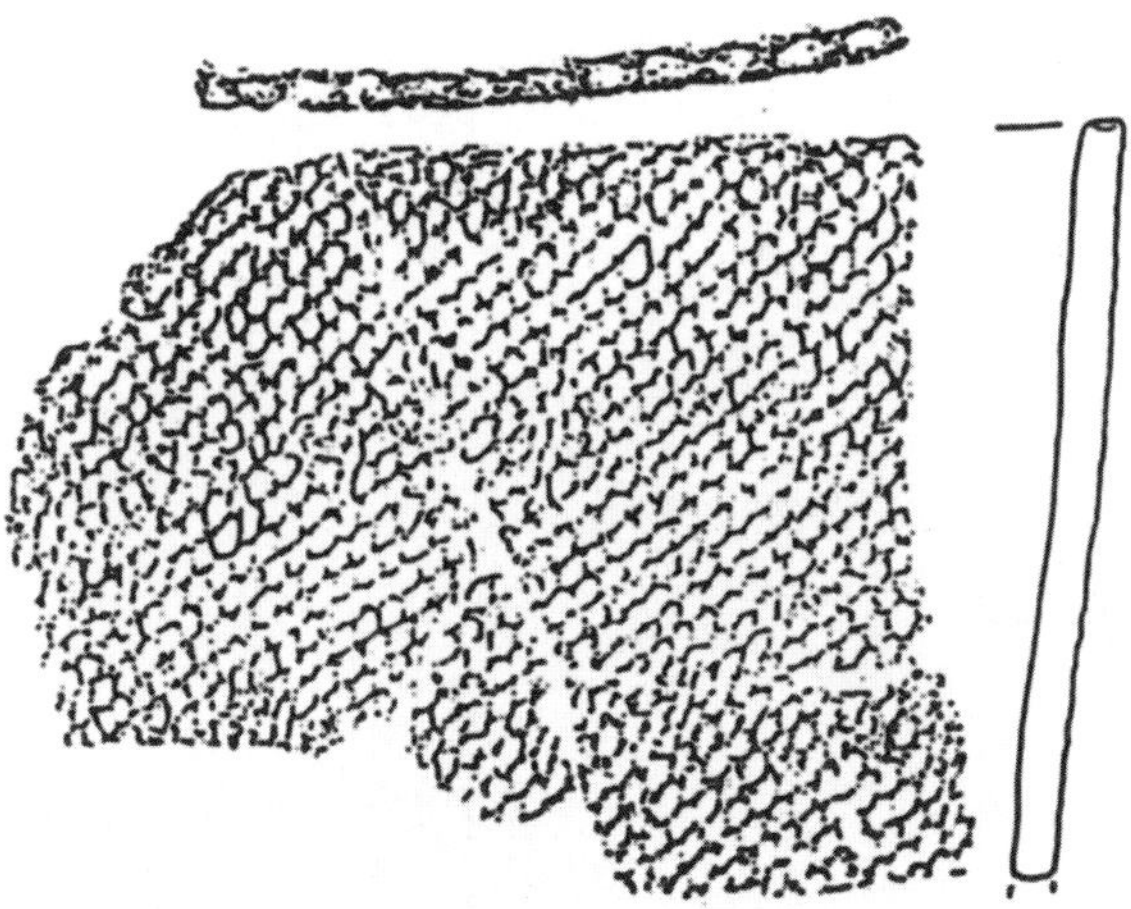

図36　ピッチリ縄文（『山形考古学会第17回総会・第32回研究大会発表予稿集』より）

このように編布と平織が一枚の布として製作され、しかもその平織部分に編布がまじっているなど複雑な資料はわが国ではじめてであり、貴重な資料である。

私はそれを見て直感した。これがヒントだ。

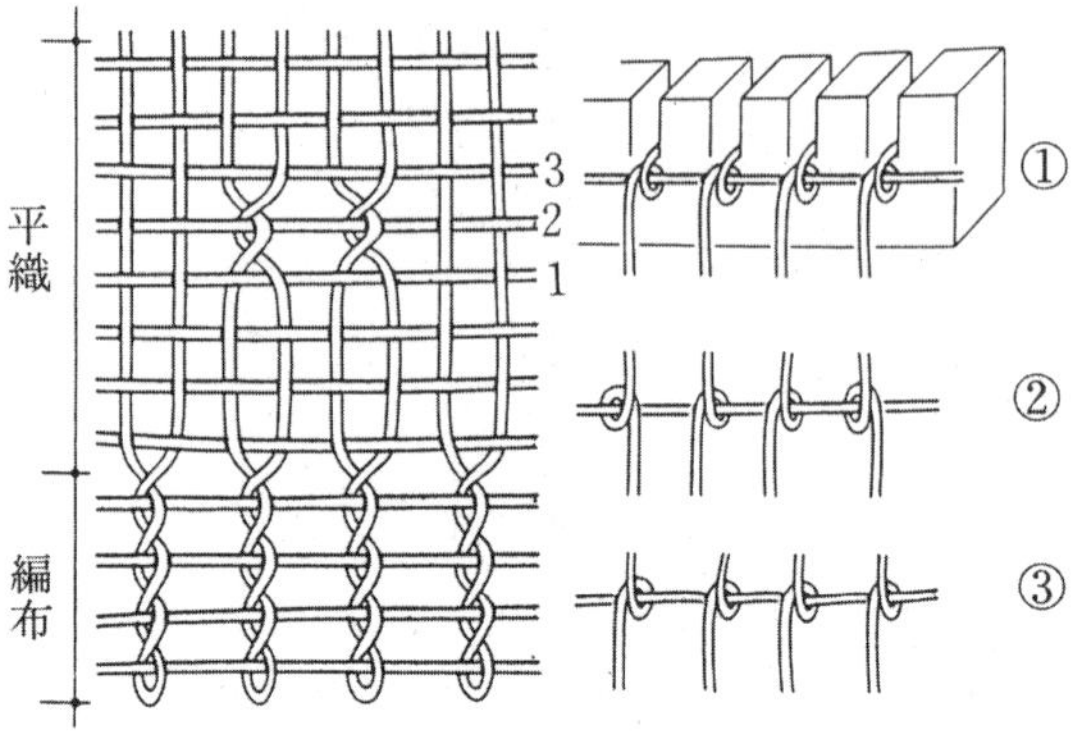

図37　編布法による姥神の織りちがいの糸のからませ方

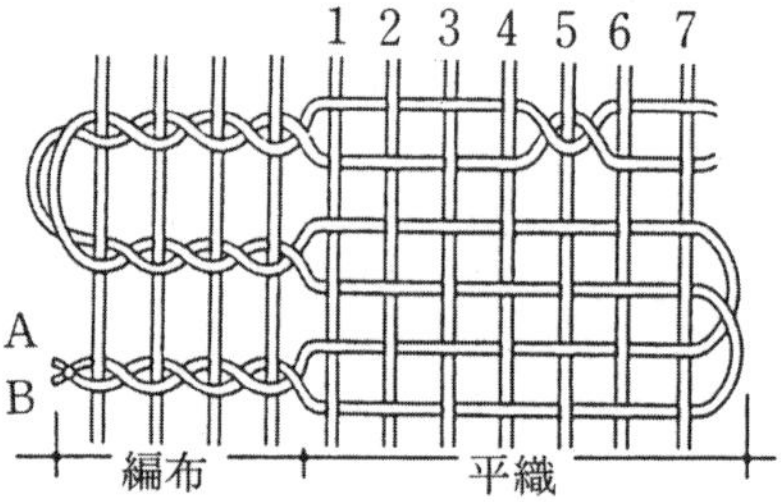

図38　横編法による姥神の織りちがい部分の再現

姥神遺跡の圧痕について、考古学の先生は、とくに平織部分を布痕ではなくて縄の文様「ピッチリ縄文」との見解を示されている（図36）。しかし縄目であるならば、平行する斜線が一定方向に走っているだけであるはずなのに、姥神遺跡の圧痕には、写真69・70に見るように太い緯糸に細い経糸が交差した糸目があるので、平織の痕跡であることは疑う余地がない。しかもその部分には経糸を編布法に絡ませた興味深い作業ミスさえ見出される。

なお姥神の土製品については、布目先生も実見され、織物と確認された。

私はさっそく試作にとりかかった。縄文時代の編布の製作法については、前にも述べた編布法と横編法のふたつの学説があるのでとりあえずこれらふたつの道具をつかって姥神遺跡の編みと織りを再現してみた。

編布法では、簡単な操作の繰り返しで編布と平織の両面を製作することができ、さらに写真51の絡み方の間違いも図37で分かるように、二段目の中央二箇所が一段目と同じ絡みで左右の絡みと異なることである。そして、三段目は一段目と同じ絡みにする。ただこれだけのことで写真49の矢印部分と同様の編布が平織の中に出現するのである（写真50・51）。

つぎに横編法での試作である。経糸をはりおえてから、横編法は一段ごとに編布と平織を製作しなければならない。図38の要領で縦にはられた経糸一本を、AとBの緯糸で絡みながら横に編み進んで、編布を編み、途中から平織に変更しなければならない。平織は、まずAの緯糸のみで奇数の経糸をくぐらせ、つぎの偶数の経糸を越え、また奇数をくぐるというように、最後の経糸までAの緯糸を運ぶ。

そして今度は、Bの緯糸をAの逆に越えたりくぐらせたりして織り進む。

なお、平織の中へ編布を編み込む場合は、平織のAとBの緯糸を編布を作ろうとする手前でストップさせ、AとBの緯糸で編布の絡みを作り、あとは再び平織にする。

このように、非常に手間をかけ故意にまちがえて製作しなければならない。平織の中の編布を文様とするならば、どのように苦労しても製作されたであろうが、土製品の圧痕からはそれらしい痕跡は見受けられず、単なる糸の絡みによる織り間違いだとすれば、姥神遺跡の土製品に使用された布は、間違いが単純な操作でできる越後アンギンの道具に似たものでつくられたと思われる。私が実際に越後アンギンの道具で編んで、意図的に同じ間違いをして同じようなものができたときの喜びは大きかった。

かつて私は、越後アンギンの道具で平織を製作した。私としては縄文人が越後アンギンの道具に似たもので織りもしていたのではないか、という単なる仮説に過ぎなかったが、その仮説の証明をこういう形で残しておいてくれたとは夢にも思わなかった。人間の考えつくことは今も昔も変わらないということか。

荒屋敷遺跡の土器片と復原試作

そこで思いいたったのが荒屋敷遺跡の出土品である。左右ちがったあの圧痕は、平織と編布なのではなかろうか。いままで私が知っていた例は、平織だけか編布だけか、一種類の圧痕ばかりで、姥神遺跡の圧痕がなかったら、この荒屋敷の圧痕が何かは永久にわからなかったであろう。まさしく天の啓示であった。

姥神遺跡のものより細かいが、二本の糸で編み織りが作られている。まぎれもなく二種類の製作法によってできた布目圧痕だった。かくて謎は解けた。

写真71　編布法で編布・平織を並列して製作（A（左）減らし目をしない平織と編布，B（右）編布に減らし目をして平織とゲージ調整をした）

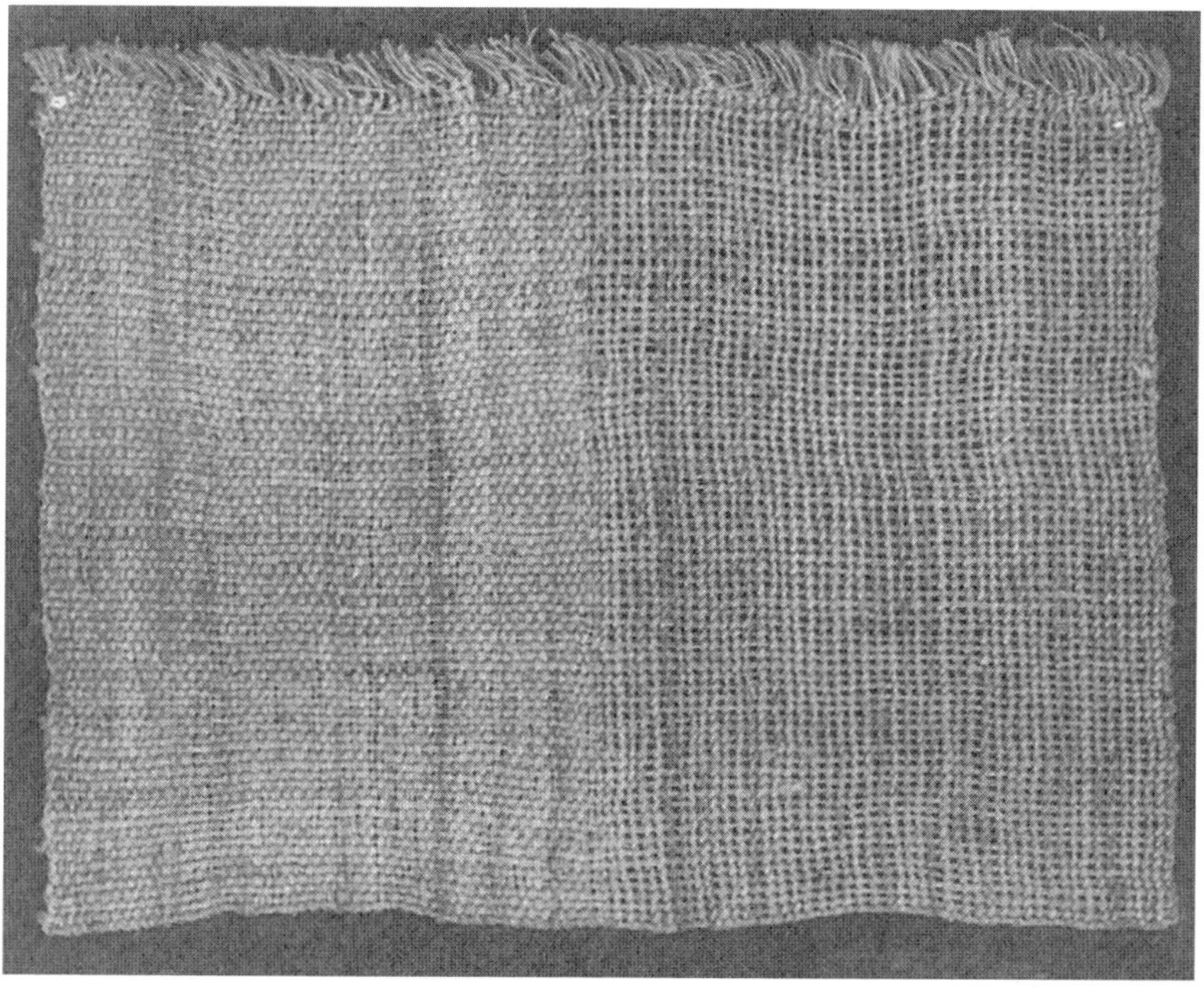

写真72　福島県荒屋敷遺跡出土の試作（左が平織，右が編布）

荒屋敷遺跡から出土した土器胴部の破片は、縄文晩期最終末から弥生初頭のものとされ、縦三㎝、横四・五㎝の小片である。その表面には、四分六くらいの割合で右に編布、左に平織の布の圧痕が確認される（写真68B）。

編布の密度は経糸が一㎝当たり七本、緯糸は一㎝当たり八本である。平織の方は一㎝当たり経糸が一二本から一三本、緯糸は約八本あり、経糸の太さは〇・二一㎜から〇・二五㎜といった、とりわけ細いものが二本ずつ使用されているように見えるが、これは諸撚り（右）の糸が使われており、私が今まで考察した中ではじめてのものである。

また、編布中央右より下部二カ所に編み目の変化がみられる。これはあきらかに減らし目（間引き）である。

編布も平織も密度が高いので、荒屋敷編具を用いて試作する。一段目は編布と平織の区別をせずに、二本の経糸で一本の緯糸を左縄状に絡ませながら編み進む。二段目からは編布と平織を区別し、まず編布は一段目と同じ絡みをくり返し、平織は経糸を絡ませずに緯糸の上で交差させる。三段目以降は、編布が単純なくり返し、平織は一段目と二段目を交互にくり返す。

こうして何段か編み進むにつれて、編布と平織に予期しない現象が見られた。編布は二本の経糸で一本の緯糸を毎段絡ませねばならない。平織は絡ませず織り進む。つまり編布が絡む分だけ丈長になってきた（写真71A）。

縄文人もこれを体験し、編布に減らし目をしたのだ。減らし目のあるのは、平織とのバランスをとるためだとわかった（写真71B）。

編布の減らし目は、平織から編布に編み進んだところで緯糸をいったん切り、この段を終りにする。これが減らし目であり、つぎの段は再び平織のはじめから織り進み、編布へ移行すればよい。この方法を時どき行うことにより平織とのゲージ調整ができる。

このような作業により「荒屋敷圧痕」に等しい布を完成することができた（写真72）。

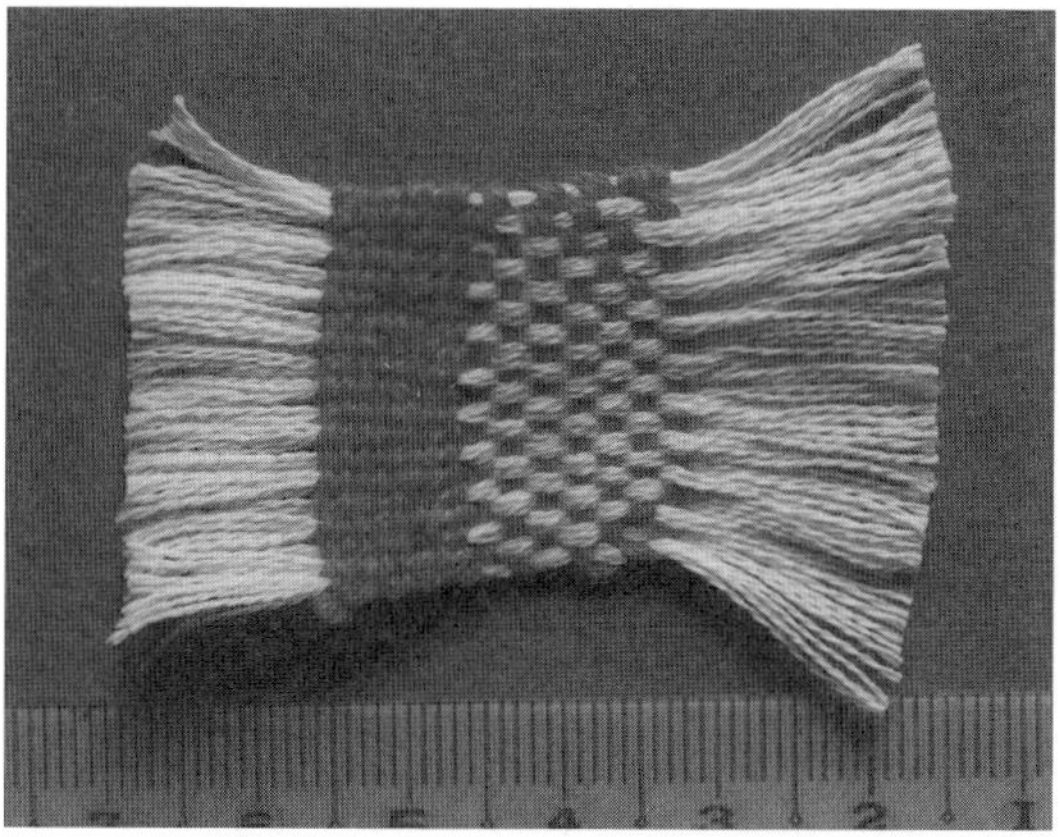

写真73　横編法で製作した編布と平織

横編法は、経糸・緯糸の間隔などすべてを手先で行うので、編布から平織へと連続に編んだり織ったりしても、とくに編布の減らし目は必要としない。

したがって端的にいうならば、荒屋敷の布は、圧痕に見られる減らし目が、横編法ではなく、編布法によって作られたという決め手となった。

さらに、横編法で試作実験してみたが、写真73のように、経糸の密度が低く、とても原布と同じ編布・平織を製作することはできなかった。原布のように編布と平織の経糸密度が等しいのは、原布が編布法で製作された証拠である。編布法であれば、ケタに刻みがあるので、自然と編布と平織の経糸密度は揃うことになる。

編みから織りへの転化のもつ意味

姥神や荒屋敷で、一枚の布になぜ「編み」と「織り」の異なる技法を用いたのかはまったく不明である。もし意図的に作成したのならば、それは網代にバラエティが見うけられるように一種のデザイン的なものかも知れない。あるいは、全く偶然の産物であるかもしれない。いずれにしても、製作の動機や目的については推測の域をでない。

それはそれとして、この姥神と荒屋敷との布地の圧痕は、結果的に、はからずも一つの重要な事実を明確に立証しているといえる。

それは、縄文晩期においてはすでに「編み」ばかりではなく「織り」の技術も用いられており、しかも編布と平織は手仕事として同じ技術的次元で成立する隣りあわせの技法になっていたという事実である。

これは大変刺激的な事実であり、技術に関する本格的な検証を促している。次は実験が明らかにした三つの事実である。

① 「姥神」の試作実験で明らかのように、横編法によっても平織を製作できるが、〃うっかりミ

ス〃のある原布は疑いなく編布法によって作成されている。

②「荒屋敷」の編布に見られる減らし目は、編布法をとることによって生ずるものであること、それに横編法では、編布の経糸密度よりも、平織の経糸密度が低く、原布と同じ経糸密度に仕上げることはできない。したがって「荒屋敷」の原布も、編布法で製作されたものである。

③これらの二点から見て、「姥神」と「荒屋敷」の布がともに編布と平織が製作過程で連続し、両部分を同じ道具と糸によって作製していることからも、どちらの布もともに編布法の道具と技法によって作製されたと考えられる。

したがって、縄文時代のわが国の一部では、平織も同じ道具で〈編み〉から〈織り〉への転化により発生したはずである。

横編法の見直し

押出遺跡もう一つの編布

一九九四年十一月、市制四〇周年を記念して十日町市では「越後アンギンシンポジウム」が開催され、そのときに作成された「縄文からのメッセージ—図説越後アンギン」が十日町市博物館の阿部恭平氏から恵送された。

写真74　山形県押出遺跡出土の左右両絡みの編布（縄文前期）

その中に縄文時代の編布として山形県押出遺跡の編布（重要文化財・山形県教育委員会所蔵・写真74）が掲載されており、それが格別珍しいものであるのでここに紹介する。

一般に知られている押出遺跡の編布は、遺跡の調査報告書がまだ出されていないのと、一般公開は許されていないので私は今まで「押出遺跡第一次調査説明資料」を参考に、そして密度は布目先生の計測にしたがっていた（図7参照）。しかし「縄文からのメッセージ―図説越後アンギン」の中の押出編布は、編布というよりも、一見ニット製品、いい換えれば現代の編物の表編（写真75A）のようである。

縄文時代の出土編布はすべて基礎編布（図9）で、経糸の絡みは左絡みであるが、十日町市からのものは左絡み、右絡みと交互の絡みになっている。このように左右両絡みの編布は、縄文遺跡からの出土編布や土器圧痕に見られる編布、そして時宗の阿弥衣、越後アンギンの作業衣等幅広く編布を眺めても例はなく、これが編布であると断定したならば、縄文時代としてははじめての貴重な資料である。

前にも述べているが、編布は二本の経糸で一本の緯糸を絡みながら編むので、表も裏も同じ絡みになり、経糸間隔が密なものでもどこかに緯糸が現れるものであるが、この資料には全くそれらしい緯糸が見当たらない。

一方ニットの場合は写真75Ａ・Ｂでわかるように、表編と裏編といって表裏がはっきり区別されているので、表から裏編の糸はほとんど見られない。このようなことから十日町市からの資料について私は「ニットではないか、裏が見たい」ととっさに考えた。

またかねてより不思議に感じていることをふと思い出した。縄文土器の文様に撚糸文《よりいともん》がある。その中に、ニットの表編と裏編に瓜二つの文様があることだ。図25Ｃ・Ｄは撚糸文であり、図25Ａ・Ｂはニットの編目である。はじめてこの撚糸文を知った時の私は、縄文人が一本の糸を二本棒で編み綴る現代の編み方を知っていてこの文様が作られたのか、それとも全く偶然の一致というものなのかと思い悩んだことがある。

さて、押出の繊維製品は編布か、それともニットなのか判断がつかないので、織物や編物の専門家に写真74を見せた。それらの方々から何の戸惑いもなく返った言葉は「ニット」である。その中でも編布をよく知っておられる柴田氏は「時期的にニットと簡単にはいえないが、編布なら緯糸が見えるはずだ。この写真からは一箇所もそれらしいものが見当たらない、それよりもニットの特徴がでている。やはりニットのようだ。裏が見たいね」と私の考えと同じである。

十日町市の資料は、編布であれ、ニットであれきわめて珍しい資料である。私は是が非にも真相

写真75　現代の編物（ニット）A（左）表編とB（右）裏編

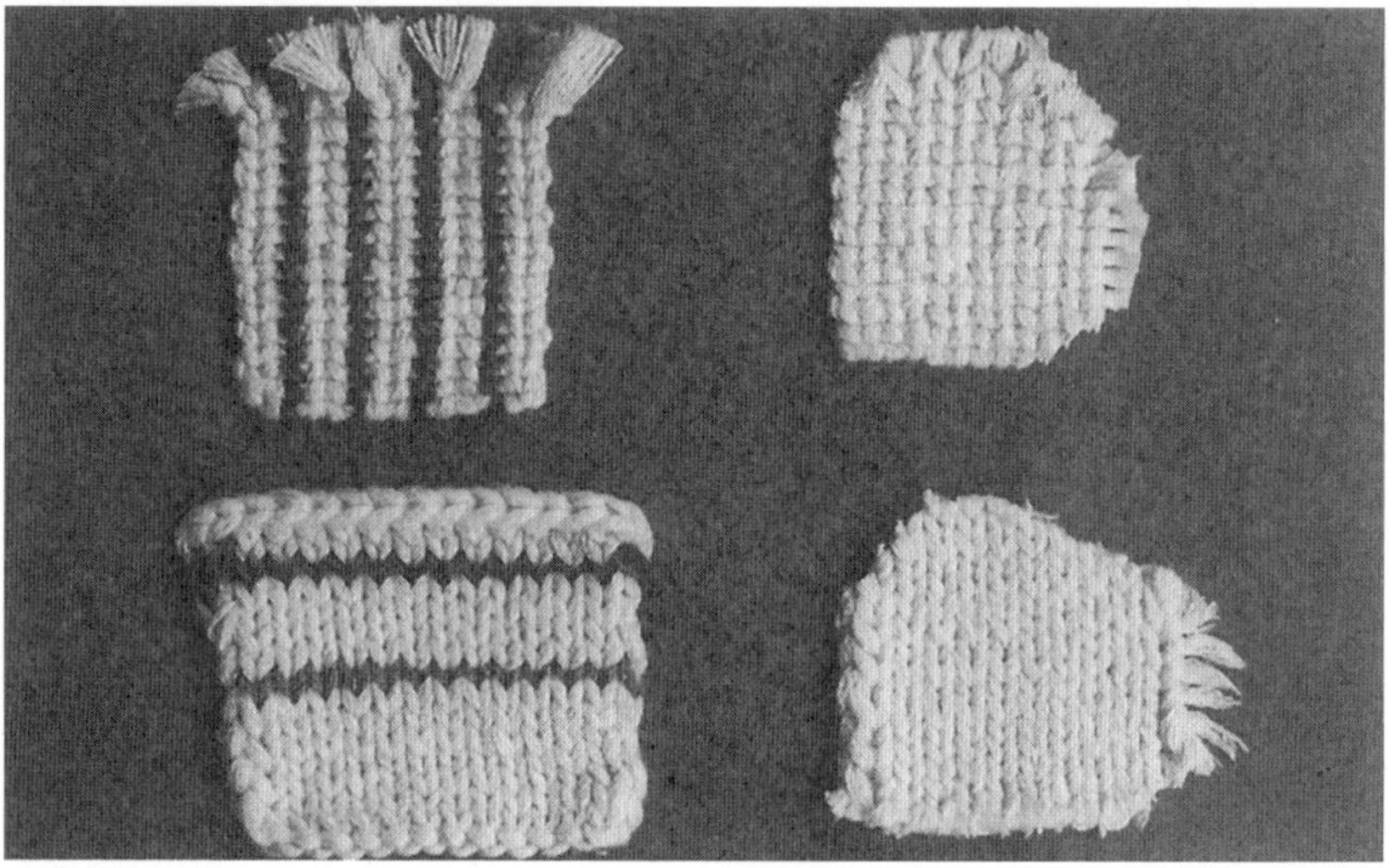

写真76　ニットと編布（A（左上）とB（右上）が編布，C（下左）とD（下右）がニット）

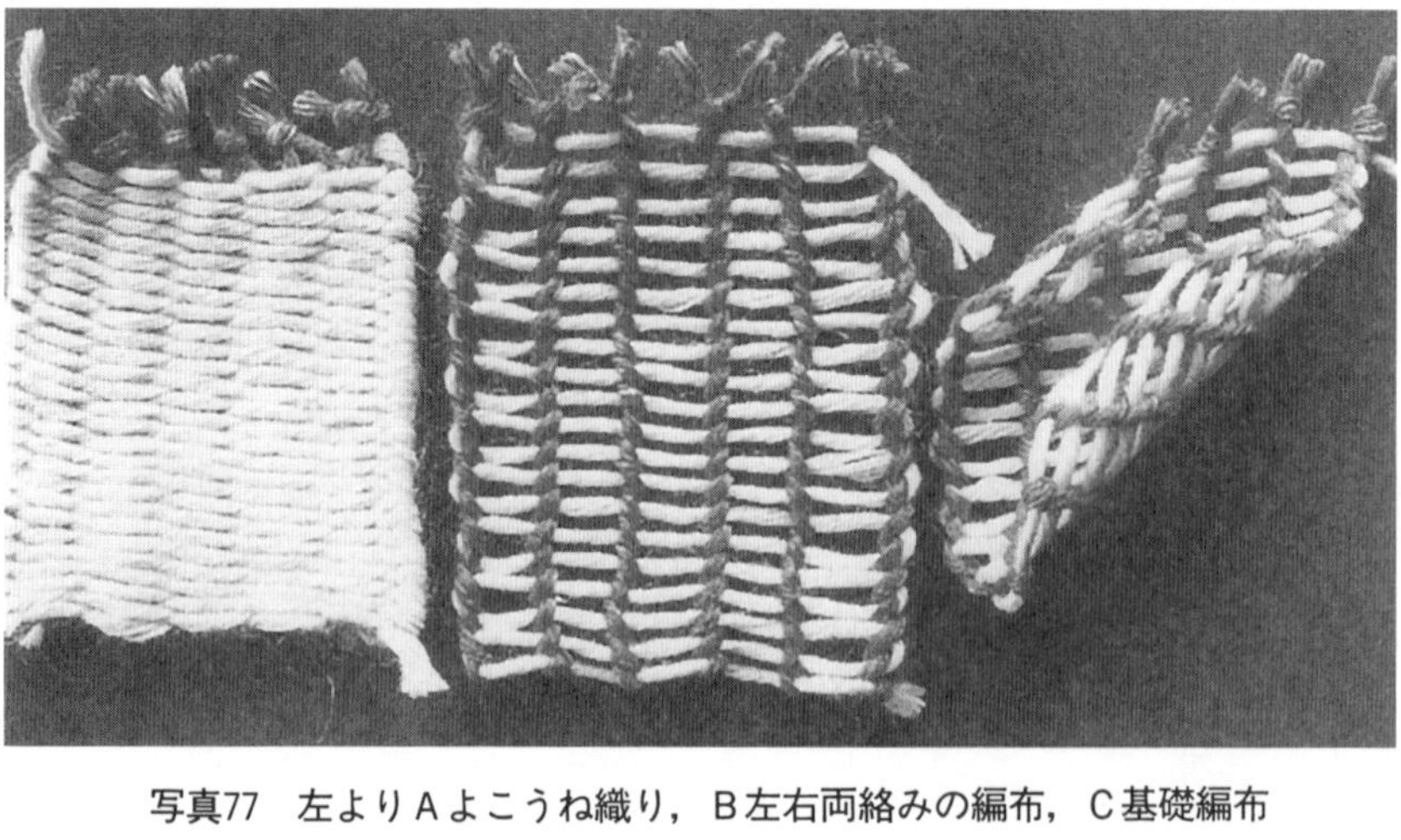

写真77　左よりAよこうね織り，B左右両絡みの編布，C基礎編布

を知りたくて、遺物を所蔵されている山形県埋蔵文化財センターへお願いし、一九九五年三月わくわくした気持ちで見させていただいた。

それはまぎれもなく写真74と同じ遺物である。ルーペを使ってよく見たが実物にも編布らしい緯糸は全く見受けられない縦四・八㎝、横七・五㎝で帽子型をしている。密度は、一㎝当たり経糸が三本、緯糸は二・五本で、経緯糸とも二〜三㎜の出土編布としては最も太い糸が使われている。

さて裏をと、そっと裏返してみたが、裏の半分位は表からの折り返し分、その他の面は炭化が著しくどのような編目か判別できない。これ程炭化しているなど予期しないことで、がっくりした。

しかし折角実物を見ることができたのだから何とか解明したいと食い入るように再び遺物を観察し、これはと思う一箇所を見付けた。写真74でわかるように遺物の右側に経糸の絡みから緯糸らしいはみ出しがある。私はこの遺物が編布である唯一の証拠になるのではないかと考えた。はみ出しは経糸が左絡みになっている右端中央やや下った所である。それはちょうど一段毎に緯糸のそれぞれが一本ずつ飛び出しているようだ。これ以外に決め手はなかろうと思った。

後日念のため、編布とニット両面で、写真76Ｂ・Ｄに見られるようなはみ出し部分を作り、どちらが実物に類似しているのかを調べたが、双方とも同じようなはみ出し部分を作ることができ研究は再びスタートラインに戻ってしまった。

遺物の裏が残っておれば一目瞭然造作なく編布かニットかを判別できるのにと、炭化したことを少々恨めしく思ったが、つぎはどこで見分けるのか判断に苦しんだ末、もう一度編成過程を考えた。その結果、やっとこの遺物の経糸の絡みが左右両絡みで作られた編布と断定することができた。それはこの遺物の右側と中央部の糸の太さが異なっており、しかも縦方向にほぼ糸の太さが揃っているからだ。

編布との付き合いの長い私に、なぜもっと早くこれ位のことが分からなかったのか自分の迂闊《うかつ》さを恥じ入るばかりだ。

写真76Aのように編布は縦方向に編み、ニット（写真76C）は横に編み進むのである。遺物がニット製品であるならば、横に糸の太さの変化が現れるはず。しかしそれが縦にそろっているのは遺物が編布である唯一の証拠である。

編布の左右の絡みについて、出土編布は編み上げた時点で写真77Cのように端が巻きつくので、それを防ぐため絡みを変えたのか、それともデザイン的に変化を求められたのかその辺りは全く理解できない。

またこの編布の経糸には左の諸撚りらしい糸が使用されている。写真74の右側、細い糸の部分は少々撚りがかけられているが、中央の糸の太い部分は、ソフトな糸で甘い撚りに見受けられる。つまり、出来上がった布がソフトであるように配慮されたと見てよかろう。

それにしても前期という縄文時代でも早い時期に、経糸の絡みを変えるなど今までに例の無い編布を作った山形県押出地方には、どのような縄文人が住んでいたのかについて私は考えてしまった。

押出遺跡といえばかの有名な「縄文クッキー」を連想する。岩手、新潟、長野などからも「縄文クッキー」は出土している。しかしそれらは、ダンゴ形、ハンバーグ形といわゆる素朴な形の植物性炭化物であったが、押出遺跡の「縄文クッキー」は円形で表面は渦巻き状に立体的な文様が刻まれ、分析の結果、堅果類に動物性素材、それに野性酵母まで混入といった外観は芸術的に、素材は栄養学的にも完全食に近く保存食としても良好という全国でも初めての出土品といわれ、まさに画期的な縄文の食文化を示している。「クッキー」そして「編布」、いずれもわが国では唯一の逸品《いっぴん》である。

このようにみていくと私は、押出には押出に住む縄文人のみがもつ特有の文化があったのではなかろうかと、編布の観察を通じて痛感した。

なお、押出遺跡の繊維製品について私は、糸の太さの変化を見て編布と断定はしたが、〝ニットの特徴〟という専門家の言葉が時折私の頭をよぎるのである。とうとうもう一度山形県埋蔵文化財センターへお願いして六月一日再見した。そして炭化した裏面をルーペを使って入念に観察したところ、かすかに編布の特徴である経糸の絡みを発見することができ、編布であることを再確認することができた。

押出編布の製作

さて、押出遺跡の珍しい繊維製品を編布と断定はしたものの、気がかりなのはやはり〝ニットの特徴〟である。ニットの特徴を写真48で説明するならば、二本の棒針で編み進む段階で、白糸のループに一本の棒針を通して赤糸をすくい上げる。こうしてループの中からすくい上げた糸はその元の部分で片仮名のハの字を逆にしたようになる。その接合部分がニットの特徴である。押出の編布はそれらしく見えるのだ。

私はどうしてもニットの特徴をもつ編布を作らなければならない。荒屋敷編具を使用し、糸の太さや材質を替えて何度も試作した。また経糸間隔を限界まで狭めてもみた。だがいずれの編布にも緯糸が現われる、その上緯糸の密度が高い。

しかし、出土品はニットに見えても確かに編布だ。縄文人はなんらかの道具で製作している。私も同じような編布が作りたい。悩み悩んだ末、横編法を思い出した。横編法は刻みの入ったケタを使わないので、緯糸と緯糸を密にすることが可能である。ただそれだけの理由であるが、私には藁をもつかむ気持で、横編法の試作にとりかかった。

以前、学生が行った実験では、四角い木枠とか、パネルの上下に釘を打ち経糸を張りつめた。そして平織製作には物指しを使用したが、編布には何も使わず、両手の指先だけで二本の緯糸を一本の経糸に毎回絡ませ編み進ませた。その結果、「編布製作は面倒で疲れた」といって、実験に参加した学生がギブアップした。

写真78　A（右）ニットの表編，B（左上）編布法による編布，
C（左下）横編法による編布

今回は、私自身がその編みづらい横編法に挑《いど》むのだ。まず、編みやすいようにと用意した太い糸を木枠に張り、同じ糸で編みはじめたが、やはり学生が苦労したように、私の指先が太くてなかなか編み進まず、いらいらする。それでも必死に挑戦した。四〜五cmの幅を二・三段編んだ。どうやらニットの特徴が現れそうだ。二度、三度と糸の材質や太さを替えて試作を繰り返したが、ニットに近い編目になった。

早速、最後までニットの特徴を指摘された柴田氏に見てもらったところ「これなら納得できる。押出遺跡の出土品も編布ですね」とはじめて押出の編布を認められた。嬉しかった。

写真78はAがニットの表編み、Bは荒屋

敷編具使用の編布、そしてCは横編法で作った編布である。こうして比較しても、ニットの表編に近いもの、いわば、ニットの特徴の現れているのは横編法で作った編布である。したがって押出遺跡の編布は、横編法で作られた可能性が非常に高いということがこの実験で確認された。

細密編布の製作

横編法によって押出編布の製作が可能と知った時点で私は、常日ごろ念頭を去らぬ悩みを思い浮かべた。

出土した編布で、細密なものは中山遺跡の編布であるが、何とか荒屋敷編具によって編成法は解決した。

しかし、土器の圧痕として出土した上片貝・笹ノ尾・菜畑と三遺跡の編布は、中山遺跡の編布以上に繊細である。なかでも上片貝は、一cmの中に経糸が一五本といわれ、それは中山遺跡の二倍以上である。とても荒屋敷編具では手に負えない。

こんなことも考えた。編布も織物と同様、製作後水につけるだけで収縮する（編目や材質によって収縮率は多少異なる）。また土器を作る折の粘土と砂の割合によって焼き上げた土器の収縮率が異なるとも聞いているが、上片貝の原布がどれほど縮んでいるのかは全く見当がつかない。

それは試行錯誤の毎日であった。横編法による細密編布の編成は全く不可能という実験（学生による）結果がでている。現に私も試作した。太い糸でも相当苦労した。しかし、緯糸の引き締め具合では、経糸を密にすることも粗くすることも可能。これを細密編布に応用することはできないかと考えた。

そしてふと、針を思い浮かべた。若狭歴史民俗資料館で実見した鳥浜貝塚の骨針。三内丸山遺跡のバラエティー豊かな多数の骨針。三内丸山では針を見ながら市川金丸先生（青森県考古学会長）から「この型の違うたくさんの針何に使ったでしょうね」といわれたのが、なぜか私には印象的であった。そうだ試してみよう。骨針と同じような太さの毛糸針を使うことにした。二本の毛糸針を緯糸にそれぞれ通し、この針で経糸をすくうことにした。なんと今までの苦労がうそのように編みやすい。簡単に作業が進む。これだ。骨針—正に縄文時代の文明の利器だ。

早速糸の太さ〇・八mmの麻糸を木枠にかけ〇・五〜〇・六mmの絞り用綿糸で試作した。写真79の白糸部分である。一cm間に経糸が一三本、緯糸は九本と笹ノ尾遺跡より細かい編目が出来た。今まで編布製作で私の悩んだのは経糸の密度である。荒屋敷編具を細い糸で作っても一cmに一二本が限界であった。その点横編法では、使用する糸の太さと糸の締め方、いわゆる手加減で経糸の密度を高めることができる。

次は、「ダルマ家庭糸細口綿」を使用した。写真79の赤色部分であるが、なんと一cmに一九〜二〇本編み入れることができたのだ。

さらに驚いたことは、横編法で製作した編布は、鏡山氏撮影の編布（笹ノ尾・写真34）と編目の形

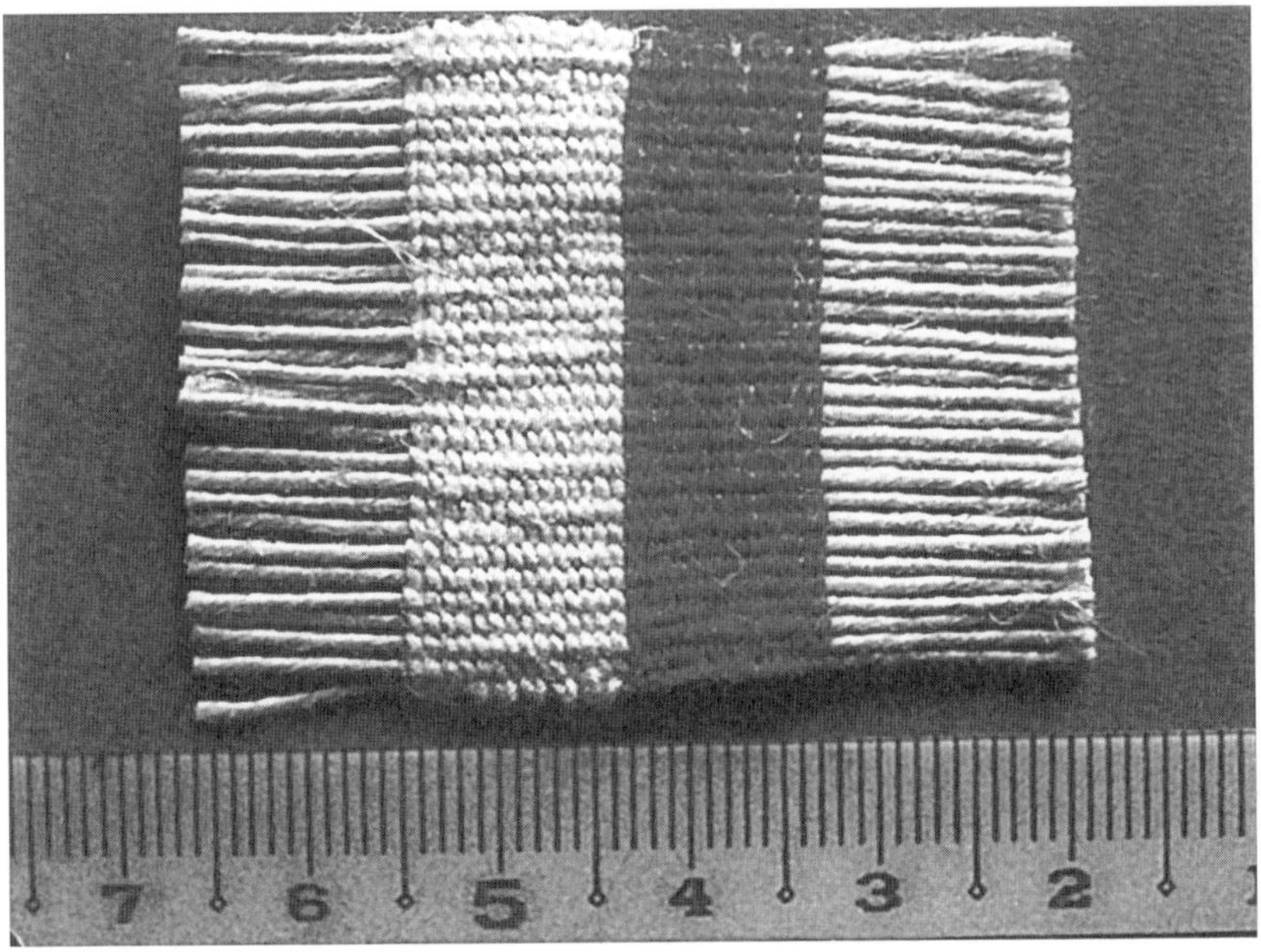

写真79　横編法で製作した細密編布

が似ているようだ。

編布法はコモ槌をつけた二本の経糸をケタの上で交差させ、一本の緯糸を絡ませるため、コモ槌の重みが加わり編目が力を入れてねじった状態になる（写真53）が、横編法では経糸を二本の緯糸で絡みながら潜らせるので、全く力が加わらず編目がゆるやかに流れ、長目になる。

断定はできないが、上片貝・笹ノ尾・菜畑の編布は横編法で製作された可能性が高いように見受けられる。

なお熊本県の上南部《カンナベ》遺跡からは経糸間隔を五㎜おきに経糸四本密集並列といったたぐいの圧痕が出土しているがこの編布も横編法で作られた可能性が高い。

〃一難去ってまた一難〃というが、私の場合は難というより悩みである。細密編布の製作は何とか解決したが次はその道具の解明である。

それに押出の珍しい編布も背中当てに同じ編み方が現存していると聞いている。しかし私の知る範囲の出土品には例がない。どのように位置づけしたらよいのか新しい悩みがはじまった。

そんなある日、長野県飯田市の小栗弘平氏（長野県織物工業組合理事長）から「長野県下伊那郡大鹿村に道具をあまり使わない大変珍しい編物がある。見学しませんか、飯田までこられるなら私が案内しよう」ということだ。

私はよろこんで八月のお盆過ぎに飯田を訪れ、小栗氏の車で飯田市から長野よりの山奥にある大鹿村を訪ねた。編物は「ろくべん館」という歴史民俗資料館に展示してあった。

名古屋の八月はクーラなしでは過ごせない暑さ。それにひきかえここは涼風さわやか、どちらをみても緑、緑。その中の館で珍しい編物を見ることができた。

それは、民家の床の敷物で素材は藁《わら》で作られており、一種の蓆《むしろ》である。編目が押出よりずっと大きいが編み目は全く同じである。前にも述べたが背中当てにはあるが同じ編み方で蓆が作られているとは驚きである。写真80のように「井」字型の木枠を用いて編まれていた（写真81）。

いつの時代から作られていたものか定かではないが館の方の説明で「相当古くから作られ、つい最近まで使用されていたが、今では市販のカーペットに代った」ということである。

小栗氏に押出編布を紹介しないのに、珍しい編物といわれたこの敷物が、編目の大きさに違いは

写真80　横編法で莚を編む

写真81　編みあがった莚

あるが、期せずして押出の編布と同じ編み方であるとは奇しき縁である。

そして再び朗報が舞い込んだ。今度は、宮城県仙台市の木下耕甫氏（東北電力㈱、白い国の詩編集長）から、「私が頂いたが、あなたも読んでおいた方がよかろう」と、青森市にある稽古館の「季刊・稽古館一二号」を恵送された。

内容は「民具から見る三内丸山文化」でその中には、「編む、織る」の項があり、私にとっては、貴重な資料である。私が探していた横編法の素朴な道具も紹介されている。うれしかった。

前にも述べたが、越後アンギンの道具では中山編布が編成不可能とわかったころから、鵜の目、鷹の目で縄文の編具探しをした。出土品の骨・木製品を重点的に点検した。しかし、骨・木製品に関する文献は少ない。少しでもそれらしいものがあればその文献を当たった。知人の大阪府文化財調査研究センターの本間元樹氏に依頼し、各地の遺跡報告書にも目を通した。そして出土品の中からやっと編布法を応用した荒屋敷編具にたどりついたが、その他にはこれといって道具として利用できるものはなかった。

編布の製作法に関しては、伊東氏や渡辺先生ら先学者の越後アンギン道具説、そして私の実験でも編布法でなければ製作できない圧痕があるなどから、縄文の編布は編布法で作られたという先入観から私は脱却できずにいた。横編法については、角山氏説のインディオやソロモンの弓形状の道具を参考に、木枠とかパネルの上下に釘を打ち経糸を張る、いいかえれば、常に経糸が強いテンションで保たれるそれだけを考え、勝手に道具を作っていた。横編法の編具については、正直いって出土品は、民俗例は、というように視野を広く探さなかった。

押出編布を試作して横編法らしいと判断したその時以来、横編法の道具を意識した。それだけに「季刊稽古館一二号」はありがたかった。

横編法の編具

「稽古館一二号」に見られる素朴な道具は写真21のインディオの編・織具よりさらに素朴で、弓を編具と考えればよい。

そして弦に当たる部分に必要な素材をわたす。これが経糸である。緯糸は弦に並行して左から右へ絡み編みが繰り返されている。これは山仕事の際、すねを保護するためすねに巻く「はばき」を編む道具とのことだ。

著者の飯田美苗氏によれば写真82のようにこの道具では左から右へ編むことはできるが右端からその続きに左へ編むことは不可能と説明された。道理で写真82はすべて左から右へ編み、端で糸が止まっている。現在編まれているはばきも、このように左から右への一方的な編み方で製作されているということだ。

後日、私もこの方法で編み、織りの実験を行った。弓になりそうな素材が見つからないので、クリーニング用のハンガーを道具にして最初左から右へ編んだ。そして不可能とされているUターン

写真82　弓状編具（横編法）

を試みた。意外と簡単に右から左へ編み進むことができる。さらに押出の左右両絡み編布も難なくできた（写真83）。

私は、今回ハンガーを利用して編んだ。そしてハンガーの頭部を椅子の背もたれ部分に紐で結び付け、ハンガーを引っ張るようにして編んだ。

さて、「季刊稽古館一二号」で紹介された弓状の編具は現代のもの。果して縄文時代までさかのぼって考えることが可能なのか。

狩猟で使われたと思われる木製の弓は、各地の縄文遺跡から出土している。ありとあらゆるものをそつなく利用し、使いこなして縄文文化を築きあげた縄文人、それらの弓にヒントを得て作るくらいは簡単なことではなかったろうか。私はこのような素朴な道具があったと推察する。

弓状編具の技法は経糸の一端を弦の部分に固定する

が、もう一端の経糸はフリーになっているので横編法には違いはないが、木枠に経糸を張った状態とは異なり、非常に編みづらく、とくに上片貝や笹ノ尾・菜畑のような繊細な編布および平織製作は困難である。

名久井文明氏は「民俗例から遡源する縄文時代の樹皮製容器に関する試論」の中で、「岩手県では、はばきや蓑《みの》も弓状の道具で作られた」と述べられている。その他蓑や背中当ての製作法に左右両絡みの編目が紹介されていた。

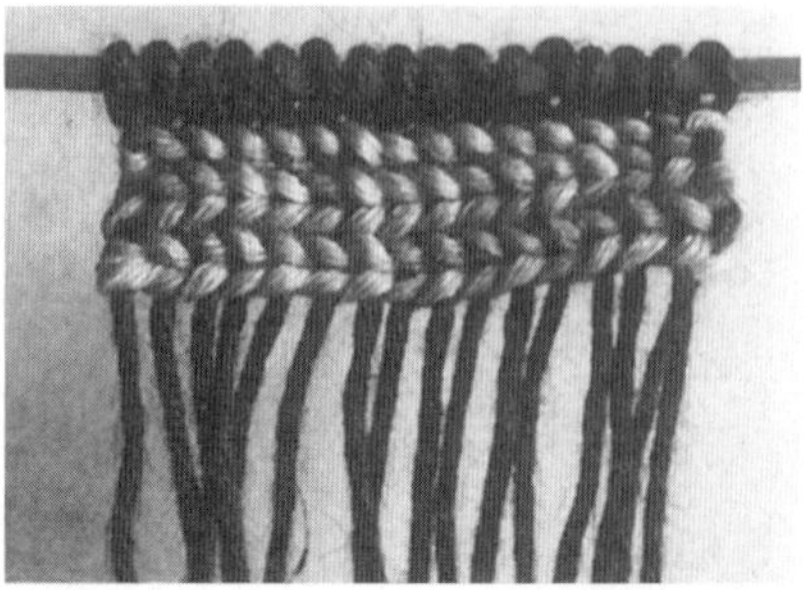

写真83　ハンガーの下部を弓状編具として編布を製作

吊掛式編成法

かつて私は、ゼミの学生二〇人前後と毎年夏休みを利用して北海道を選び、日本で唯一の小数民族アイヌの生活についての研修旅行を行っていた。静内郡静内町、沙流《さる》郡平取町、白老《しらおい》郡白老町は何度も訪れた。

そしてアイヌ食の作り方とその試食、アツシの刺しゅう、ゴザ作り、撚り糸作りの実習など、アイヌの方から数多くを学んだ。なかでもゴザ作りは、越後アンギンと同じ製作法（写真84）であり、学生は興味をもってチャレンジしていた。また白老のアイヌ民族博物館では、エムシアツといって刀の下げ帯の編み方も習った。写真85のように、割り箸《ばし》状の細い木にシナの繊維で撚った細い紐《ひも》を

写真84　アイヌのイテセニ（編み具）

図39　中国の吊掛式編織（『中国紡織科学技術史』より）

写真85　木の枝に吊り下げてエムシアツを編む

結びつけ、それを木の枝に吊り下げ、白と紺の糸で割り箸状部分から編みはじめ、文様も編み込んでいく。

この珍しい編み方をはじめて知った折り、その素朴な編成法にもしや縄文時代にもこのような方法があったのではと考えたことがある。考古学研究者から縄文時代にアイヌを引用しない方がよいと指摘されていたので、すっかり忘れていたが、今回弓状の編具を知って思い出した。アイヌはこの方法でタラ（背負い縄）、イエオマプ（子供をおぶる紐）の製作もしていたということだ。

吊り下げて編む方法は、お隣りの中国にもあった。『中国紡織技術史』には、夏（殷の前、中国最古の王朝といわれている）時代以前の編織技術に吊す方式（吊掛式）で織る方法として「まず織ろうとする糸を、横に渡した棒に吊り下げて、その糸の端に石製か陶製の重りを一律に結びつけ、縦方向に糸を引っ張っておく。織るときには隣り合わせの錘りを振り動かして織り糸を相互に絡ませ、よりを作って順次織り合わせていく方法である。錘りを使用する目的は、操作を簡単にし、錘りが振り動かされることによって生じる力を利用して織物の製作過程を速かに行うことにある」とわが国の組紐編みを連想させる織り方が述べられている。なお吊掛式編成法は規模に差はあるが世界各地で行われていたようだ（図39）。

横編法で作る平織

私は、今まで横編法を全面的に否定し、出土した骨針についても布のつなぎ合わせや、刺しゅう等に使用されたくらいに考えていたが、押出遺跡の編布は横編法の確率が高いので、やはり横編法で針を使い細かい平織にも挑戦しなければと、再び横編法で平織・綾織の実験をした。編布の製作には針を使えばよかったが、織物の場合は緯糸と緯糸を詰める道具、緯打具が必要であることがわかっている。私は緯打具の代りに物指しを使用した。結果は編布と同様に針と緯打具を使えば面倒ではあるが、細かいものまで製作できることがわかった。

そこでもう一度縄文時代の織りを検証することにした。

縄文時代の織物の密度（表2）を見ると、いかにもバラエティーに富んでいるので、どんな織具で作られたのか表8（巻末）の密度と比較しながら考えてみる。

道具によって密度の違いはある。縄文時代に使われた糸と現代の糸では材質や番手が違うので、比較の対象にはならないかも知れないが、一応比べることにした。

荒屋敷と姥神については、編布と平織が同居しており、実験の結果、編布法で製作された可能性が高いので、この二遺跡は対象にしない。また麻生原《あそうばる》は原物や写真を見ていないのでこれも対象外にする。

まず、経・緯糸の比率のもっとも高い石郷遺跡の織物からはじめよう。

石郷遺跡の布（籃胎漆器の布きせ）は、調査された村越先生によると、平織で密度は、一㎝当たり経糸二四本、緯糸は二二〜二四本とされ経・緯糸の比率は九六％、縄文時代の布といえども表7

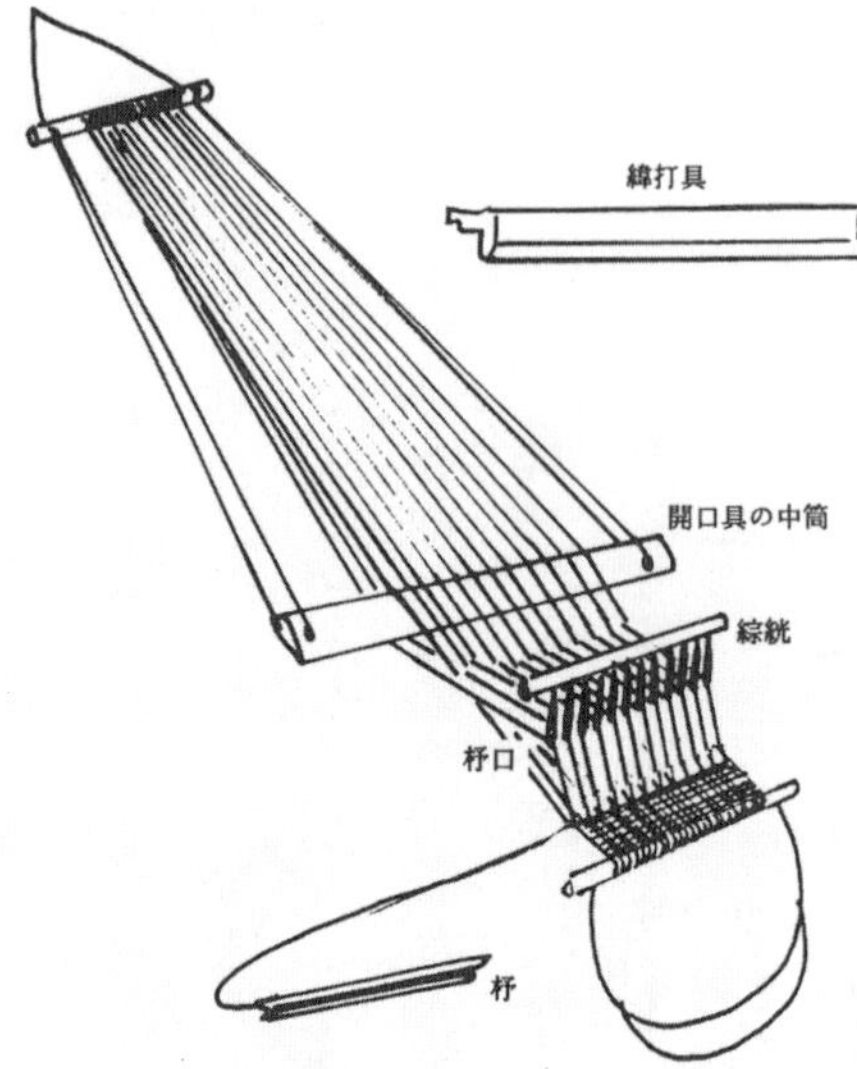

図40　著者が試作した原始機

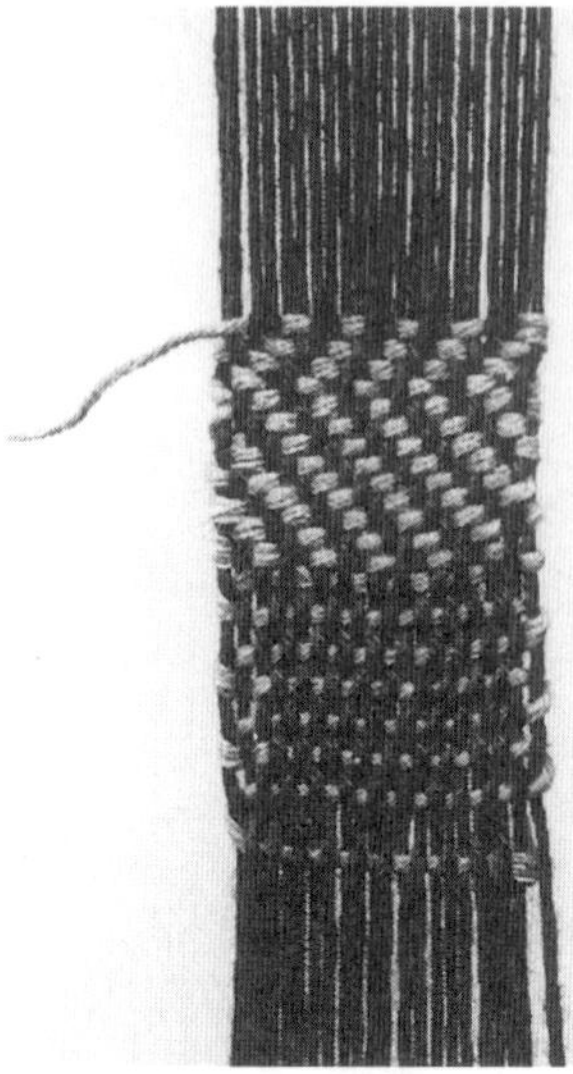

写真86　横編法で製作した平織と綾織

の現代の日本手ぬぐいに匹敵する高密度である。したがって、その製作技法をどのように考えたらよいのかが最大の疑問であったが、再調査した結果、随所に綾織が混っていることがわかった。

綾織は、同じ糸を使用した平織と緯糸の密度を比較した場合、綾織の方の密度が高い。私が横編法で試作しても写真86のように、綾織の緯糸の方が平織の緯糸より一cmの中に多く入り、綾織の密度が高いことがわかる。

ここで考えられること、いい換えれば、石郷の布の緯糸密度が高いのは、調査の際、綾織と知らず緯糸の計測をされたのではなかろうか。

なお製作された道具については、平織と綾織が同居しているので、第一に横編法が考えられる。横編法ならば綾にしたいところで、図43のように経糸をすくいながら織り進めばよい。しかし並大抵の作業ではない。

また、編布法でも製作できるが、横編法よりもさらに至難の技である。原始機（図40）も横編法のように経糸を手ですくいながら織り進めばよいが、綜絖を使って平織・綾織を同時に製作する場合は、六枚の綜絖が必要であり、縄文時代としては考えられない技術のように推察する。

なお、石郷遺跡の平織の中に綾織の混入ということで一時は、縄文時代にこんな技術があったのかと驚いたり、疑ったり（中国からの渡来品）したが、縄文時代をよく考えれば驚くほどのことではない。

縄文文化の特質は、編物文化からはじまったといっても過言ではないだろう。生活領域の中で普及した編む技術の中には、土器底面が物語るように蔓《つる》や樹皮、竹で編んだと思われる圧痕が数多く出土し、また籠《かご》そのものも出土している。その顕著なものの一つが写真87の三内丸山遺跡から出土していたポシェットである。

そしてこれら編物の模式図は織物の組織とまったく同じである。

図41をつるや樹皮では平編み（考古学ではすべてつるや樹皮製の圧痕を網代と呼んでいる）の模式図といい、図42は、図41と同じであるが、カラムシや大麻等の織り方を表わしたもので平織組織という。図43は網代の模式図であり図44は綾織組織である。

このように見ると、横編法で平織の製作をする縄文人が網代を見て、その技法を織物に応用して

写真87　青森県三内丸山遺跡出土のポシェット
（縄文前期～中期）（青森県教育庁埋蔵文化財調査センター提供）

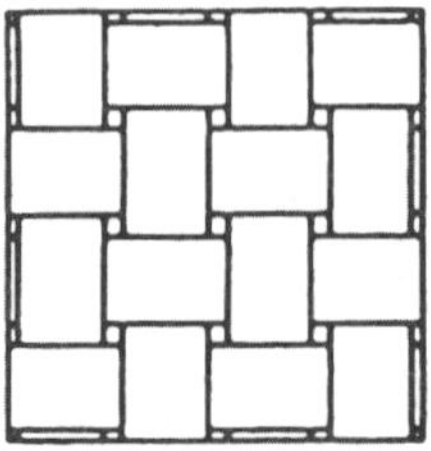

編み方
ヨコ１本越え１本潜り
タテ１本越え１本潜り　｝１本送り

図41　編み方模式図（平編）
（田中敦子氏提供）

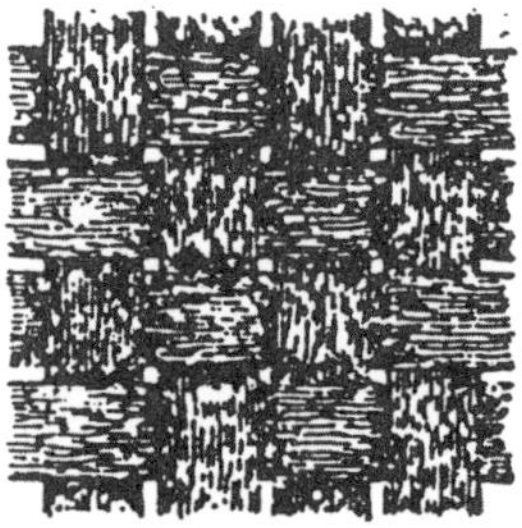

図42　平編組織
（『被服材料学』より）

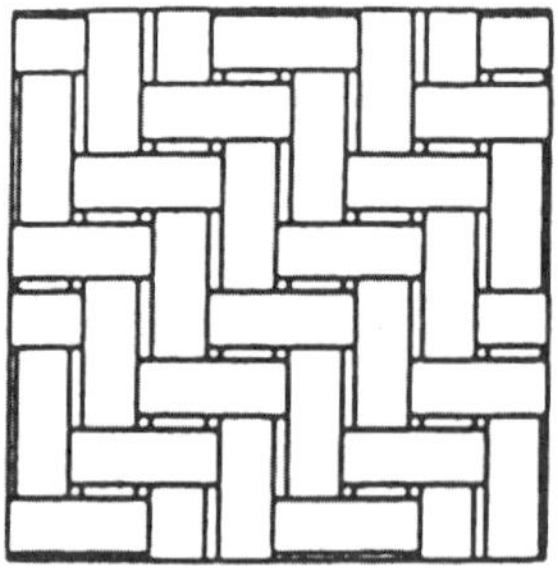

編み方
ヨコ２本越え２本潜り
タテ２本越え２本潜り　｝１本送り

図43　編み方模式図（網代）
（田中敦子氏提供）

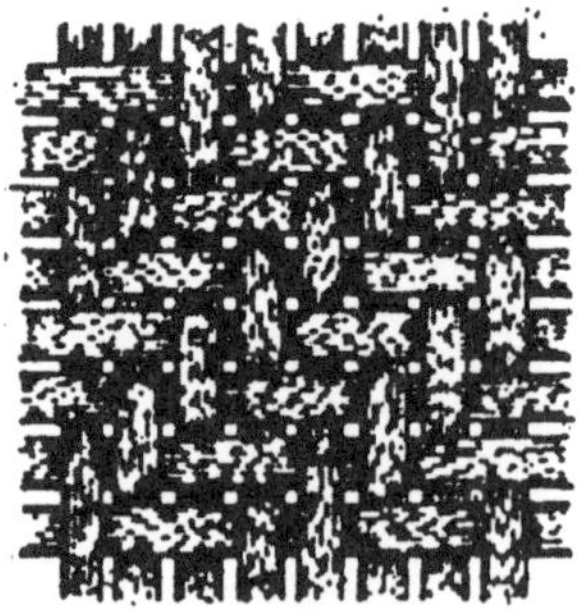

図44　綾織組織

もおかしくはなかろう。それが綾織であり、全く不思議なことではない。

さて残る平城や菜畑を「密度について」の項を参考にして単純に比較した場合密度の高い平城は面倒でも編布法、その他は横編法か原始機が考えられる。

それにしても、平城や菜畑の平織は、ともに謎深い資料である。平城は経糸が二五本、緯糸は二〇本。表8でわかるように現代の麻布よりも密度が高い。編布法で製作する場合は荒屋敷編具を使うが一cmに一三本の糸を棒に巻きつける道具作りも大変であるが、経糸を考えた場合、片撚り糸をのり付けしたり（糸の強度を高める）諸撚り糸を使えば緯糸密度が低くなり、とても二〇本織り込むことはできない。

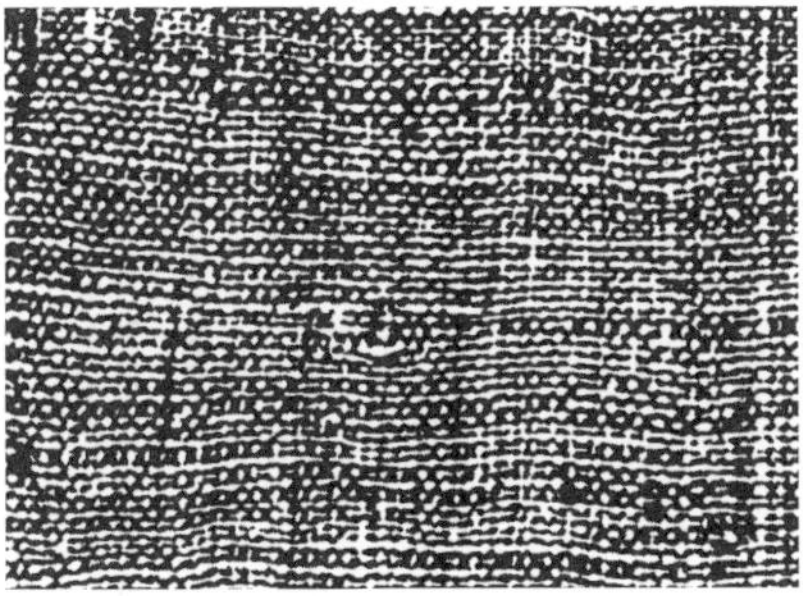

図45　編布法で製作した平織
（試布コピー）

強いて考えるならば、織り上げた布の整理（織物の最終加工工程―仕上げ）の段階で収縮することである。簡単にいえば、水につけるだけでも縮むのだ。かりに平城の原布が一五％収縮していたとすれば、織り上りの布は経糸二一本、緯糸一七本と編布法で製作可能な密度である。ただし編布法としてはこれが限界である（図45）。

また、横編法や原始機でも経糸をより強いテンションに保ち、打ち込みを強くすれば緯糸の密度を高くすることができるといわれているので、平城貝塚の平織はこの方法が用いられたかも知れない。

一方、菜畑は佐賀県唐津市の遺跡である。唐津市は笹ノ尾遺跡もあり、笹ノ尾からは細密編布が出土している。試作実験の結果横編法の確率が高い。また平織と同時に菜畑からも笹ノ尾に匹敵する細密編布が出土しており、笹ノ尾同様私は横編法と推測した。

笹ノ尾、菜畑と、同じ唐津の同じ時期に、編布だけを面倒な横編法で時間をかけながら製作し、その一方で、原始機を使いすいすいと平織を織っていたのであろうか。編布が特別価値のある上質な布であるならばいざ知らず、織機の出現であっという間に姿を消すまぼろし的存在の布である。このように考えると菜畑の平織は、編布と同じように面倒でも横編法で作られたように思われる。横編法を選べば、製作に要する時間も両者ほぼ同じと考えられるので、どちらも同じ道具で製作されたものと私は判断したい。

しかし、ここで角山説を参考にすれば、唐津では細密な編布を横編法で製作しているうちに、縄状に絡ませる糸の操作を変化させ、平織が作られた。その平織が製作過程で徐徐に進歩してとうとう原始機に発展…という推理も成り立つ。とすれば、菜畑の平織は原始機で織られた可能性も否定できなくなる。

また、山ノ寺の密度も菜畑に準じており横編法か原始機、そして榎木原は経・緯糸とも密度が低く原始機は考えられないのでやはり横編法ではなかろうか。

さて、これまで述べた織物とは比較にならない粗い鳥浜貝塚や、三内丸山の織物はどのように製

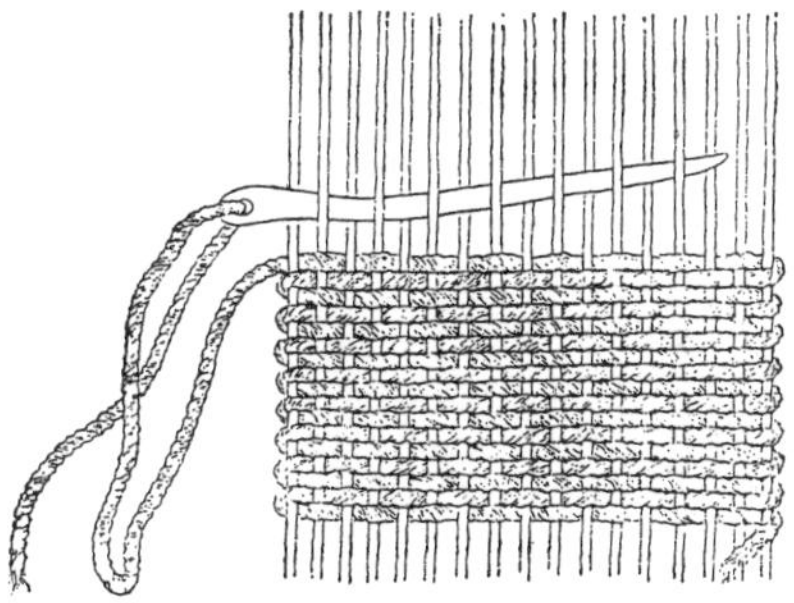

図46　中国・河姆渡遺跡出土の骨針使用の織物
（「中国紡織科学技術史」より）

作されたのか、私の実験では編布法でも製作できるが、横編法で製作した方が能率的であった。

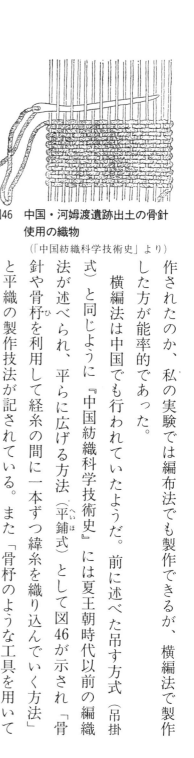

横編法は中国でも行われていたようだ。前に述べた吊す方式（吊掛式）と同じように『中国紡織科学技術史』には夏王朝時代以前の編織法が述べられ、平らに広げる方法（平鋪《へいほ》式）として図46が示され「骨針や骨杼《ひ》を利用して経糸の間に一本ずつ緯糸を織り込んでいく方法」と平織の製作技法が記されている。また「骨杼のような工具を用いて織り手の方向に沿って編み入れた紡ぎ糸をたたいてぴんと張る」それはいま織った緯糸の密度を高めるため、杼（図28）でとんとんと叩くしぐさである。

なお「河姆渡遺跡第一次発掘で出土した骨針は一五個ある。これは獣骨を細く加工し、磨いた精巧なもので、長さ一五・七cm、直径〇・四cmとか、管状の針一二本は鳥類の肢骨で作られ中空で一端は磨いてとがらせ、他端には穿孔を施している。また各種大きさの異った骨杼を出土し、これらすべて、大変理想的な編織工具である」と記されている。中国ではこのような編織法を平鋪式と呼んでいるが、『技術の歴史』には「枠無機《わくなしばた》（垂直枠機＝堅機）とよばれることがあり、証拠の残っているもっとも古い織機は、水平式地機で、前三〇〇〇年頃エジプトの先王時代にあらわれたものが最初であり、現在でもアラビア砂漠に住む遊牧民がつかっている。水平式地機は、地中に打ち込んだ四本の杭に結んだ二本の横木に経糸をかけ、織物のはじめられた最初の段階では、上糸と下糸、つまり奇数の糸と偶数の糸を分けず、手で一目ずつ経糸をひろっていくものである。この織機では緯糸をしめる（つめる）のに、二つの道具を使う。一つは木製の平たい剣のような形をした打棒（緯打具）、もう一つは先のとがった棒か、カモシカの骨である」と述べられているが、最後の先のとがった棒などは、経糸をひろう骨針の代りではなかろうか。

なお『中国紡織技術史』には平鋪式の編織法として「これは二本以上の平行状態の紡ぎ糸（経糸）を持って平たく地に広げ、一端は一本の横木に固定し…」とあるだけでもう一方の端部分については全く触れられていない。さらに固定した横木についてもそれ以上述べていない。

このままの状態で実験しようとすると、それは丁度わが国の弓状編具を地の上に置いたと同じで、骨針が経糸をすくうことも、緯打具を使うことも不可能である。しかし、図46に骨針使用の平織が描かれ、文章の中にも「骨杼で緯糸がつまるように叩く」とある。

文章と図46から判断し、骨針を使って織れるような状態にするには、エジプトの水平式地機のように、経糸の一端に限らず両端を横木で固定させ、なお横木のそれぞれの端を杭などで止めなければならない。いわゆる織りの定義に従い、経糸を常に強いテンションで保つのだ。文面からはそのあたりが不明であるが、杭でなくても何かで引張ることは必要である。杭などで固定させたとすれば、中国とエジプトの原初的な織物の製作技法はほとんど同じと考えられ、人間の考えることに、それほど隔たりのないことを実感した。

なお、この製作技法では長い反物というより、経糸の長さだけの限られた布のように推察する。インディオの道具を地の上に置いたようで、やはり横編法といってよかろう。

さらに中国では次の原始機として、現在も雲南省の小数民族、黎《リー》族の織り方と同じような織機を紹介している（図47）。

それは丁度、雲南石寨山《せきさいざん》出土（わが国の弥生時代）の銅製貯具器の蓋の上に作られている紡績鋳像、これは蓋の上に作られた、糸を紡いだり、機を織っているような銅人形で、その機織法と同じようなタイプである（図48）。図47の経巻具を両足の裏で支えているのは面白い。ここでは反物になるように手前にも布巻具が備えられている。

図47　中国の原始的な機織（『中国紡織科学技術史』より）

図48　中国・石寨山出土の貯具器上の紡織鋳像復原図（『中国紡織科学技術史』より）

原始機はこうして作られたのでは……

縄文時代に何らかの方法で横編法の編布・平織の製作がなされていたことを、実験結果から想定することができる。したがって織物専用の原始機は、渡来したものとばかり考えないでわが国でも作られたと考えることはできないものか。

写真88でわかるように、奇数とか偶数の経糸に一本ずつ最初は針で拾いながら緯糸を通す。この繰り返しをしているうちに写真52のように奇数（偶数でもよい）の経糸を竹べらを使って一度に開

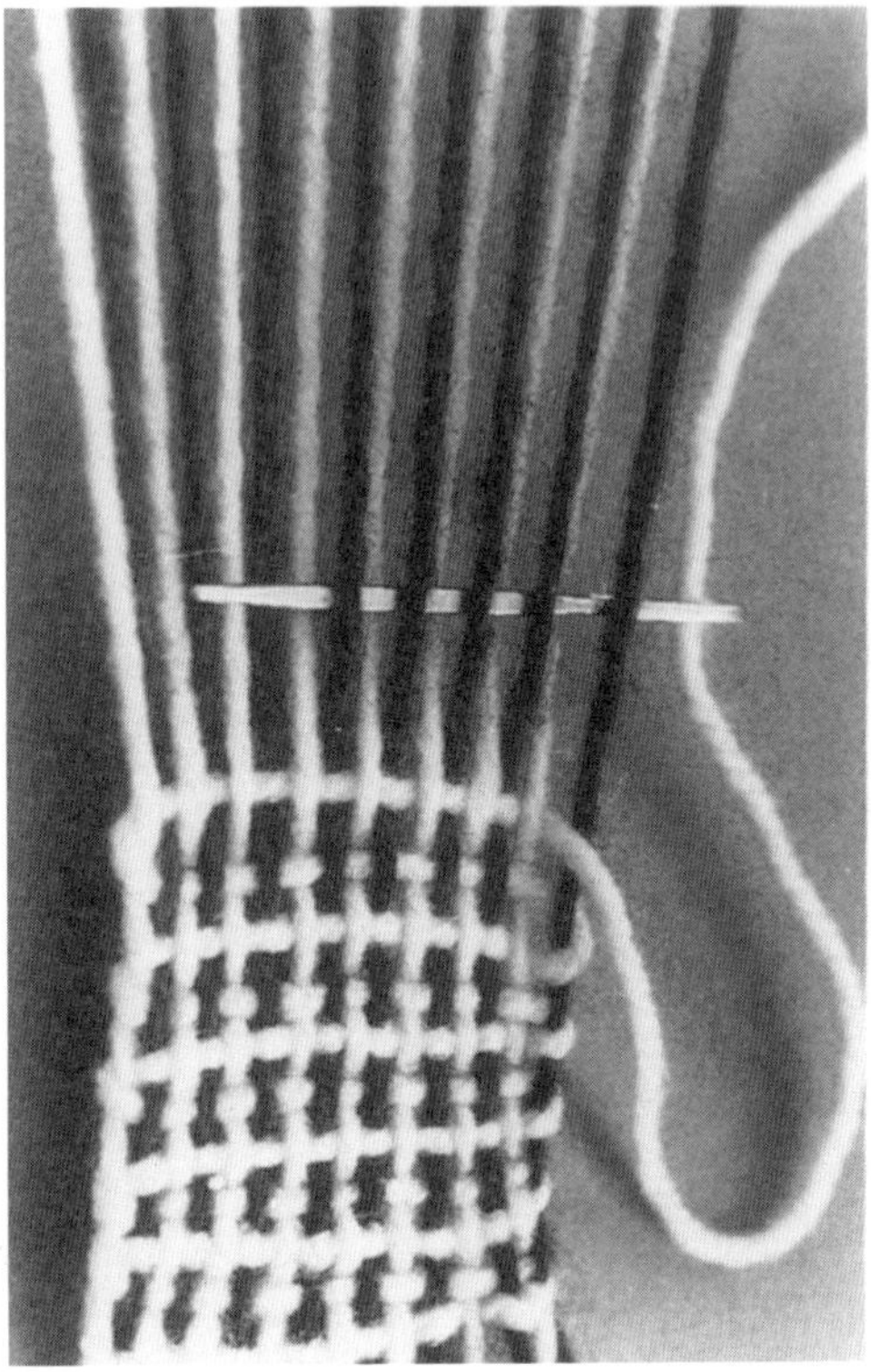

写真88　横編法（針で経糸を拾う）

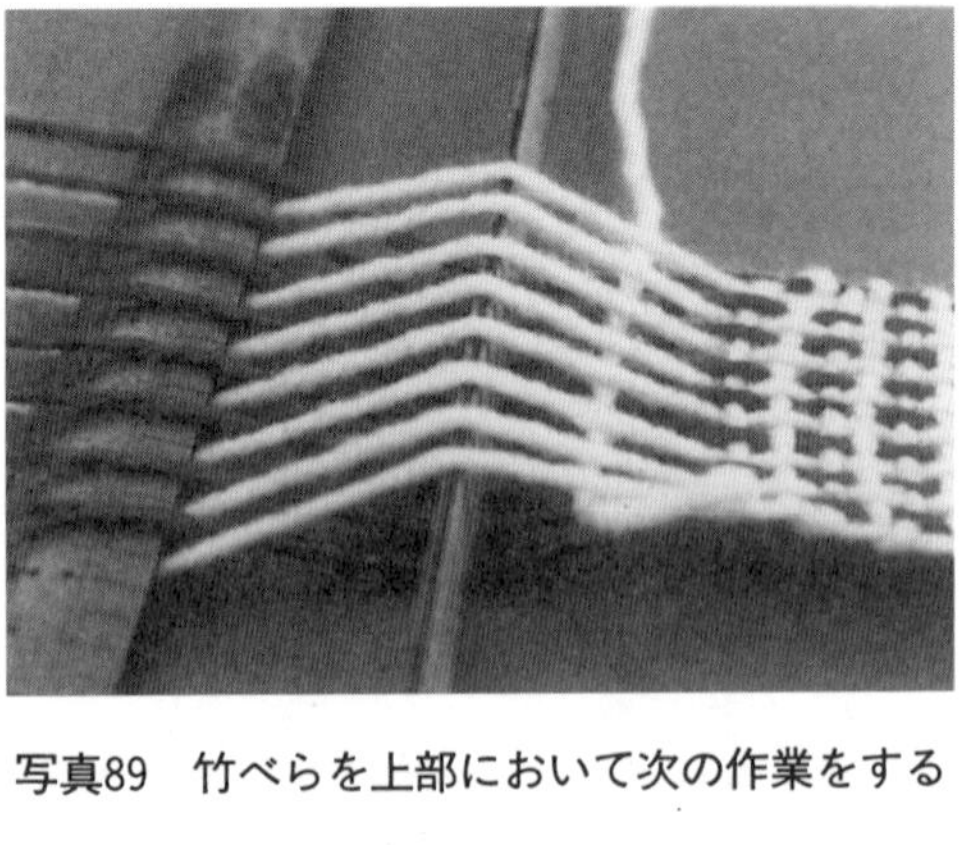

写真89　竹べらを上部において次の作業をする

口させ緯糸をいっきに通す方法を考えた。次はもっと楽な方法はないかと考え奇数(偶数でもよい)の経糸をすくった竹べらは、緯糸を通した後もそのまま経糸の上部へ移行させ別の竹べらで偶数の経糸をすくっても差し支えないことを知る(写真89)。そして次に奇数の経糸はすくわず、上部にある竹べらを下へおろしそのまま開口、緯糸を通す。この繰り返しで平織の製作が出来ることがわかり、一本ずつの経糸をすくうのは奇数、偶数のどちらか一方で、はじめの作業からはずっと要領よくなった。

このように横編法による平織製作には、編成過程において必ずといってよいほど、作業に進歩が芽生えるはずだ(編布編成過程にこうした進歩は全く考えられない)。これはあくまで学生の実験でわかったことであるが、縄文時代にも通用するのではなかろうか(後述の「研究の中で」で述べる)。

こうして進歩する過程を見ていると横編法で限られた長さの布よりも長い布を要求する場合は、経糸を延すという工夫も生まれてくる。そしてさらに工夫を重ねてついには綜絖を備えた原始機に発展することもありうることではなかろうか。

横編法による編みから織りへの移行を考える

アマゾン上流のインディオやニュージーランドのマオリ族の横編法をわが国の縄文時代に主張している角山先生は、編物文化・織物文化について外国の例をあげられ、「地域により織物の出現が非常に古いため編物と平行関係にあったとする意見もあるが、一般的には編物文化が織物文化に先行することは各地の出土関係から明らかである。編物から織物への転換過程からみると、横編法による編成方法がスムーズに考えやすい。つまり横編法は横方向にもじる編糸（編布を指す）を単に上下に交錯させ簡単に平織にすることができる利点がある」といわれている。

私も、縄文時代に横編法で編布や織物が製作されていたらしい実験結果を見て、角山説に賛成するが、編布法によっても編みから織りへの移行を推理させる姥神・荒屋敷両遺跡の圧痕もあるので、わが国の場合は一方にきめつけてしまうことはできない。わが国の縄文時代は、伊東説と角山説の二ツの学説が両立しともに〈編み〉から〈織り〉へスムーズに移行したと推測したい。

紡織具の出土

一九九三年一一月三〇日の朝日新聞は、福岡市雀居《ささい》遺跡（縄文晩期）から織機の一部である緯打具が出土し「福岡市教育委員会は『稲作技術とともに大陸から渡来した可能性が高い。日本の織物の起源を知るうえで貴重な資料』と語っている」と報道している。

緯打具というのは杼のことで、とくに原始機の杼は、布を織る際に経糸に通した緯糸を図28に示すように手前へ寄せる。つまり、緯糸の織目が詰まるように、トントンと手前へ叩く役目をする道具である。

雀居遺跡の緯打具も木製で二点出土しており、一点は図49のように長さ五四cm、幅六・二cm、厚さ一・二cmで、両側に幅五cmの造り出し（取っ手）が付いている。もう一点も、大きさ、形状がほぼ同じということである。

木枠状やパネル状の横編法で、平織の実習をした学生たちは、緯打具の代りを五〇cm物指で代用し、一段毎にトントンと緯糸を叩いていた。私も実験的に小さな布作りをしたが、どんな小さな布作りにも緯打具は必須の道具であると実感した。

経糸のテンションが保たれた横編法で平織・綾織の製作には、骨針がなくても何とか経糸をすくうことはできるが、緯打具がなかったら織物はできない。

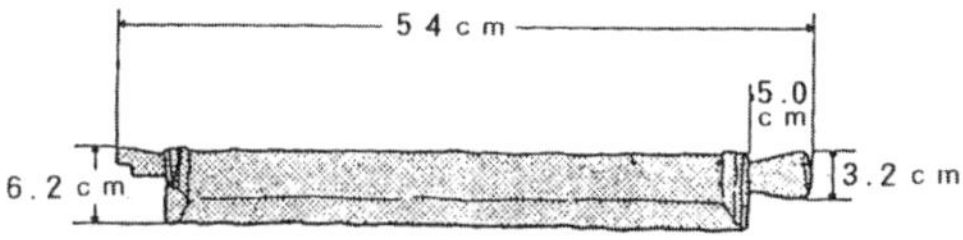

図49　福岡県雀居遺跡出土の緯打具
(『朝日新聞』1993年11月3日より)

前に述べた中国の原初的な織物にも骨製の杼が使われている。また、写真21で紹介したインディオの素朴な道具にさえ、大きな緯打具が重そうに備えられている。私は実験を通して素朴な横編法にも緯打具の必要性を体験したので、これはあくまで推測に過ぎないが、雀居遺跡の緯打具も、綜絖のある原始機の出現前、いわゆる素朴な横編法の段階で使用されたものかも知れない。

しかし九州という地域性から教育委員会の発表のように渡来品の可能性も否定できない。今は次の出土品に期待したい。

経糸の撚りと絡み

一九九三年六月のある日、青森県八戸市博物館の小林和彦氏が、わざわざ私を訪ねて名古屋へ来られた。「縄文時代といえども衣・食・住の衣をよけて通れなくなったので、新しく建てることになった縄文学習館には、とくに衣の分野を入れたい。そこで堅穴式住居内の家族に、編布で作った衣服が着せたい。どうでしょう、作ってくれませんか」ということだ。

八戸市博物館といえば、漆塗の弓や櫛で有名な是川《これかわ》遺跡（青森県八戸市—縄文晩期）の出土品など、学問的にたいへん貴重な資料が展示されている博物館である。その博物館から、編布の衣服……とは少々意外に思った。なぜなら、編布の衣服はまだまだ一般的に認められていないからだ。

しかし、小林氏は真剣に年度内に欲しいといわれるのだ。私は、一人でも多くの方に、縄文衣（編布製）を知ってほしいと思い、引き受けはしたものの、展示する縄文の家族のスタイルが決まったのはようやく十月も下旬であった。

あぐらをかいたお父さん、中腰で土器を持つお母さん、庭に出て鹿の解体をする青年、木の実を拾う少女、それに炉端の坊や。青写真は見るからにそれぞれのポーズがむずかしい。これら五人の衣服を作るのである。

素材については、カラムシを考えたが、五着分の糸作りを昭和村の五十嵐氏にお願いすることは、いかにも酷なことに思えたので、今回は小林氏とも了解の上、大麻の糸を麻布専門店に依頼したができ上った糸は右の片撚糸であった。

前々からゼミの学生たちには話してあったが、後期の授業は一月下旬で終る。はたして在学生が二月、三月まで編布を続けて製作してくれるだろうか。期待できない。急拠、卒業生も動員して三月末に仕上げるよう頑張ることにした。

作業は第一に各々に着せる衣服の寸法をきめた。編密度は、博物館が青森県であるから、差し当たり亀ケ岡出土の編布と同じものになるようにして、経糸の絡みは、右絡みでも左絡みでも製作者の自由にした。

製作に当たった学生は、ゼミの中でも比較的器用な人を選んだが、一人の学生の編目が非常に見にくく、ぎこちない絡みになっているのに気づいた。早速ていねいに編むよう私は注意した。彼女は他の学生の編目を見て納得し、はじめから編み直しをしたいという。そして今度は、私が最初から監督した。

周囲の学生は一〇cm以上編み上げているのに彼女は再び最初から編むのだ。可哀相なくらい緊張して編みはじめた。私はていねいに経糸を運ぶ彼女の手つきを見てこれでいいのだと見守っていたが、編み上げていく編布の経糸は依然として見にくくぎこちない。見かねた私は、彼女の続きを引き受けて編むことにした。内心「あんなにていねいに編んでいるのにどうして……」と思いながら私は「私が編むとこんなにきれいよ」というつもりであったが、でき栄えはなんと彼女と同じである。

そこで私は、もっとていねいにゆっくり編んだ、変らない。どうしてだろう、皆目わからない。学生を帰した後も悩んだ。他の学生のものは「もっとていねいに」と注意しなくてもきれいだ。私は手をこまぬいて考え、他のきれいな素直な絡みの編布と見くらべた。そのうち、ふと気づいたのは、この編布と他の編布の絡みが違うことだ。絡みの見にくいのは右絡みで、きれいなのはすべて左絡みである。

さっそく、私もぎこちない絡みの経糸を左絡みに変更した。見違えるように素直な絡みの編布ができた。

何故だろう？　以来、寝ても覚めても考え続けたがその謎は解けない。

編布の編み方に関しては文献もない。ただ見にくい右絡みを左絡みに変更して八戸の縄文衣は編み続けた。

しかし、私は謎を解きたい一心で、何度か右絡みの見にくい編布を試作した。そのうちに、コモ槌にかけた経糸の撚りがきつくなり編みづらいことに気づいた。そこで私は、糸の撚りについて考えた。

左の諸撚りというのは、右撚りの糸二本を合わせて左撚りにしたものである。念のため、右撚りの糸二本を右に撚ろうとしても撚りがなじまず諸撚りの糸にならない。

「これだっ」「やっとわかった」。

つまり編布の緯糸を全部抜いてしまえば経糸が撚糸状（わかり易くいえば縄）になる。右撚りの経糸を使う場合は左絡みにすればよいのだ。いわば撚糸の原理にかなえばよいのだ（図29参照）。

私と編布の付き合いは長いのに、迂闊にもこれまで見すごしてきた。はじめて経糸の絡みと撚りの関係について認識を深めた私は、出土した編布の絡みが急に気になりだした。

さっそく、現在確認されている九遺跡の編布について、写真や遺跡発掘調査報告書の再確認をはじめた。

炭化が進んでいて判明しがたいものもあるが、朱円・山王・米泉と素直な絡みがみられる。また炭化が著しい鳥浜のものさえ、ふくよかな丸みのある素直な絡みがはっきりわかる。いいかえれば、これら出土編布の経糸の絡みは、撚りの原理を知った人によって製作されたものといってよかろう。

さらに『中山―秋田県中山遺跡発掘調査報告書』から、編布の拡大写真（写真90）を見つけたので調査した。

中山遺跡の編布といえば、出土編布の中ではもっとも緻密な編布である。経糸間隔が一・四㎜、

写真90　秋田県中山遺跡の編布拡大写真（10倍，『中山－中山遺跡発掘調査報告書』より）

つまり一cm間に七本、緯糸は一cm当たり一〇本であり、経糸の太さは〇・七mm（推定）である。このように細い経糸であるにもかかわらず、拡大写真ではいかにもふくよかな風合のある経糸が素直な状態で左縄状に絡まれている。こうした素直な状態はこの編布が撚りの原理にしたがって製作された唯一の証拠である。なお、一見した限りでは、撚った糸という感じはしない。なお、写真26の丸印部分には、編まれていない糸がみえる。それは布の端で経糸がほつれたようになっており、漆で固められているがこの部分にも撚りらしいものは見受けられない、一つ一つの経糸の絡みを観察していくと、中には撚りらしいものも見受けられる。表2によると、諸撚りの糸で編成されたとあるので私は使い古してこのように撚りがなくなったのではないかと考えた。

そこで、その方法として布の精練法や、砧打ちを考え、以前に製作した中山編布の試作品をとり出し、灰汁による煮沸（精練法の一種）、その後木槌で叩く（砧打ち）、その上、揉むを繰り返したが、一向に変化は見られない。それよりもよくよく見ると、経糸がなんとなくぎこちない。ふと諸撚り（左）の糸で左絡みの編成であることに気づいた。

私は、撚りの原理を知ったとき、出土した編布ばかり丹念に観察したが、かつて私の試作したものについては無頓着であった。が、試作も確認の必要がある。しかしここではまず中山編布を優先した。

つぎは片撚り糸で試作し、諸撚り糸同様の整理加工を施したが、絡みの形は類似していても繊維の方向が異なっている。これではいけないと今度は撚りのあまい片撚り糸で試作し写真と比較した。はじめてよく似ている。このように試作実験してみると、原布（中山遺跡）の経糸は、あまい片撚りの糸を使用した可能性が高い。何故だろう。私は悩んだ末、つぎの二つの考え方があることに気づいた。

第一に考えられることは、糸を撚るということは、糸にかたさ、丸さ、冷たさ等種々の性格を与えることである。中山編布の素材はカラムシであり、絹、綿、羊毛に比べ繊維そのものがかたい。その上、編布は、一本の緯糸を二本の経糸で常に絡ませて編成する。

したがって同じ糸で製作した平織は一本の緯糸が、経糸一本を潜るか、越えるかするのみであるので、それと比較した場合、編布はかたい。これらを総合して判断すると、中山編布は経・緯糸ともきわめて密度が高い。この編布を片撚りよりもかたい諸撚り糸で仕上げたならば相当かたくなる。そこで布のかたさを防ぐため撚りの少ない片撚り糸を選んで使用したのではなかろうか。

つぎに考えられるのは、撚った経糸を使用して丈長の編布を編成する場合、絡みによって（撚り

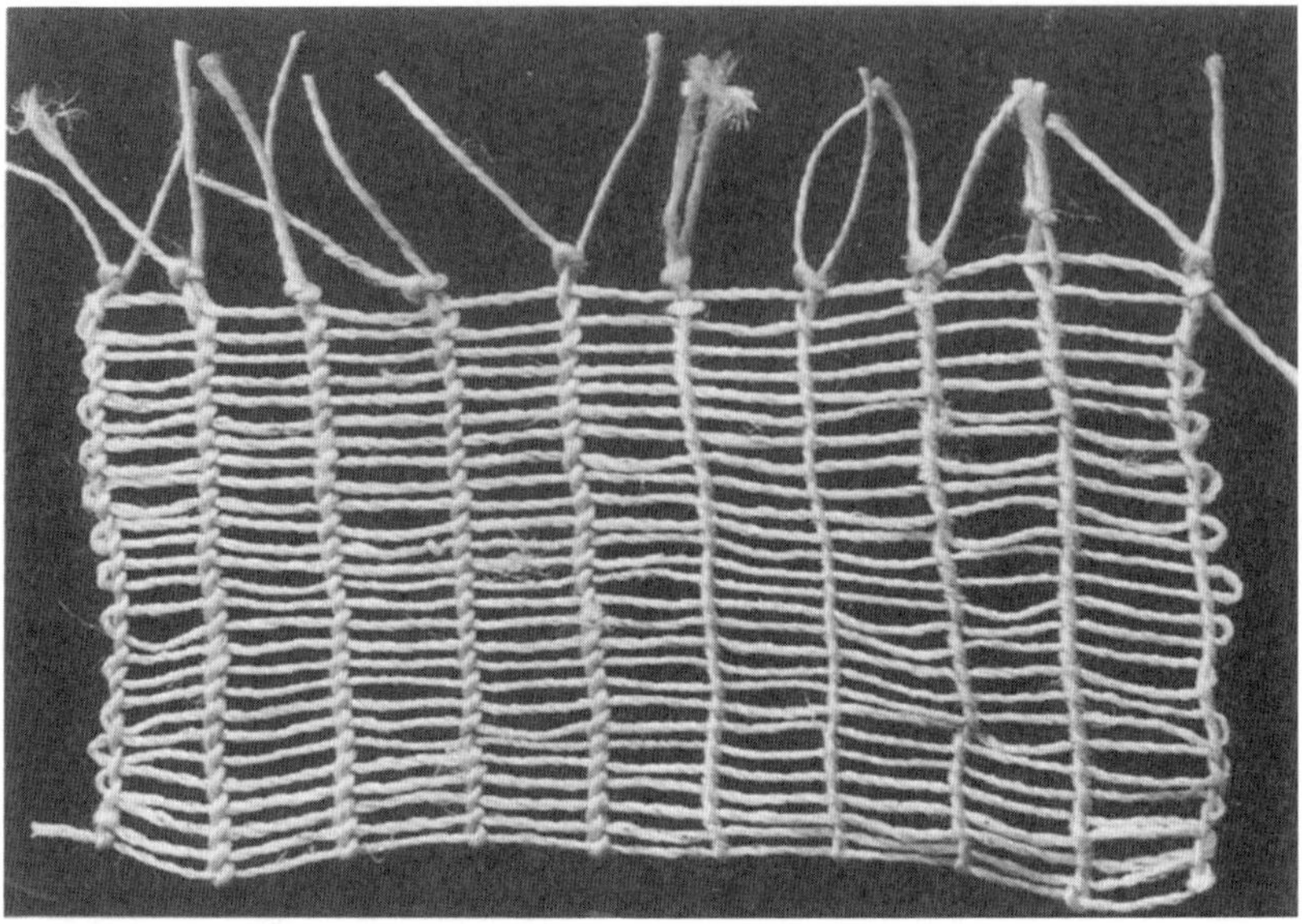

写真91　経糸の絡み（片撚り糸，a（左）撚りの原理に叶った経糸の絡み，b（右）撚りの原理に反した経糸の絡み）

の原理に叶った場合）は、撚りが戻ってしまうので、製作者が経糸に撚りをかけながら編成することがある。したがって出土した中山編布は編み終りに近い部分であったことを想定することもできるが、私は前者を考えたい。

それは縄文人が緻密な編布をより柔らかく風合よかれと考慮して編成したものと推察したいからである。

さて、見逃した試作品に目を転じよう。朱円・米泉遺跡のように、緯糸が一cm間に一二本も入っているものは、細い諸撚糸が用意してなかったので右の片撚糸を経糸に使用し問題はないが、山王囲遺跡とか荒屋敷遺跡他、経糸に諸撚り（左）の糸を使用したものは全部撚りの原理に外れていた。

しかし、諸撚り（右）の糸は今ない。出土編布の経糸はすべて左絡みであるが、今回は糸の絡み工合いを見るための実験である、糸は右絡みで試作した。また珍しい現象が起こった。

今度は経糸がみな二本の糸で編まれているようだ。おかしい。もう一度試作した。やはり変わらない。これは、経糸を毎回同じ絡みにするので、経糸の撚りに多少変化が起きたせいであろう。

出土した編布には試作と同じ経糸二本で製作されたと思われるものがないので、経糸には右の片撚糸、そして緯糸は諸撚り（左）の糸を使用したものと思われる（写真91）。

なお、ただ一点荒屋敷遺跡の編布・平織並列の土器片圧痕には、諸撚り（右）の経糸が使用されている。

こうして撚りの原理を遅ればせながら理解した私は、さぞ縄文人に笑われているのではないかと今さらのように恥かしくなった。

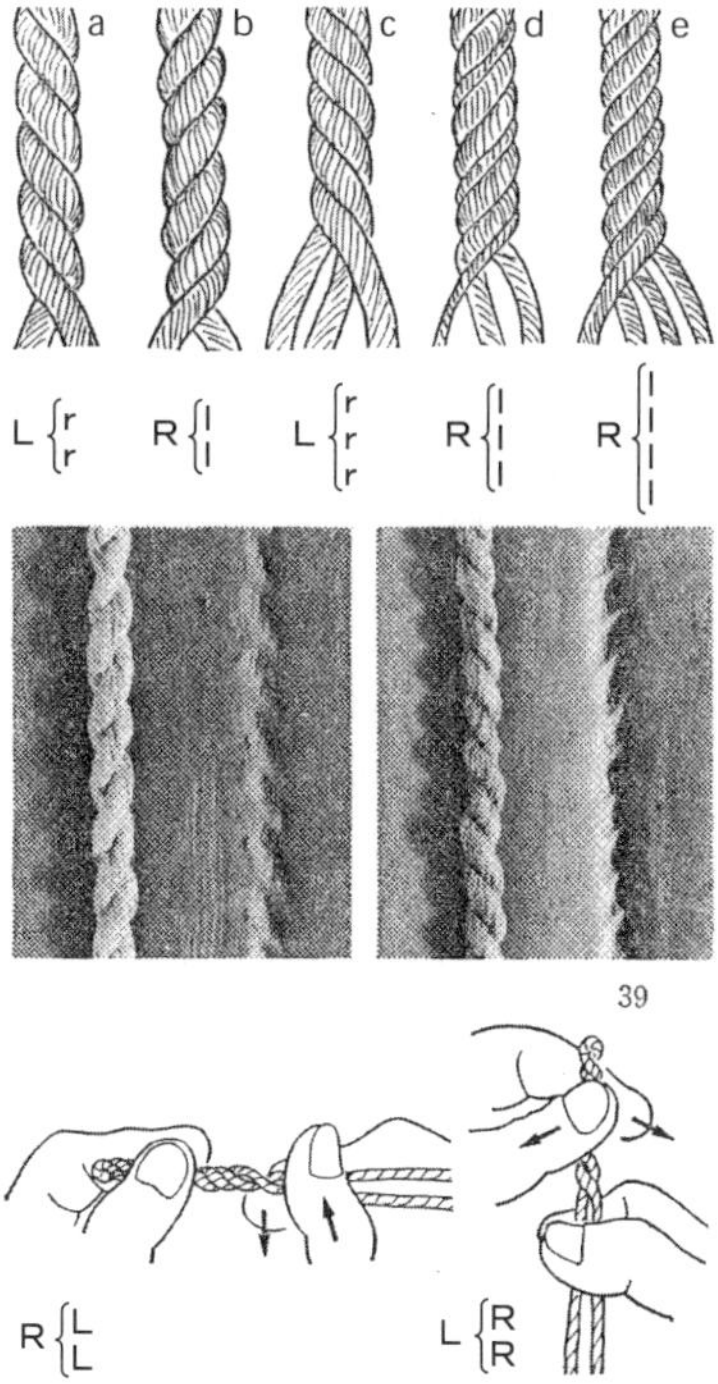

図50　土器の文様（縄文）を作り出す原体作り（『縄文土器大系3―後期』より）

また土器に見られる文様〝縄文〟は、縄文原体の変化によって作られている。その原体というのは、縄を綯《な》って文様を作るその縄のことで、縄作りつまり原体作りの原理は編布の糸作りと同じである。

糸の撚りについて片撚り糸とか、諸撚り糸というのは、染織関係で使う用語で

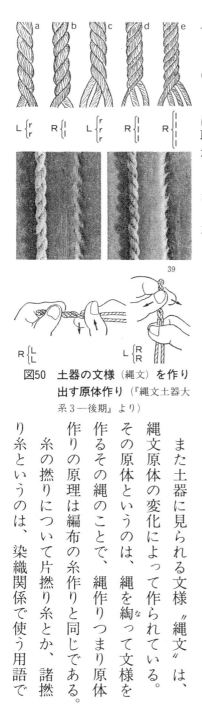

あるが、縄文原体を作る場合の撚りについて考古学独特の用語がつけられている。図50のように、左に撚った片撚り糸を（l）とよび、右に撚った片撚り糸を（r）つまり、左と右を表す英語の頭文字の小文字で表し、一方、諸撚りの糸は大文字が使われており、文様によって、それぞれの組合わせが作られている。

ところで何も知らない現代の私たちとは異なり、縄文人は数多くの文様をともなう土器作りによって、撚りの法則とか原理、また撚りのきつさ、あまさを体得し、それを編布にも応用しているのだ。言い換えれば、縄文人は糸を撚り、縄を綯うなど、その道の達人ではなかったろうか。八戸市博物館の縄文衣服製作は、撚りの原理にまで発展し、あらためて縄文人の知恵を知らされた貴重な体験であった。

解けきれない謎

私は、最初越後アンギンを滝沢先生から教わり、むづかしいという噂のわりには簡単なものだという印象を受けた。その後、山王囲遺跡の編布を試作し、時代の新しい越後アンギンよりなお簡単だ、それでいいのだなどと、いかにも幼稚な縄文時代を連想したが、どうしてどうして、研究を進めるにしたがい謎にぶつかり悩み続けた。

経糸の絡み一つを見ても、〝糸と道具が揃った。さあ編もう〟といとも安易に編成されたものではなかった。

編み方はいかにも単純である。ところが、ていねいに出土編布を眺めると、中には固い糸を風合よく加工し、さらに糸の撚りをほどよくし、緯糸の間隔を少なく、繊細な編布にしているなど、これはどのように作られたのか、一見しただけでは解明することのできないものも多く、縄文人の経験と努力のあとがうかがわれた。

研究をはじめて以来、夢にまで見ながら、その一つ一つの謎を解明してきたが、まだ解けない謎がある。それらしい文献は皆無、どうしようか。何度挫折しそうになったか知れない。とくに細密編布の道具には悩まされた。

しかし、縄文人にできたことが、なぜ私にできないのかと、くじけそうな心を引き締め涙ながらに立ち直ったことも何度かある。実験、実験の繰り返しで何年かが過ぎた。

残る謎の一つに糸の〝風合〟がある。中山遺跡や鳥浜貝塚の編布には糸の風合と柔らかさが見られる。また同じようなものが、姥神遺跡の編布・平織両面の圧痕にもある。私はカラムシ（昭和村産）の靭皮繊維を使って何とか風合のある糸作りをしたいと努力した。

灰汁にそのまま漬ける、またそれに熱を加える、叩くなど、あらゆる手段をつかい実験を繰り返したが、柔らかい風合が生まれてこない。

とうとう一九九四年一二月はじめ、新潟県六日町のカラムシの糸作りから越後上布までの一貫作業を名人芸としてこなされている二代目鈴木苧麻庵《ちょまあん》（哲也）氏を訪ね教示を仰いだ。たまたま応待して頂いた奥様から「私たちも今同じ悩みを持っており、文化庁を交えて対策を考えているところです。現在、カラムシの繊維が剛《かた》いのは、過去において栽培の際、化学肥料を使われたのではないかと云うことです。そうであれば畑の土質を変えなければならず大変なことです」と期せずして同じ悩みを打ちあけられた。驚くと同時に本職の方にこういわれては諦めなければならず、すっきりしない気分に見舞われた。

念のため、この地方で行われている精練法を専門家の古藤政雄氏（鈴木氏の案内）から教わった。まず、精練というのは、靭皮繊維のカラムシ等の場合、靭皮質のリグニン・ペクチン等の繊維を結束している、目に見えない細かい物質を、石けん等で溶かし、繊維を分離させるとともに、不純物を水洗いして除去することで、糸の風合を出す作業である。

古藤氏は「綛《かせ》（糸まきに巻かない前の輪になっている糸の状態）のままのカラムシを、昔は灰汁《あく》で八時間、現在は石けん液で、四～五時間煮る。その後水さらしを時間をかけて行い、より風合を出すには、織り上げて反物にしてから、ぬるま湯の中で、トントントンと、素足で布を、万遍なく踏みつける。これは、布目が適当に詰って肌合いがよくなる。つまり風合がでる。次に雪さらしを行う」と語られ、最近のカラムシは、この作業をどれ程入念に行っても、六、七年前のソフトな風合がでてこないというのだ。

要するに、化学肥料を使って、見た目には大きく育ったカラムシが、質の面で剛《かた》さが加わり、入念な精練作業にもかかわらず、その剛さが一向にとれないで、越後上布という肌ざわりのよさが売り物の品質に影響がおよび、製産地の大きな悩みとなっているのだ。

ちなみに、一度化学肥料を使った土壌《どじょう》は、それを取り除き、新しく入れ替えしなければならないということで、カラムシを育成している昭和村も大変なことである。

また、鈴木氏宅で、一〇年前のものというカラムシに接した。その感触は、とてもソフトで、これが同じカラムシなのかと、疑いたくなるほどであった。六日町で使われているカラムシと私は同じ産地のカラムシを使っているので、長い悩みである風合を出す実験効果の現れない理由が、はっきりわかった瞬間であった。いうなれば、現代という文明社会と、自然にのみ依存する縄文文化との違いで、人為的には容易に解決のできない謎であった。

なお、古藤氏が精練について説明されたなかで、繊維を叩くことに触れられなかったので、その点について私が質問したところ、意外な言葉が返ってきた。古藤氏は「カラムシや、アカソは乾燥した状態ではとても弱くもろいから叩いてはいけない。カラムシなど麻といわれるものは、水に漬けると強くなるが、細い糸の状態では叩かない方がよい。編み上げるとか、織り上げて、水を含ませてから叩くこと」とのことだ。私は糸のうちに叩かねば、ソフトな風合が出せないのではとカラムシをよく叩いたが、繊維に毛羽立ちが見られよく折れていた。これはとんでもない間違いであったとあらためて反省をした。

5 ついに縄文人の布は復原できた

朱円遺跡の編布は、経糸間隔が中山編布よりは粗いが、緯糸はどの編布よりも細密で、試作した布は地が薄く、現在の綿レース風でとても縄文の布とは思えない。そこで、愛知県尾張繊維技術センターの柴田氏に見ていただいたところ柴田氏によれば、現在作られている服地のベネシャン（Venetian）「朱子またはアヤの変化組織で光沢のある織物（服地・裏地など）」に匹敵し、現代の衣服としてもじゅうぶん通用するとのことであった。

そして私もふくめ、現代人なら編布の製作に経糸の撚りなど関係なく、無頓着に、左・右いずれかの絡みを選ぶが、それでは縄文人は承知しないようだ。縄をない、糸を撚ることの豊富な経験から、編布の経糸の撚りと絡みは撚りの原理にかなって製作されている。それは見た目に美しく、仕上げるためなのであろう。

なお柴田氏は、編布の絡みに関して、現代の織物のヘリンボーン（Herringbone）「スギアヤの織物」も、撚りの方向で見た目に違いが現れることを指摘された。

朱円遺跡と同じような密度のものは、青森県福泉遺跡、石川県米泉遺跡、そして九州地方、とくに鹿児島県からは数多く出土している。

私は、カラムシを素材に、経糸間隔七㎜、緯糸は一㎝当たり一二本という朱円編布に近い密度で、ツーピースの縄文衣らしきものを製作してみた。細い糸を使用しなければ、緯糸を一㎝間に一二本入れることはできない。製作には約一年かかったが、仕上ったものはまさにサマールック。現代にも通ずる真夏用の衣服である。

私は、編布と出会って以来、細密編布の中山・押出両遺跡のもの、それに続く朱円・米泉など、出土編布のすべてを試作した。大きさはみな葉書大である。そしてその都度、縄文人はこんな細かい手作業をしていたのかとか、薄い上質な布作りがなされていたのだと感心して眺めてきた。また何枚も縄文衣らしきものを作った。仕上げを急ぐため、太い糸で粗い密度の編布にしたが、編み上げると、これが五〇〇〇年前の編み方だ、やっとできて嬉しい、と喜んだものだ。

この製作では、手間のかかることを覚悟のうえで、まず糸の選定をした。そして緯糸密度の高い編布で衣服を製作し、その手触りとか、風合のよさを実感して、今までとは異った、はるかに大きい感動を覚えた。

とくに、九州地方でこのような上質の編布、いい換えれば手間のかかる編布が製作されていたことは、私にとって意外であった。

というのは、以前土偶の頭部について慶応義塾大学教授の江坂輝彌先生（現在同大学名誉教授）に指導して頂いた折、先生から「九州の土偶は全部坊主頭・結髪はないから見なくてもいいよ」といわれたことがあった。私はその時ふと、土偶はすべて女性像と聞いているのに、それがなぜ坊主頭なのかという疑問を覚えると同時に、『魏志』に「州胡《しゅうこ》（済州島民）は頭をそって鮮卑《せんぴ》（蒙古民族の一種）のよう」とあるのを思い出し、済州島といえば九州の近くだ、それで九州の土偶が坊主頭に作られたのであろうか、要するに縄文人は坊主頭だったかも知れないと興味深く考え、どのような頭なのか気になって、実際に見てみるため九州を訪れた。

九州地方の土偶は、目・鼻・口を省略し顔面は扁平な、いわゆるノッペラボーが主体であるが、中にはかもめ形をした優雅な眉や、丸い口を素朴に表現したものもある。後頭部は半球状に近く、その球を半截した切断面が顔である。しかも頭部には、結髪を裏付ける線刻のあるものも認められた。

私がこうした土偶から受けたイメージは、非常におおらかな縄文人であった。そのおおらかさを、こせこせとしないのんびりとしたとか、少々大まかで時には省略もするなどと勝手に理解し、地理的には温暖で住みやすく、それに海や山の幸に恵まれている地域と思えば、おおらかな人柄も納得できると考えた。

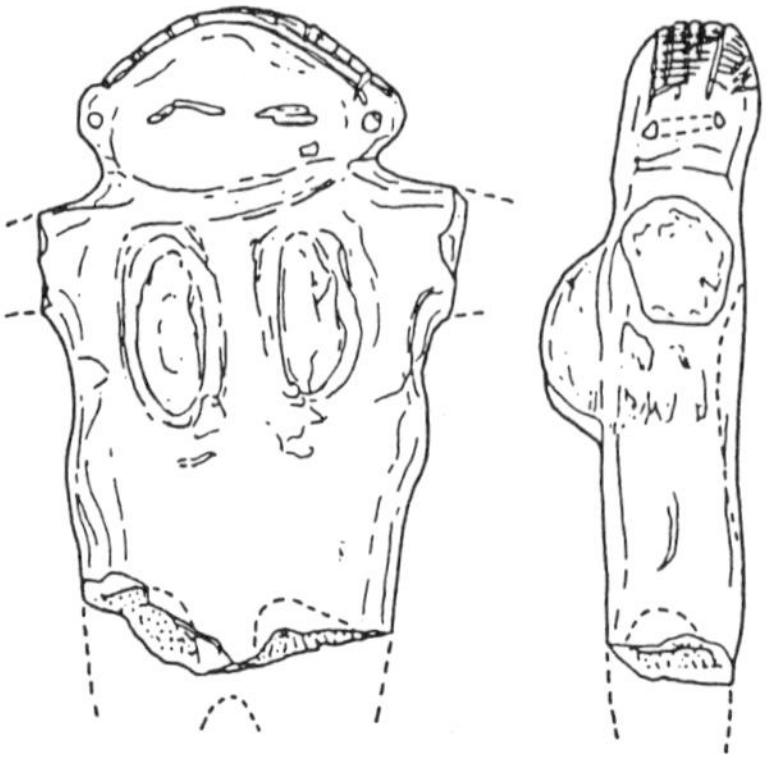

図51　熊本県四方寄遺跡出土の土偶（縄文晩期『上野辰男蒐集考古学資料図録』より）

したがって、最初に編布圧痕が九州地方に多いと知った折など、とっさに私の脳裏をよぎったのは、熊本市四方寄《よもぎ》遺跡出土の土偶（図51）を彷彿《ほうふつ》させる、ずんどうで胸は枕ことばの「たらちね」にふさわしい女性が、腰巻きスタイルで、ざっくりした編布を製作している姿であった。

ところが、表3で見るかぎりは、もっと繊細な、創造性に富んだ、その上オシャレな縄文人であったようだ。

私の今までの縄文観（日本全体）では、編布の衣服はあったろうがそれでも夏はパンツとか腰巻きスタイルを連想していた。しかし、手触りのよい風合のある編布やその圧痕が出土している以上、真夏の衣服まで作られていた可能性を否定することはできなくなった。中山編布について記したように、やはりハレの衣裳にしていたのかも知れない。繊細な糸（編布としては）で仕上げた衣服という現物を眼《ま》のあたりにして、いまさら恥かしいが私は、縄文の衣文化について、再び認識をあらたにさせられた。

出土した編布にはそれぞれ個性がみられる。縄文前期から細密なものや、左右両絡みのもの、また一枚の布に、編布と平織を混在させるなどなど。それにまだある。織物は弥生時代に渡来した技術によって作られたといわれているが、ごくわずかではあるものの素朴なものは縄文前期から、そして細密なものは後期、晩期と出土例がみられる。これら、私の想像もおよばなかった高度な縄文技術に、「何のために」などと、とまどったりもしたが、髪を結い、飾り櫛《ぐし》を刺し、イヤリングなどアクセサリーをつけ、編布の衣服を着る。つまり、そこに縄文のトータル・ファッションがあるという結論に到達した。

巨大遺跡として注目されている三内丸山遺跡からは直径一〇三cmのクリの木柱がみつかり、「高さ二〇m近い建物があったのではないか」との熱い論議が交されている。出土品の中には、新潟県産のヒスイや、北海道産の黒曜石があり、海上交易を裏付けているようだ。また、群馬県安中市中《なか》野谷松原《のやまつばら》遺跡（縄文中期）は、副葬品が墓によって違うので「縄文時代すでに階層社会があったのでは」といわれている。

宮城県桃生郡鳴瀬町里浜《さとはま》貝塚（縄文晩期）からの出土では、大きなアワビをはじめカキ、ハマグリ、魚はアイナメ、スズキ、それにマグロの骨は長さ一五cmでぶつ切り状、焼いた痕跡がないので、刺身だった可能性があり、縄文人のグルメ食卓がうかがわれるなど、縄文からのメッセージを伝える発掘が進むにつれて、堅穴住居で細々と狩猟採集生活を営み、ザンバラ頭だったとする今までの縄文人のイメージから脱皮して、意外に進んだ縄文の社会構造が論ぜられるようになったが、衣文化についても、これら食文化・住文化に劣らぬ成果を私は一つ一つを検証して体得することができた。

福島県荒屋敷遺跡
（左が編布、右が平織）

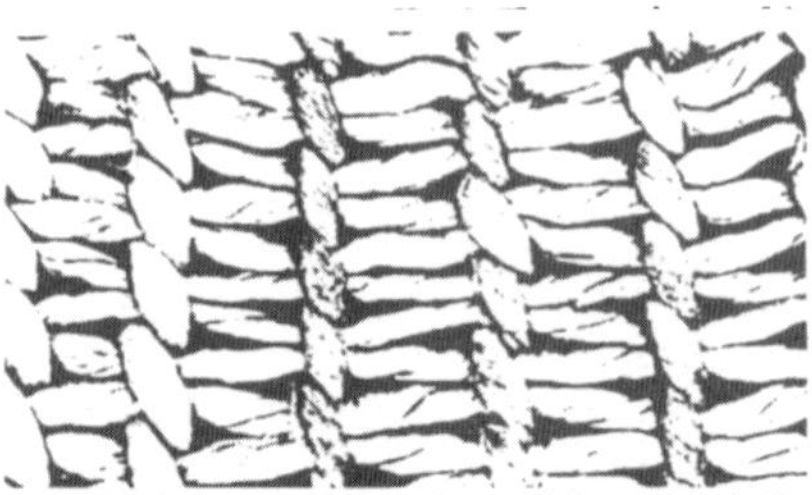

新潟県越後アンギン（縄文時代の編布より粗い編目であるが作業衣として着用されていた）

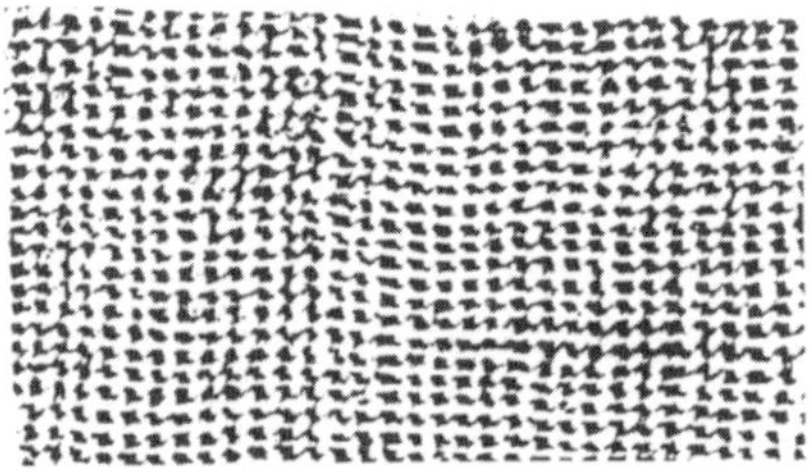

秋田県中山遺跡

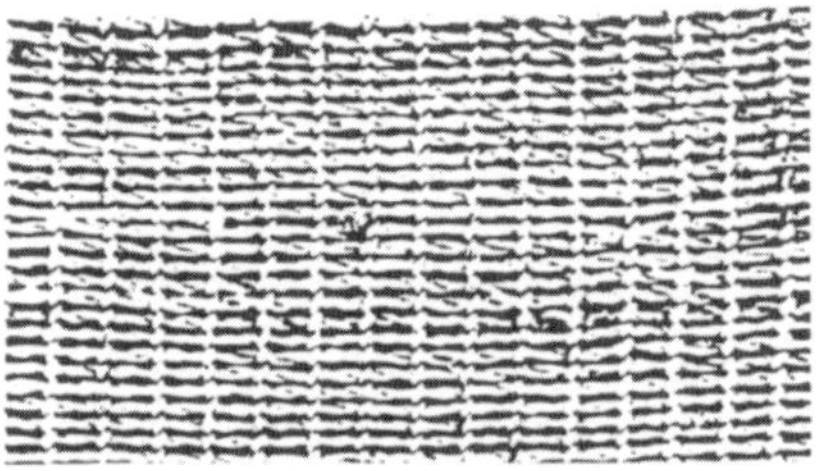

石川県米泉遺跡

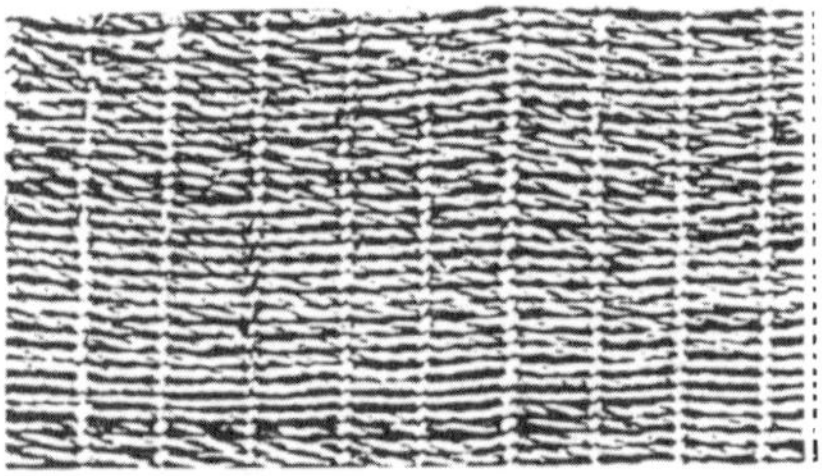

北海道朱円遺跡

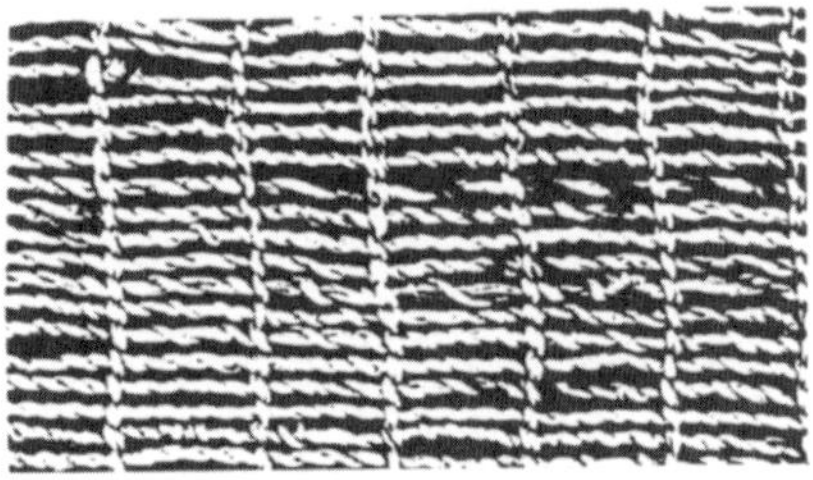

宮城県山王遺跡

青森県亀ケ岡遺跡

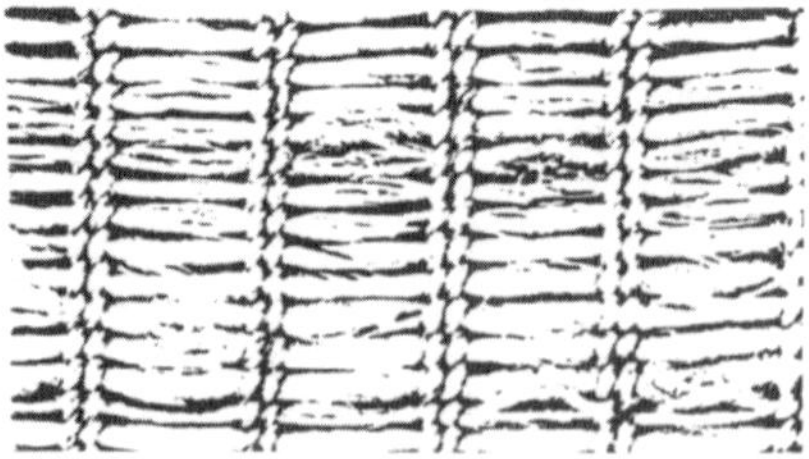

福井県鳥浜貝塚

図52　編布法で試作した各遺跡の編布と越後アンギン試作（試布コピー）

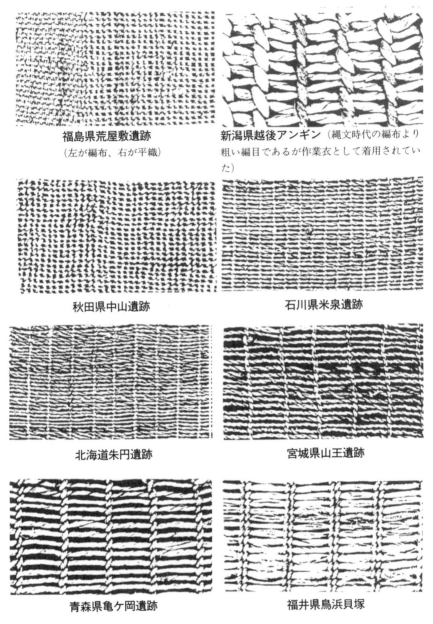

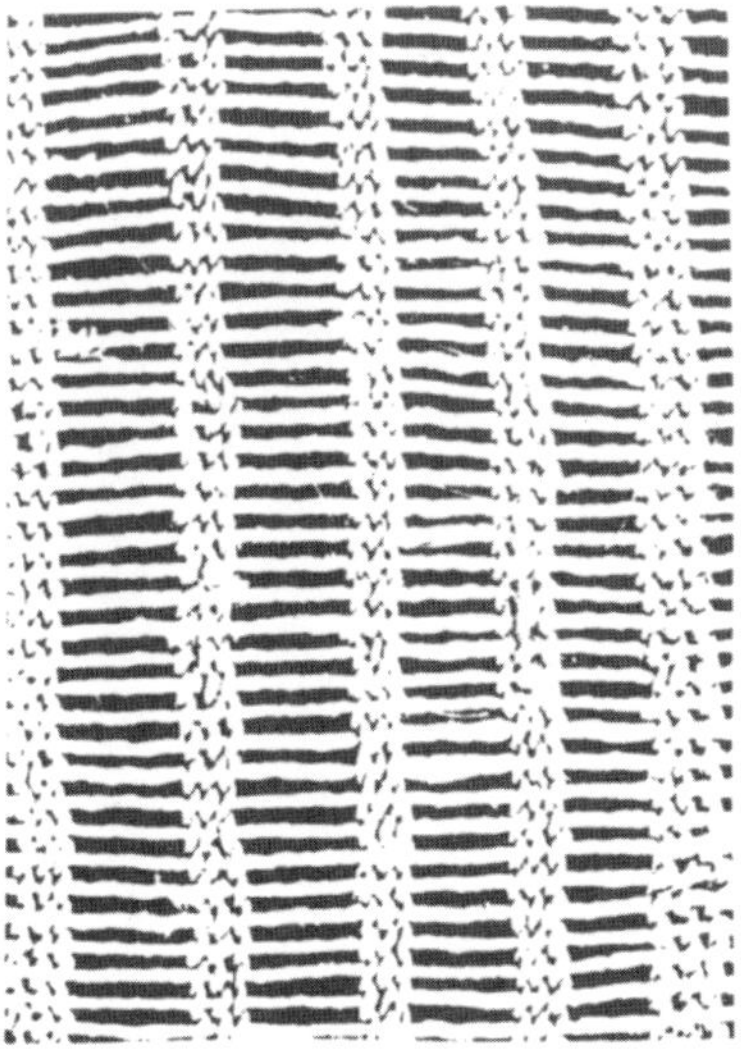

熊本県上南部遺跡

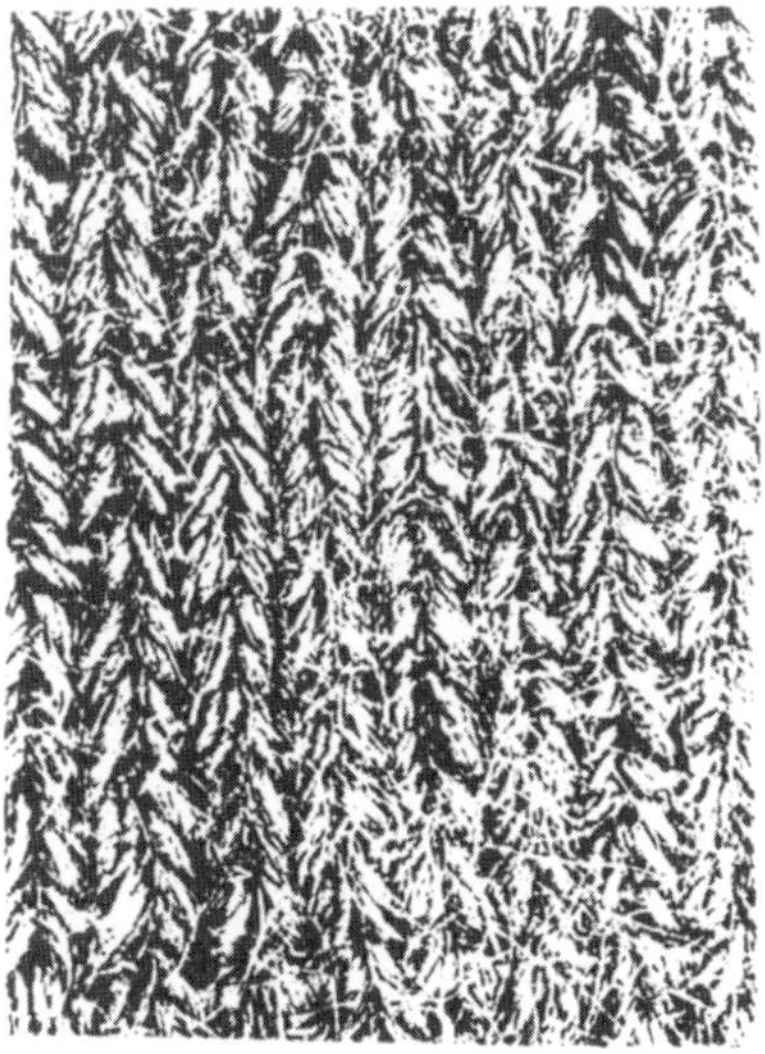

山形県押出遺跡

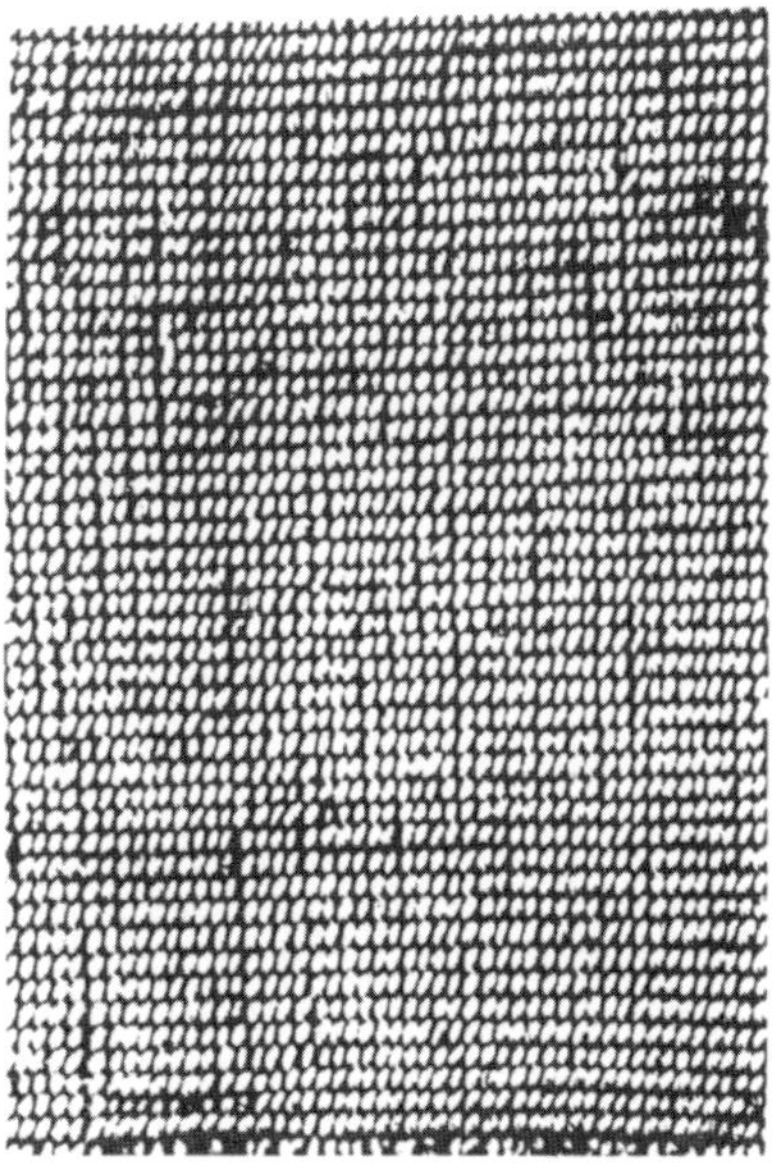

佐賀県笹ノ尾遺跡

図53　横編法で試作した各遺跡の編布（試布コピー）

三内丸山遺跡からは、ヒスイが出土している。ヒスイは私たちにとって今でも高嶺の花。このようなヒスイが、縄文時代の遺跡からは、かつおぶし形大珠とか、丸玉、勾玉《まがたま》として出土している。呪術性も否定しないが、最高の装身具ではなかったろうか。

縄文の衣服、それは素朴ながら決して質の高いヒスイのペンダントに比べて見劣りのするものではなかったのであろう（図45・52・53参照）

6　編布の衰退と今後のゆくえ

縄文時代前期から開発され、私たちの製作できないような繊細なものから、現代のレース風で風合のあるものなど、変化に富んで編成された編布は、縄文時代の衣文化を支えてきたが、弥生時代に入って、織物にその座をあっさりと譲ってしまった。その大きな原因は、製作にかかる手間、暇ではなかったろうか。

私は数年前卒業生たちと、板津氏や柴田氏の指導を受けながら苦心惨憺《さんたん》して原始機を作り、それで平織を織り貫頭衣を作ったことがある。織り幅二五cm、密度は一cm当たり経糸が一四本、緯糸は七本、そして長さ五mの編布の衣服作りと同じサイズにした。彼女たちも私も、機織りに関しては、全くの素人であるが、それでも毎日八時間織り続け八日間で織り上げてしまい、編布と比べあまりの早さに驚いたことがある。

表7によれば、編布製作も同じ手作業であるが、細密な中山編布は四〇〇日以上、編目の粗い亀

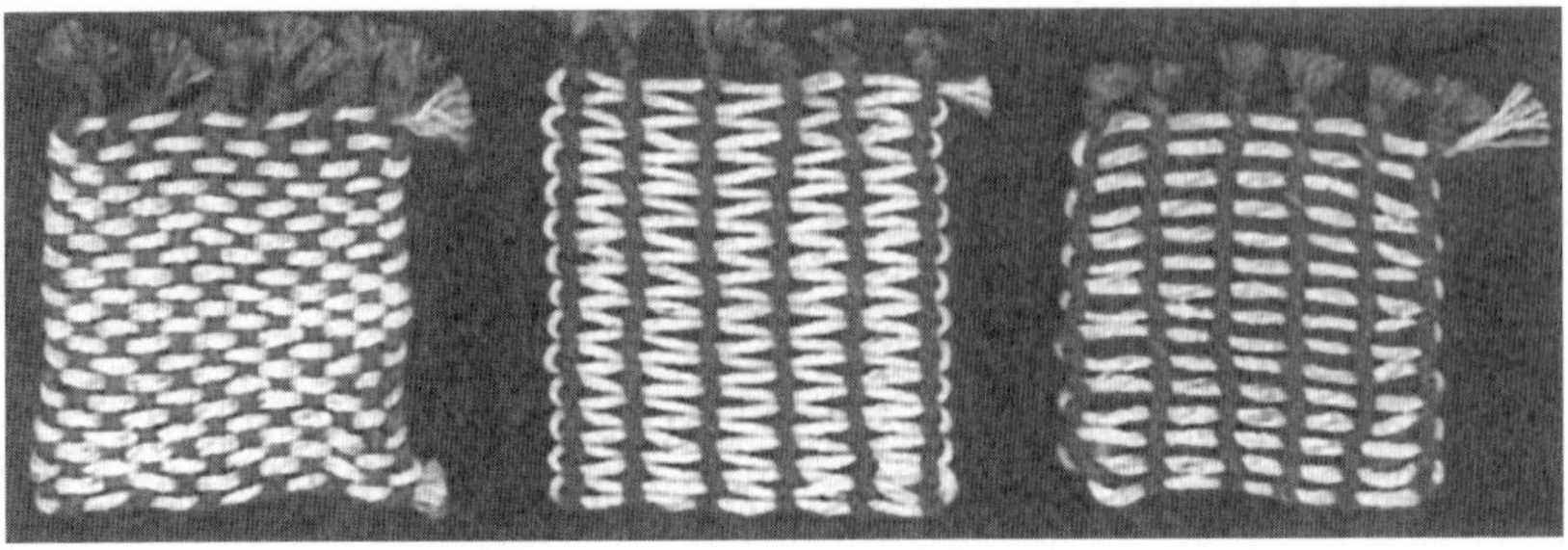

写真92　編布と平織（左よりA平織，B応用編布，C基礎編布）

ケ岡編布でも一二・五日間かかっている。また、私たちが次に原始機で織った布の密度は、一cm当たり経糸一〇本、緯糸は五本といった粗雑な布であったが、亀ケ岡編布以上に織目が詰まっている。

写真92でわかるように、同じ素材で、同じ経糸密度の編布と平織を比較すれば、やはり編布より平織の方が織目が詰まって、見た目も美しく、ソフトな感触である。その上、製作時間が著しく短縮されるという大きなメリットがある。

縄文時代と現代とでは時間の観念がちがうといわれているが、同じ素材を使って質のよいものが早くできるということは、縄文時代といえども魅力的ではなかったろうか。つまり織機の出現は、当時の人々には画期的な意義をもつものだったといえよう。

編布の出土例は縄文晩期に多いが、弥生時代に入って皆無に近いということは、現段階では、織物におされ一挙に衰退したと考えざるを得ない。

しかし編布は、中世に、時宗僧侶の阿弥衣として突如復活した。縄文時代は単純な基礎編布が大多数を占めていたが、阿弥衣はそれが応用編布に変身、しかも、その編成技術の一部には現代の私たちが真似のできない高度なものがある。

今でも寺宝として保存されている阿弥衣から推測すると、鎌倉時代から江戸時代まで続いているが、私は六寺院の阿弥衣を実際に見て、いずれの阿弥衣も、ある日突然に製作された技とはとても思われず、縄文時代より、どこかで細々ながらも脈々と続けられていたように推察した。

実際に見た阿弥衣は、製作者名および寄付という墨書もあったが、阿弥衣の大きさこそ違え、同じような編目と技法から見て、どこかで特定の人物がこれを一手につくり、求めに応じて各地に運ばれたことも考えられる。

また不思議なことに、阿弥衣が姿を消す江戸時代後半から明治まで編布は、新潟県の特定地域で越後アンギンとして出現している。それは作業衣で、編成法は応用編布であるが、糸質、製作技術が阿弥衣とは異なり、実に素朴なもの。一見して個人個人の家で製作されたものであることがわかる。

なぜ、一部が同時代に存在して同じ応用編布であるのに、こうも技術面に差が見られるのか疑問に思うが、一方は僧侶の法服、片や作業衣ということで製作者の感覚から差がついたのであろうか。

このようにして縄文時代以降も、限られた範囲で編布は発達し、前にも述べたように『一遍上人絵詞伝』や『秋山記行』その他の文献に、珍しい衣服としてその名をとどめている。

しかし、私の見た歓喜光寺の阿弥衣は、真新しく、ほとんど着用されていないもののように思われたが、法服というイメージからはほど遠い質素なものといった印象が強かった。

浮世絵が物語る平和な江戸時代には、素朴と、堅牢さだけが取り柄で、品位とか優雅さに欠けた阿弥衣は、時宗のトレードマークでありながら、しだいに敬遠されたかのように江戸時代の後半にはその姿を消した。

また、越後アンギンに関しては、作業衣となる素材は山で採集でき、糸作りも簡単である。道具は自家製、製作方法は単純、その上冬は温かく、夏は素肌に快適ということで、外見はともかく、最適な山仕事用衣服であったろう。しかし時代とともに衣生活の変遷で明治にはついに越後アンギンにもピリオドがうたれた。

私は、明治以降、編布が消滅したことについては理解できる。しかし、縄文から弥生に入ると同時に、突如といった感じで、編布が日本列島からその姿を消したことに、多分に釈然としないものを残している。もちろん、消滅の大きな理由として、織物の開発が考えられよう。とはいえ、現代のようなマス・メディア全盛の時代ならいざ知らず、情報伝達手段のきわめて未熟だったこの当時、そのあまりにも早い転換について、動機とか、発達ルートなど、私にとっては大きな疑問であり、今後究明しなければならない課題の一つである。

はじめに述べたように縄文の布である編布は、現代風の織物でもなければ編物でもない特殊な布なので、その名前を知らない人が多い。したがって織物との区別も容易ではないようだ。

私が土器底面の編布状圧痕の調査に出向いた先で、「編布と網代、織物の区別をするのは大変だ。実物でもわからないのに圧痕ではさっぱり区別がつかない。わかりやすい図録を作って欲しい」といわれることがよくある。

そんなとき、私は基礎的な出土編布の図を書きながら説明するのであるが、つぎに少し経糸間隔の細かい編布状圧痕を見られた場合、織物と勘違いされてしてしまうので、やはり大変な仕事ではあるが一点でも多くの資料を集め、だれにでもすぐ理解できるような図録作りも私のライフワークの一つである。

縄文時代を土器や土偶から眺めた場合、とくに土器の文様には時期と地域によって特徴が見られる。すなわち流行があったと考えられる。前期と晩期とでは、私のような素人が見ても理解できるような変化がある。土偶にしても同じである。

しかし、編布に関しては、いまのところ判断のしようがない。青森県亀ケ岡遺跡と隣県の秋田県中山遺跡の編布は、時期は同じであっても経糸間隔に開きがある。中山遺跡と山形県押出遺跡は、近隣のよしみとでもいうか仲よく細密編布と思えば時期が異なっている。中山は晩期であり、押出は前期。では、もう一つの前期はどうかと福井県鳥浜貝塚に目をやれば、こちらはまた大胆にも出土した九遺跡中最も経糸間隔が広く、そのうえ経糸が二列並列と変化のある編成法を取入れているといった具合である。なお、押出遺跡から出土した三点の編布のうち、一点（一点は小さく炭化が著しい）は、経糸の絡みが左右交互に編まれたまさに突然変異的なものであり、現在までの調査では類を見ない珍重な資料である。このように見ていくと、編布が縄文時代に発生し、どのような経路で伝播したのかわからない。もっとも編布の出土例の少ないのも、特徴を把握できない一つの要因である。

しいてその特徴を求めるならば、圧痕の多い石川県地方と九州地方の比較である（表3参照）。石川県地方は経糸間隔が平均三㎜であるが、緯糸は一㎝当たり約三・八本と割合に少なく太い糸が使用されている。

それに比べ九州地方の圧痕は出土例も多く、細密な経糸間隔のトップは、佐賀県笹ノ尾遺跡のもので〇・八〜一㎜（一㎝当たり一〇〜一二本）と、押出・中山両遺跡の編布よりさらに密度が高い。その反面、経糸間隔の粗いものは佐賀県唐津市女山《おんなやま》遺跡（縄文晩期）で四〇㎜と驚くほどであるが、緯糸は一㎝当たり七本である。

九州地方の編布密度には、バラエティがあるが、総体的に糸は細いものが使われている。このように土器の文様に見られる時期的な変化や地域性を編布に探ることはむずかしいが、今後も引続き調査し、少しでも解明したいと思う。

編布の絡みについて、出土編布のすべてが左絡みであるが、圧痕は青森県福泉遺跡とか九州地方の一部に左絡みが見受けられるものの、私の実査した圧痕はほとんどが右絡みであった。編布の絡みがどうしてこのように分かれているのか、編具の解明と合わせて今後も研究していきたい。ちなみに、後世の阿弥衣や越後アンギンの絡みはすべて右絡みである。また、ペリー北部海岸のワカプリエッタ遺跡では、絡み編みの九九%が左絡みということだ。

弥生時代には、編布から織物が先行し、編布の出土例は皆無であるが、土器底部の圧痕として、福島県いわき市龍門寺遺跡から三点出土している。渡辺先生の調査によれば、経糸間隔は九～一五mm、緯糸は一cm当たり三本と、かなり粗い編布である。弥生時代のものは、現在のところ龍門寺遺跡だけとのことだ。

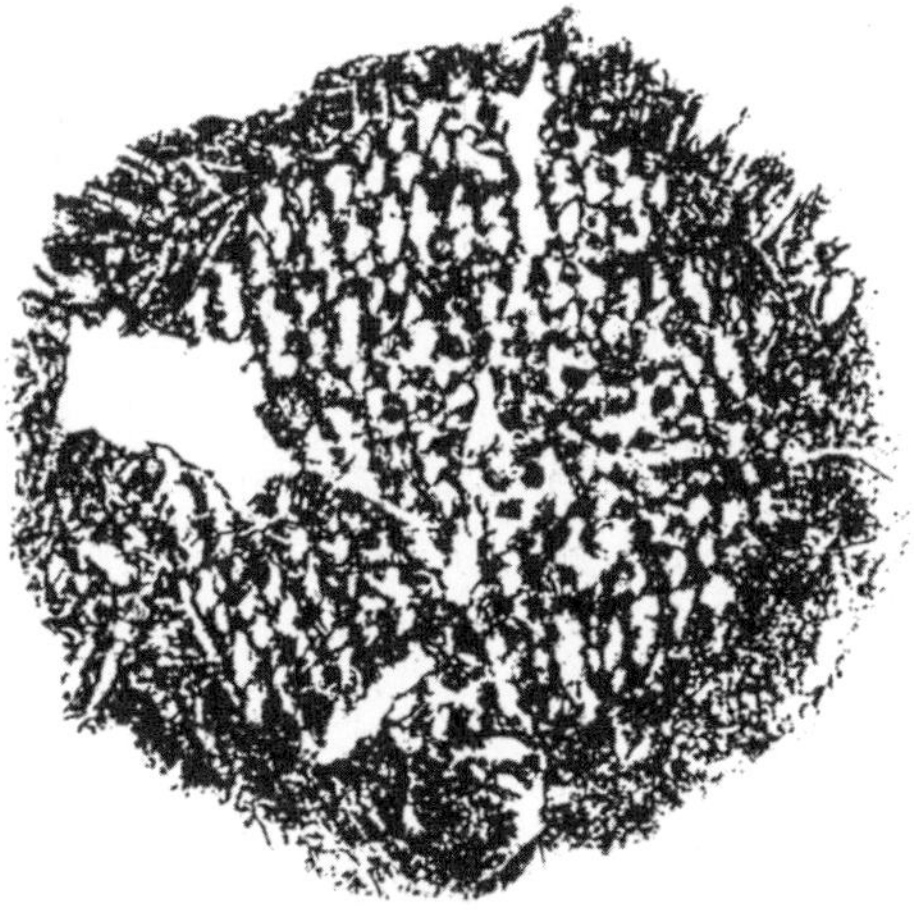

図54　青森県浪岡町高屋敷館遺跡出土の土器底面の圧痕拓影（平安時代，青森県埋蔵文化財調査センター畠山氏提供）

さらに、平安時代（一〇世紀～一一世紀）の遺跡といわれている青森県南津軽郡浪岡町高屋敷館《たかやしきだて》遺跡から、底面に編布状圧痕のある土器一点が出土している。図54は青森県埋蔵文化財調査センターの畠山昇氏から送られた拓影であるが、経糸間隔は三～五mm、緯糸は一cm当たり三本で、少々編目が乱れているのは、初心者が製作したものであろうか。

もう一つ、「特別史跡一乗谷《いちじょうだに》朝倉氏遺跡17—昭和六〇年度発掘調査整備事業概報」によれば、室町時代の同遺跡から、編布が七点出土している。糸の太さや密度は分からないが、高屋敷館遺跡のものと同様、貴重な資料である。

また、渡辺先生は『歴史海流』の「縄文紀行」に、「上杉謙信公が陣中で鎧の下に編布を着ていた」と述べられている。

一般には、その名前すら知られていない編布について、最近はこのようにごく少々ではあるが、思わぬ資料に巡り合い驚くこともある。編布が、縄文時代よりどのように細々とながらも生き続けてきたのかを追究するのも、私の今後の課題である。

さらに、現在までに海外で発見されている縄文編布と同様のものは、スイスの新石器時代、ローベンハウゼン遺跡などの湖上住居遺跡やペルーのワカプリエッタ遺跡などから出土し、その中には、編布と同じ絡み編みと平織が一枚の布に編成されているものがある。そしてワカプリエッタ遺跡から発見された繊維製品のうち、絡み編みが七八・三％に対し、平織はわずか三・七％と絡み編みが多くの比重を占めている。だが近隣諸国としては、中国河北省磁山《じざん》遺跡（紀元前五〇〇〇年前後で、日本の縄文早期末）から底部に圧痕をもつ土器の出土例が報告されているにすぎない（図55）。

日本の文化は大陸からといわれている。しかしながら、編布に限定してながめた場合中国ではあまり発達していなかったようだ。そして、わが国よりはるかに遠い国、南アメリカの西北部ペルーで、わが国と同じ絡みの技術が存在し、しかも、わが縄文時代と同様、平織より抜群に優位を占めていたことなどは、興味深いので、この辺りも究明していきたい。

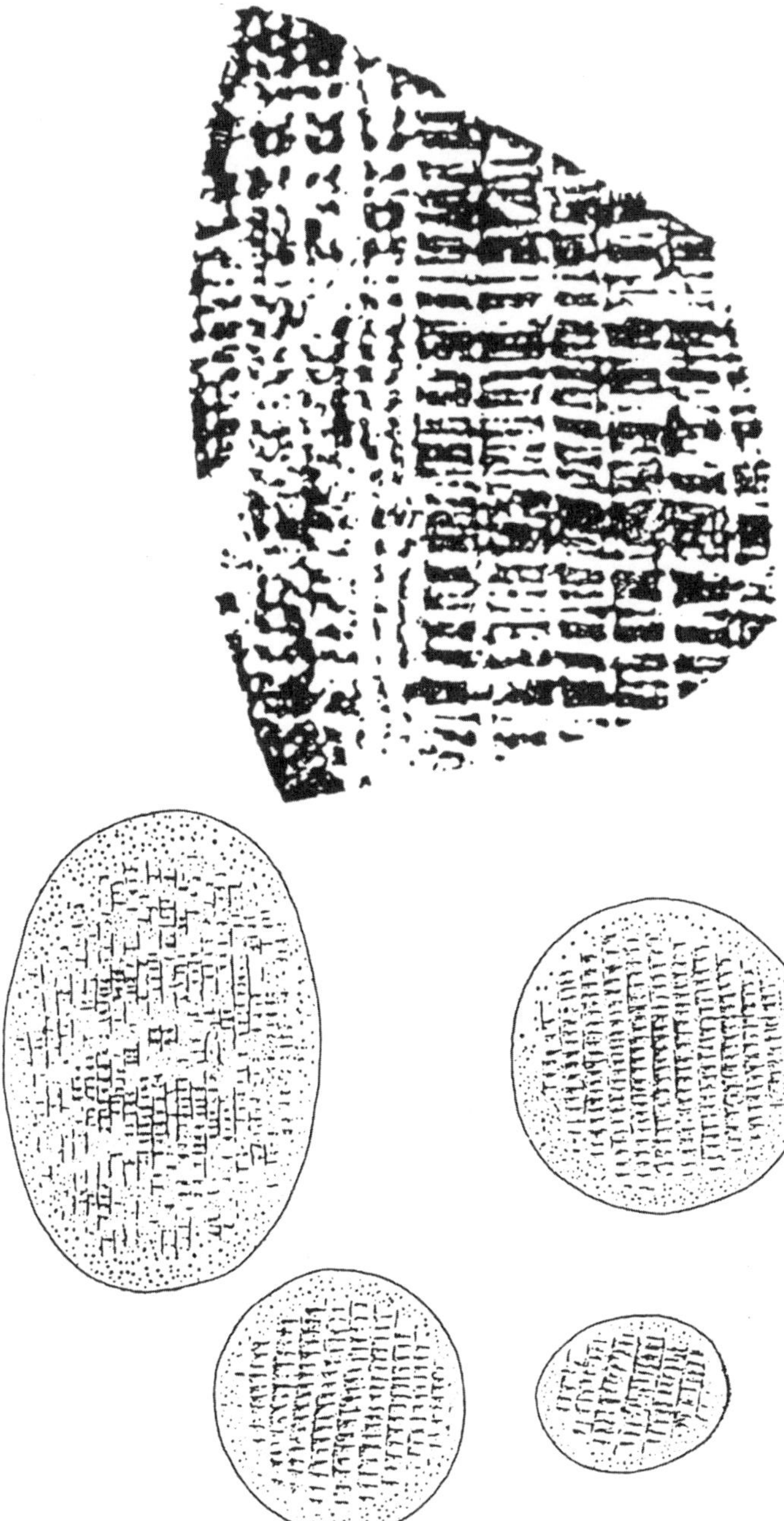

図55　中国河北省磁山遺跡出土の編布の圧痕（縄文早期並行，『考古・北京王府井大街27号』より）

なお、縄文時代の編布製作用の道具は、伊東説・角山説の両方を使っていたと推測したが、なおこの件に関しても追究したいと思う。

このように私にとって明らかにすべき課題は山積しているのである。

7 研究の中で

縄文人の色

縄文時代にどんな色が衣服に使われていたのであろうか。鳥浜貝塚から赤漆塗りの飾り櫛が出土した。ほかにも赤や黒に彩色された遺物がたくさんでている。私は染色の専門家ではないが、縄文時代に黄色や茶色も使われていたのではないかと考えている。

黄色はクチナシの実やキハダで染まる。トチの実のアク抜きの実験をしたとき、灰汁にナラ灰を使うと鍋の中が黄色になり、スギの灰汁では、とくに鮮やかな黄色になる。思わずこれで染めたらと考えてしまうほどである。トチの実のアク抜きは縄文時代でも行われていたといわれるから、当時の人も草木から色を発見し、実用化していたかと思われる。

黒は木炭など、緑は藍と黄色の染料を使えば簡単にできるが、藍が自生していたかどうか、その点は不明である。白は繊維を灰汁でさらせば割と白くなる。方法は灰汁につけるといい。かつて私はカラムシの剛い繊維を柔らかくするため灰汁、つまりアルカリ液のなかに一週間つけたことがある。するとカラムシの繊維が少々柔らかくなったと同時に白くなった。

いまひとつ、貝紫がある。これは植物性ではなく動物性の染料である。文献によるとフェニキア人が、地中海産の紫貝（テツボラ属、ホネガイ属の貝）の分泌液から作った赤紫色の染料である。フェニキアの都のティル産が有名だったので〝ティルむらさき〟の名もある。

一個の貝にふくまれる染料は微量ながら、染上がりが美しく色アセしないので珍重され、ギリシャからローマ、ビザンチンに至る二千年余の間、皇帝や貴族の色に用いたとされている。

この染料は貝の呼吸空洞に隣接した腺から分泌される黄色の粘液で、太陽光線にあたると紫色に発色する。

私も先年、貝紫の染色実験をした。最初、高貴な色だから染色はむつかしかろうと思ったが、結果は意外と簡単で、きれいなピンク系の紫に染めあげることができた。

貝は、愛知県・渥美半島の福江港付近で獲れるアカニシ貝を使った。現地の漁師さんの話だとアカニシは、お刺身にするとき、マナ板や手が紫に染まるからと注意されたが、「その紫で染めものをするのです」というと、「それは初めて聞いた」と不思議そうな顔をされた。

吉野ケ里遺跡（佐賀県神埼郡神埼町・三田川町）での出土織物を調査研究された、布目先生の報告

（一九九一年一〇月）によると、先生が調査された織片の絹から、前田雨城氏らの研究グループが、日本茜と貝紫を検出されたということである。同遺跡は弥生期に属するが、アカニシ貝は、日本各地で獲れ、縄文期の貝塚からもたくさん発見されている。

このような点からみて、縄文人も貝を調理する際、調理具や手に染まった紫色をみて、染色への発想となったのではなかろうか。そしてある程度、実用化されただろうとみても決して不自然ではないように思う。

北海道斜里町にて

一九八二年のはじめ、土偶の頭部を研究しようとした頃である。渡辺先生の紹介で、慶応義塾大学教授の江坂輝彌先生を訪ねた。江坂先生から「考古学を学んでない家政科のあなたが、土偶を研究するのなら、一点でも多く本物を見なさい」との助言をいただき、私は先生の〝一点でも多く本物を〟の言葉だけが脳裏に焼きつき、北から南へ、約一〇〇〇点の土偶を見てまわった。

編布についてもやはり江坂先生の教示を守り、全遺跡の編布を実際に見て写真撮影を行った。

忘れもしない一九八五年五月一五日、編布の出土地としては最北端の北海道朱円遺跡出土の編布を斜里町立知床博物館へ訪ねたときのことである。

その日は、早朝、名古屋から空路札幌経由で女満別へ行く予定であった。

私は飛行機がなによりも苦手である。というのもかつてハワイからの帰途、折りからの台風で、筆舌に尽し難いほどひどい揺れに見舞われるという、苦い経験をしているからである。

それ以来、なるべく飛行機はさけ、北は盛岡、南は熊本あたりまでは、疲れ果てながら新幹線利用の日帰り出張をしてきた。

その私が札幌へ着いたとたんに、「女満別行きは強風のため欠航」のアナウンスである。私は日程上、どうしても今日は斜里の博物館へ行きたい。釧路行きは飛んでいる。釧路まで行き、後はタクシーでと覚悟を決め、たびたび欠航を知らせるアナウンスを聞きながら、釧路行きを待った。

一時間も経った頃であろう、女満別行きの案内があった。しかし「女満別へ降りられない場合は釧路へ降りる」とのこと。仕事である。こわくても搭乗した。トンボのような小さな飛行機は札幌を離陸して間もなく宙返りをするのではないかと思うくらい、上ったり下ったり、実際は短時間であったが、その長いこと、まるで紙の飛行機が風の間に間に、といった感じである。ガクッと車輪が地に着いたときは嬉しくて涙が出た。

そして一路、斜里町へ。その日は風も強かったが、斜里町から知床半島は雪であった。

博物館で待望の編布と対面した。仙台市博物館で見た山王囲遺跡のものより細密な編布である。

いよいよ写真撮影となったが、もしこの写真を失敗したら、先刻の飛行機のこわさを二度と体験するのは真っ平だし、そう簡単に来れる所ではないと大事をとり、現在の博物館長金盛典夫氏にご面倒でも撮影できるようにセットしていただき、無事に撮影をすることができた。

その日は金盛氏のご厚意で、朱円遺跡を発掘されたという高桑華夷治氏経営の斜里館（JR斜里駅前）に宿泊した。

夕食後、高桑氏から編布の出土状況からその後の研究など詳しく教えていただいた。名古屋からわざわざ編布を見にきて朱円遺跡の見学ができないのは返す返すも残念と高桑氏。そして再訪するようにと何度もすすめられた。私も翌日の予定がすでに組まれていたので斜里町を早朝出発しなければならず、遺跡の見学ができないのは残念だった。

翌日である。早朝出発のため、少し早目に食堂へ入った。高桑氏は「待ってましたよ」と、またまた、昨夜の続き、発掘のエピソードなど語ってくださる。話は熱がこもり、延々と続く。大変ありがたいのだが、私はその日、北大の南波先生を訪ねる予定だ。それには網走まで列車に乗らなければならない。時間はあと三〇分。

内心じりじりしたが、高桑氏の熱心な話の腰を折るわけにもいかない。時間は刻々と過ぎとうとう発車五分前である。「実は…」というと高桑氏は「そうだったのか、それでは早く用意しなさい、私が列車を止めてきます」

いきなり長靴をはき、駅めざしてつっぱしられた。

私は、本当に大丈夫かと心配しながらも、次の列車では飛行機に間に合わない（乗りたくないが、仕事だ）、まるで火事場から大事なものをしゃにむに抱えて飛び降りるように、階段を駈け降り、一目散に駅へ飛び込んだ。三分遅刻したが、列車は止まっていた。高桑氏のお陰だ。高桑氏はホームで「また来るんだよー」と手を振って下さった。嬉しかった。高桑氏の姿が小さくなり、涙でかすんでいた。

直径一〇cm前後のシャーレの中の小さな編布、この撮影に、往きは飛行機におびえ、復りは列車の発車時刻に気をもんだ。私の生涯忘れ得ぬ二日間であった。

門外漢——貫頭衣を作る——

それは一九八八年の秋であった。土偶の写真撮影の折お世話になった福島県立博物館の森氏から「縄文衣服を来春の特別展までに一着作って欲しい」と電話があった。

ちょうどそのころ私のゼミでは全員（一九名）が編布でそれらしい衣服の製作中であった。貫頭衣風の上着とズボンを三着、袖つきの上着とズボン一着、それに袖つきのワンピース一着、都合五着を予定していたので、そのうちの一着を譲ることにした。

後期の授業は翌年一月二〇日過ぎに終る。したがって編むことは一二月中に終るように計画したので、学生たちは一二月に入ってからは次々に編み上げ、早いものは、綴じ合せも終ってあとは土偶をモデルに刺繍をはじめようとする学生もいた。私はそんな学生に追われるように、トチの実の殻や、ハシバミで刺繍用の糸を染めた。

年も明け、いよいよ本格的に縄文衣の刺繍をはじめた頃、福島の森氏から「縄文衣を取りにゆきたい」という電話があった。私はまだ展示会までは間があるし、それに仕上っていないので、早過ぎると断ったが製作途中でもいいからということで、それから間もなく私の研究室へ来られた。奥様同伴である。

その日はほとんど終日、作りかけの縄文衣を手にとって見たり、越後アンギンや、出土編布について尋ねられたり、私が不思議に思うほど熱心であった。昨夜は名古屋で泊まられた。その夜も名古屋泊まりということで夕方までいろいろと話し合った。そしてそろそろ帰り仕度という時になって、こういわれた。

「実は今日こうして縄文衣を見にきたのは、ある考古学の研究者から、『尾関は家政科の人間で、考古学を知らない素人だ。そんな素人に、県立博物館の縄文展に使うものを依頼して大丈夫なのか、間違ったいい加減なものを送られ、それを展示した場合、あなたは大変なことになりますよ。県立博物館の名誉にかかわります、編布の衣服が展示したいというのなら現地へ出向き、自分の眼で確かめるべきだ』といわれたので、名古屋までわざわざ来たが、出土した編布と同じ編成法であることが確認できた。安心して帰ります。あとはよろしく」

ご夫婦はいかにもホッとした表情で帰られた。

私は前にも、同じことではないが、家政科の人間だから……といわれたことがある。

まだ編布を知ってまもない頃、出土編布と越後アンギンの編成法の違いを発見し、いよいよ研究に入った頃のことである。土器や土製品に編布の圧痕が押圧されているが、その中でも新潟県上山遺跡の足形土製品裏面の編布圧痕が著名であり、それは現在、文化庁所蔵ということで、私はその写真提供を依頼するため文化庁へ電話した。

文化庁の担当官は聞いたことのない学校名とでも考えられたのか、私が何学科に所属しているのか、何のために必要なのか種々と尋ねられた。私はありのまま、家政学科に属しているが、編布の研究がしたいこと、出土編布の編成法で貫頭衣を作りたいなど、問われるままにお答えした。

すると担当官は「貫頭衣はむづかしい。家政科の人は考古学を知らないね、貫頭衣が作りたいのなら、ぜひ長野県の井戸尻考古館（諏訪郡富士見町）へ行って指導を受けた方がよい。幸い今月号の芸術新潮に有名な井戸尻の貫頭衣が載っている。まずそれを見なさい」と最後はとても親切に教えてくれた。そして後日、足形土製品の写真も送られてきた。

やはり考古学の研究者から見れば家政科の人間というだけで、あぶなっかしく考えられるのであろうか。今回の森氏の一件で私はあらためてそんな思いがした。

それにしても森氏にはお気の毒なことをした。自腹を切ってまで、ご自分の仕事への責任を果そうとされたことを聞き、私がもっと前から研究し、しっかりした人間であったらご迷惑をおかけしなかったのにと自らを深く反省し、駑馬《どば》に鞭打ち編布の研究はやりとげねばと決心した。夕ぐれの中、肩を並べて帰途につかれた森氏ご夫妻の姿が印象的であった。

編布と櫛

編布の出土している全遺跡からは櫛も出土している。考古学的視野から観察すれば大したことではない。編布も櫛も同じように泥炭層から出土するもの、ただそれだけのことであるが、私は生活学の立場から、服飾、いわゆる衣服と装身具として眺めてみたい。したがってここで少し櫛について述べておこう。

かつて私は、発生期つまり縄文時代の櫛について研究とまではいかないが少々調べたことがある。考古学の研究者からは「縄文時代の櫛は呪術的な道具の一つ」とか、「竪櫛ばかりで整髪用の横櫛がない」、つまり櫛とは飾櫛であると教えられてきた。

私も鳥浜貝塚や、二ツ森貝塚の櫛、また御殿山遺跡、是川遺跡などの透し彫のある櫛を見て、縄文時代のすべての櫛が竪櫛の飾櫛とか呪術品といったイメージを強くいだいていたが、結髪らしい土偶の頭部を連想したことから、整髪用の櫛があってもよいのではないかと考えるようになった。

そこで、ごく一部ではあるが、遺跡調査報告書等の櫛の記載部分から、棟部の幅や、櫛歯および櫛歯欠失後の空洞を調べた。それによると後谷《うしろや》遺跡（茨城県桶川市・晩期前葉～中葉）の櫛棟部の幅は九・五cm、歯が一四本と私の考察した中では一番大型であり、次は初田牛《はったうし》二〇遺跡（北海道根室市・後期終末）が棟部幅九・二cm、歯と見られる空洞一五、寺地遺跡（新潟県青海町・晩期）は棟部幅九cm、空洞一一が数えられる。また寿能《じゅのう》遺跡（埼玉県大宮市・後期中葉～晩期前葉）のように棟幅は約六cmとさほど大きいものではないが、櫛歯が多く、二三本のもの、二六～二七本位を数えるものがあって、他の櫛と比較して歯数が約二倍あるなど、いずれも整髪用として十分使い得るものと判断した。

櫛を出土する遺跡は多いが、私がそのうち二〇数遺跡のものを実際に見たり、製作法を検討して痛感したことは、縄文時代の櫛は、必要に迫られ急いで作成したものとか、思いつきで製作したものではないということである。

まず材料を選び、デザインを決め、板の端を挽いて歯を作り出す。挽歯櫛（今の黄楊櫛）ならとくに、櫛歯の部分を一本でも作り損じないよう気配りをして歯作りをする。そして彫刻をしたり、漆塗装をする。

歯を縛って作る結歯櫛の場合は櫛歯を作り、横架材を添えて紐、あるいは糸で縛り固定させ、その上に塑形材をつめる。この段階で好みのデコレーションを作り漆仕上げをする。精巧な技術を駆使し、美的センスと堅牢度を考え、手間、暇を惜しまず製作されたもののように思われる。

このように見ていくと、つい私は、縄文女性の「ハレ」の日の衣裳を連想したくなるのだ。櫛は現代においても呪術的にあつかわれる場合がある。まして縄文時代は呪術品としてあつかわれたであろう。しかし、整髪用具とかアクセサリーとしても使用されたと私は考えたい。

要するに、編布と櫛とのかかわりの最終目的は、結髪のために櫛を使う。その櫛は即アクセサリー、それで頭部のオシャレは決った。次は編布の衣服を着、ネックレスやブレスレットで飾る。私は編布と櫛を縄文人のオシャレ用具として眺めてみたいのだ。

竪穴住居の合宿の記録

編布で縄文衣を作った。しかし編布は簾や俵と同じ編成法で通気性がよいため、わが国の冬の衣服としては不適当である。冬用として考えられるのは毛皮である。そこで一九九三年二月、冬用の衣服を毛皮で作り、東北の寒さにどの程度たえられるか実験した。

衣服には、日本産の毛皮は高価で、実験用としては使えなかったので主にイタリヤのトスカナ産ラムの毛皮を使用した。以下はその合宿記録である。
場所　宮城県栗原郡一迫町に復元された竪穴住居
実験実習　竪穴住居で耐寒実験と同時に就寝方法や食生活面（①燻製作り②土器や遺跡から集石炉が発見されているのでストーン・ボイリングによるスイトン作りなど）の実験実習、衣服は野兎の毛皮等で製作したものを四人の学生が着用
実施時期　一九九三年二月二十六日から二十八日の二泊三日
合宿第一日
午後一時、現地へ到着。ただちに予定通り彼女たちは縄文衣に着替えた。野兎で作ったアンダーシャツは毛の部分が直接肌に触れるように、トスカナ産ラムの端切れで作った上着は表に毛皮の部分を出して着装した。これらの衣服は、いずれも北方式窄衣（北方民族の閉鎖的な皮製衣服）型のツーピースであり、それに菅の雪靴を素足に履いた。午後二時、気温二度。竪穴住居の周囲には残雪があり、名古屋から来た私たちには相当寒く感じられたが、彼女たちは屋外で合宿最初の燻製作りにとりかかる。
解凍したばかりの牛・豚肉といかを竹に通した。それを屋内の火棚の下に吊り下げる。竪穴住居での燻製作りはきわめて簡単である。炉の上の火棚を利用すれば炉から上がる煙によって食物は自然にスモークされる。

午後三時半、休む間もなく夕食〝スイトン〟の準備。脱渋した〝とちの粉〟と〝そば粉〟と卵を練り合せ団子を作り、鶏肉と山菜を石包丁で刻み土器仕立てにしたが、土器の底が不安定なため、加熱するのに苦労し、でき上がりまで約三時間かかった。午後六時半、名古屋から持ってきた焼き栗と共に夕食とした。

午後九時になると寒気がきびしくなる。屋外は零度。アイヌ民族は冬期の寝所として枯草を三十センチの厚さまで土間に積み上げたという。ここでは枯草の代りに藁を三十センチの厚さまで土間奥の炉の傍らに敷き詰め、かます状に縫った毛皮の寝具（『北越雪譜』より）に着衣のままの学生二人が入って寝る。

寝具は毛の部分を内側にしたので寝心地はよい。入り口近くで寝た私は翌朝三時に目が覚めた。入り口の扉が十センチ空いていて（入り口より扉の幅が狭い）、そこから寒風が容赦なく入る。それにしても彼女たちはよく眠っている。しかし、さすが明け方は寒さで彼女たちも目を覚ました。

合宿第二日

午前六時起床。屋内はマイナス一・五度、寒さで誰れもが無口だ。簡単に朝食を済ませる。今日は、山形県押出遺跡出土の縄文クッキー二種類（①鹿・豚肉・血液・栗・塩・自然酵母②鶏肉・うずらの卵・栗・塩・自然酵母―帯広畜産大学教授中野益男先生の分析による）と、皮鍋で豚汁を作る。クッキーは石包丁で肉をミンチにし、石皿・敲石で乾燥した栗を粉にしたが、道具の使い方がわからず、一キロの栗を製粉するのに約四時間もかかった。

このようにして下ごしらえのできた各々の材料を木鉢で練り合わせ、クッキー状に丸めた。ここで発酵させるため三十八〜四十度で一時間ねかせなければならない。初めは土器の中へ並べて蓋をし、火棚の上に置く予定であったが、火棚の上では適当な温度にならないので、急きょ電気ごたつを使った。

こうして少々発酵状態になったクッキーを炉の周囲の焼け石の上や、灰の中、そして熊笹にくるんでストーン・ボイリングしたものなど都合三種類の方法で焼き上げた。熊笹にくるんだ血液混入分は多少臭みを感じたが、焼け石の上で焼いたものはさっぱりとして好評。灰の中のものは灰まみれで誰も試食しなかったが、各々三十分前後で焼くことができた。こうしてようやく午後四時に昼食となった。

つぎは、地面に掘った穴に豚一頭分の皮を敷いて作った鍋代わりの容器に、昆布・豚肉・山菜・とちの団子と水を入れた。それを醤油味にし焼け石を放り込む。いわゆるストーン・ボイリングである。この方法は新潟県粟島のわっぱ煮と同じである。容器が大きいので、約二十人分の豚汁が大人の拳大《こぶしだい》の焼石十個で瞬間的に沸騰しでき上がった。グロテスクな見た目より味はよい。

午後九時、今夜は入り口の扉も修理してひと安心。火棚に吊した燻製もほどよくできた。最後の実験は就寝法である。二人の学生がシーツ状の毛皮を衣服の上から巻こうとしたが、毛皮の衣服が着ぶくれするうえ、毛皮同士で滑り易く、巻いて寝ることは不可能であった。

翌日、合宿第三日目は、朝食後、竪穴住居およびその周辺の清掃をしてつつがなく合宿は終わった（この作業はラムの上着を脱ぎ麻の作業衣を着用した）。

おわりに

雪解けで足場が悪く、彼女たちが履いた雪靴の底が抜けてしまった。それでも冷たさで真赤になった素足をビニール袋で包み作業を続行した。縄文合宿をやり遂げたという満足感からであろう。彼女たちの顔は生き生きとさわやかだ。

「兎の毛皮は温かく感触もよいが弱いので苦労した」「毎朝針と糸で繕い物から始めるなんて夢にも思わなかった」「今の生活のありがた味がわかった」また、「こんなに朝から晩まで働いたことは初めて。縄文女性は忙しかったと思う。私たちも火の焚き方、石器の使い方等体験したから少しは理解できた。足が冷たく辛かったが、是非もう一度挑戦してみたい」等々、私が想像していた以上に、たくましく、真剣に取り組んでくれた彼女たちに私は惜しみない拍手をおくった。

今回の合宿は、冬の竪穴住居で、どの程度の毛皮を利用すれば寒さをしのぐことができるかを目的としたので、彼女たちに毛皮の服を着用させた。

野兎とラムの毛皮は非常に重く、現代の冬服の三倍もあるので「肩がこった。もうごめん」というギブアップされるのか私は内心ビクビクしていたが、案に相違して、アンダーシャツにした野兎の毛皮が、ソフトで肌ざわりがよくその上温かい。またラムの方も手ざわりがよく、重さなど全く感じなかったということだ。一つ彼女たちを困らせたのは、野兎の毛皮のもろさであった。

また、最後の一日は、ラムを脱ぎ、アンダーシャツと、麻製の衣服に着替えたが、アンダーシャツの温かさで、さほど寒さを感じなかったようだ。したがって上着まで毛皮を使わなくても、下着に野兎などのソフトな毛皮を上手に利用すれば上着は麻製の編布の衣服でも、冬の衣服として通用することがわかった。

彼女たちの衣服の袖《そで》は肘《ひじ》までの短かいもの、ズボンは膝《ひざ》どまりで素足。雪解けで足場が悪く、雪靴が破れ冷たさで踵《かかと》を赤くしながらも、胴体部分が温かいので、がまんできない冷たさ、寒さではなかったということだ。私は同じような例を思い出した、東北地方の冬（時代は大正の頃）、着物姿で子供をおぶった少女が素足で立っている挿《さ》し絵のことだ。それが平素は、ソックスにブーツといった寒さ知らずのスタイルでいる彼女たちにも通ずるのかとしみじみ感じた。

就寝については、萱野茂氏から教わった乾草（藁で代用）。これは非常に温かくて助かった。また、ラムの毛皮をそれぞれの身体《からだ》に巻きつけたよりも、かます状の寝袋に入った方が、寝心地がよく温かいことがわかった。

床に敷く乾草、かます状の寝袋。ともに寒い地方の生活の知恵である。縄文人には、私たちが知らない、気の付かないことがらにも、創意工夫の生活があったのではなかろうか。

コモ槌作り

はじめて縄文衣を作ったその翌年は、編布を体験したいという学生が急にふえて一九人になった。そこで急拠、道具を増やしたが、コモ槌が足りない。どうしようかと迷っていると、学生が私たちで作ろうという。

小さいコモ槌といっても作るのは面倒である。直径一・五〜二cmまでの木の枝を一〇cm前後に切り、図56のように一方の端から中心部へ一・五cm入ったところに直径の半分よりやや深く鋸を入れる。つぎに鋸を入れた位置から中心部へさらに二cm入ったところから、今度は鋸を入れた奥（半径よりやや深い位置）へ向かって、切り出しナイフを使い斜めに木を削り落さねばならない。そしてさらに木の中心に、糸を通す穴を錐（きり）で開けなければならない。考えてみれば大変な作業である。

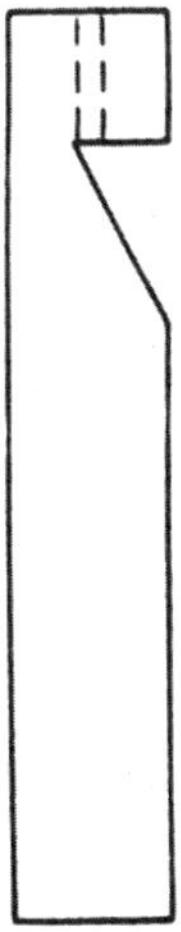
図56　コモ槌

それでも学生たちは、自分たちの手で作るのだと頑張る。私もその気になり、木の枝集めをはじめた。十日町辺りでは、ウツギ（タニウツギ）といって木の枝に直径三㎜くらい白い芯のあるものが選んで使われている。白い芯の部分が柔らかくて、穴が開けやすいからである。

しかし名古屋近辺では、木の枝を探すのに大変で、特定の木を選ぶなどとてもできない。杉でも桜でもよいという条件で木の枝をやっと求め、鋸と切出しナイフを用意して作業をはじめた。私もふくめ鋸をまともに使えるものは一人もいない。

細い枝を切るのに彼女たちは二人ずつペアを組み、うまく切れないので、きゃあ、きゃあと大声をあげながら切り落としている。いちばん彼女たちが苦労したのは、切り出しナイフで斜めに削り取る部分である。

私は子供のころ、ナイフでえんぴつを削っているので少しはナイフも使えるが、彼女たちにはそうした経験がない。力ばかり入れて削ろうとするせいか、すぐ白い指先に血豆ができ、痛々しく見ていられない。

やはり無理だと判断し、何度も作業の中止を話しかけたが、彼女たちは指先に包帯をして作業を続けた。ときには血豆がつぶれ、見ている方が辛かった。それがなおると、また作業に入り、とうとうコモ槌作りを成し遂げた。

中心に穴を開ける作業は、いかにも危なっかしく彼女たちにはまかせられないので私が引き受けた。経糸が一㎝間隔の編布を幅二五㎝編もうと思えば、コモ槌は五二箇必要である。それをいとわず、血豆を作りながらも頑張った一九人の学生たちには頭が下がった。

学生の編布製作実習より

〈1〉　一九九二年秋、私は名古屋市内のある大学で編布の製作実習を行った。学生数は約三〇人で、越後アンギンの道具を使い、一〇㎝四方のコースターを毛糸で作成することにした。最初に縄文時代の編布について述べ、つぎに製作方法を説明すると同時に理解しやすいようにデモンストレーション（製作実演）も行った。

編布は、経糸を同じ方向の絡み（縄状）にするので、とくに小物は写真77Cのように、経糸を右縄状に絡ませた場合は、布の右下と左上の角が内側へ巻きついてしまう。経糸を右縄状にした場合はその逆になる。私は、そうした編布の特質を知っていたので、はじめから巻き付くのをふせぐため、写真77Bのように、奇数の経糸を左絡みにし、偶数は右絡みにして編成するように指導した。

編みはじめて少したったころ、ある学生が

「私の編布と両隣の人の編布が違っているからもう一度編み方を教えてほしい」

というので私はていねいに、左絡みのつぎは右絡みと交互の絡みを教えた。学生は納得したように作業をはじめたが、一〇分ぐらいするとまた同じことをいってくる。私はそれほどむずかしい作業ではないのに、どうしたのかと不審に思ったが、忍耐強く説明をくり返した。

時間が経ち、コースターも次々と完成し、ほとんどの学生が終わったというのに、例の学生はまだ遅れて作業を続けている。私は気の毒に思い、予定の長さよりは少し短いが仕上げをするように指導した。

そして、なにげなく見たその作品は、全く編布ではない。一見したところ私が作ったことのない織物のようである。

驚いた。胸の鼓動が大きく波打った。その学生に作品をくれるように頼み、それを持って、大急ぎで私の研究室へ戻った。早速、織物の組織を調べた結果、その学生の作品は、紛れもない織物である。

平織変化組織の「よこうね織」だ（写真77A）。

編布の製作を指導したのになぜあの学生ばかりが織物を作ったのか不思議である。きっと学生は私が奇数の経糸を左絡みに、偶数は右絡みにといった奇数とか偶数という言葉を忘れ、ひたすら左絡み、右絡みと常に反対の絡みにしなければというように覚えこんだに違いない。

このように期せずしてできた「よこうね織」であるが、組織が明らかになってからは、作り方も簡単にわかった。アンギンの道具で作る平織の応用である。

一段目を右、左、右、左と絡ませ、二段目は左、右、左、右と前段の逆の絡みにすればよいのだ。

私にとっては、学生のミスによって得られた大きな収穫ともいえる一例であった。

〈2〉　他の大学での編布仕立てのコースターは、短時間で製作するので技法の説明もつい簡単になる。その点ゼミの学生との縄文衣の製作や、毛糸で作るベストは長期にわたっての作業である。したがって技法についてもデモンストレーションや、ビデオを使い何度もくり返すせいか、今までに「よこうね織」のような発見は一度もなかった。

そこで私は、簡単な説明で編布の製作を行った場合、ゼミ生の中からも何か新しい発見があるのではないかと考え「よこうね織」発見の翌一九九三年の春、簡単に編布およびその製作技法を講義。やはり越後アンギンの道具を使って、ゼミの学生二〇人と縄文衣の製作をはじめた。

そして三週間後である。できばえはいかにと、学生一人々々の編布を見てまわったところ、一人の学生がきれいに平織を織っているではないか。すぐその学生に「私の書いた何かを読みましたか」と尋ねたが、彼女は「読んでない」と答える。「それではどうして平織を覚えましたか」と尋ねたところ意外にも「私は編布を作っています」と真剣な顔つきである。私は「あなたの作っているのは平織よ、お友達のを見てごらん」と隣の学生の編布を見るようにうながした。

とたんに学生は「ウッソーウッソー」の連発。その声に、そしてその平織を見て他の学生も驚いた。今まで静かだった実習室が急に沸いた。

私はまだこの学生たちには平織を教えていなかったのだ。不思議に思いその学生にどうして平織になったのか尋ねたところ、最初私が、「縄文時代の遺跡から出た実物の編布は左絡みばかりであるが、土器底辺の圧痕からみられる編布はなぜか右絡みが多い」と説明したことを、この学生は「右と左といったことだけを思い出して実際に編んでみたら右、左どちらの絡みもできるので、一段目を右、二段目を左といった具合に、経糸の絡みを交互に代えて編んだ」とのことであった。

〈3〉　学説に横編法があげられているので、私もインディオの道具を参考にして道具作りをし、横編法による編布や平織の実習を行った。目的はあくまで実験用であり、、経糸が常に強いテンション（張力）で保たれることのみ考え、ここではパネルの上下に釘を打ち、経糸を張った。そして、一段目は奇数の経糸をすくい（五〇cmの竹製物指しをすくう道具にした）、緯糸を潜らせる。二段目は偶数の経糸をすくうといったように指導した。

三週目あたりだったろうか、学生が「物指しが足りない」といってきた。いまさら何に使うのかと尋ねたところ、「一本の物指しで、奇数の糸、次は偶数と交互にすくう面倒な作業をしているうちに、奇数（偶数でもよい）の糸をすくった物指しはそのまま上部にさしておいても、つぎの糸（この場合偶数）をすくうのに差しつかえないことがわかった」ということだ。

つまり、物指しは経糸をすくうのに用いるものと、常に奇数か偶数の糸をすくったまま固定させるものと、一人当たり二本必要であるといっている。私は実に驚いた。

固定させるものに必要な物指しの役割は、原始機でいう開口具の中筒（図40）と同じ性格のものである（写真93）。

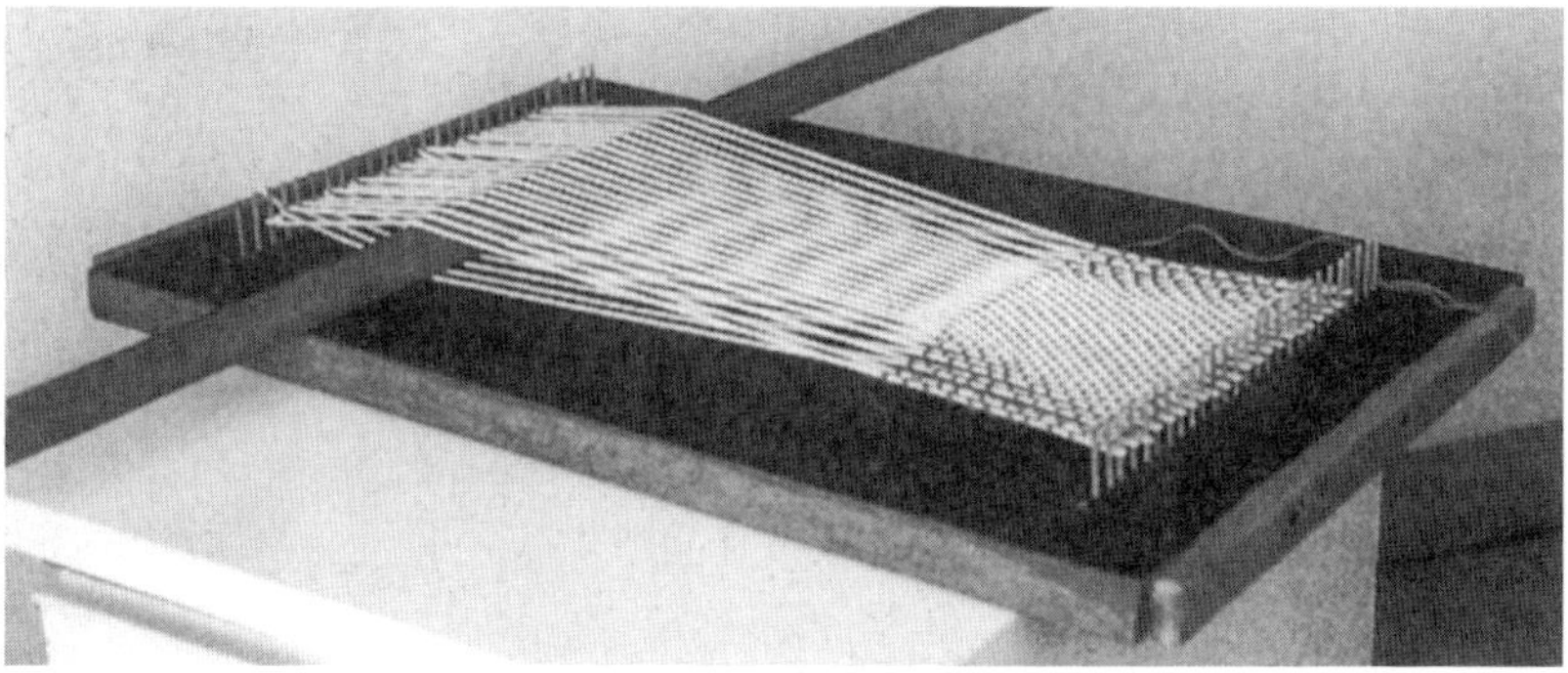

写真93　横編法で平織を織る

このように私は、編物、織物にたいして何の予備知識をもたない学生の作業ミスから、「よこうね織」や「平織」の発見をし、そしてまた、同じ作業の繰り返し、いわゆる経験を重ねて生み出された開口具など、いくつかの発見をみ、驚きと感動をおぼえた。

縄文人もこれらの学生と同じようなミスを犯し、偶然の所産で新しい技術を開発したのではないか。私は学生の作品からそれを実感した。

トンガ王国のタオバラ

写真94は現在のトンガ王国のタオバラ（腰巻きゴザ）スタイルである。織物文化は、東南アジアからメラネシア、ポリネシアには伝播しなかったので、トンガでは織物がなく、樹皮布のタパや、ゴザが衣服として使用され、その伝承が現在タオバラとして残存し、儀式の折には必ず着装する民俗衣裳である。一般に男性は短め、女性は長めのものを着用している。

トンガのタオバラが縄文衣服にあったと直ちに断定はしないが、縄

図94　トンガのタオバラ（右、女性用　左、男性用）

文時代のアジロにはタオバラに類似したものがある。また、越後アンギンの作業衣にも粗い作りがみられるので、鳥浜貝塚や三内丸山遺跡の出土品も、縄文時代の衣服にしても決しておかしくないと判断し、三内丸山出土の土偶をモデルに貫頭衣を製作した。スカートは、各地の遺跡から出土しているアジロにも衣服にされたものもあろうと考え、アジロ、織物でいう斜文織（綾織）を、言うまでもなく横編法で製作した。

身近にあったカラムシ

以下の経験はたいへん恥しい話であるが、思い切ってうち明けよう。

私はカラムシを知らなかった。私とカラムシとの出会いは、一九八五年夏、宮城県一迫町での合宿の折であるが、そのときは正しい繊維の取り方などわからなかった。

一九八七年はじめて越後アンギンを十日町市で滝沢先生に教わった際、カラムシからの繊維の取り方も少し教えていただいた。その折は、カラムシの表皮を苧引き金という金属性の道具を使用して取る方法であった。

しかし、金属ということに私はこだわった。なぜなら縄文時代にはまだ金属がなかったからである。そうした時、福島県昭和村では村をあげてカラムシが栽培され、繊維もとっておられることを知り、早速昭和村のカラムシ会館へ問い合わせ、当時の館長菅家長平氏に、刈り取りから苧引き金を使用して繊維にするまでを親切に教えていただいた。ここでも苧引き金の使用である。

その後私は再び昭和村のカラムシ会館へ苧引き金に代る道具はないだろうかと、しつこく尋ねたが、「苧引き金は大事な道具、あれ以外のものは考えられない。どうしてもというなら包丁かなぁー」と答えられ、最後に「沖縄でカラムシを取っているところがある筈だ」といわれた。

どこだろう、私はただちに沖縄県に尋ね、宮古上布の織物協同組合理事長の平隆氏を紹介していただいた。一九八七年十二月はじめである。

平氏に電話でカラムシについて尋ねると、快く刈り方等を説明された。そして私が一ばん聞きたかったカラムシの表皮取りについて「アワビ貝の小さい殻」を使って取ると教えられた。

その瞬間、うれしかった。やっと縄文らしい繊維の取り方にめぐり会えたのだ。縄文人が貝を食べ、貝殻を利用していたことはわかっている。カラムシの表皮を貝殻で取ったといいきれるわけではないのに私はひとり喜んだ。

また昭和村や十日町市では、カラムシの採集時期は夏一度と聞いているのに宮古では、「十二月の今でもカラムシは育っている。こちらへ来れば教えてあげよう」と平氏はつけ加えられた。

〝百聞は一見にしかず〟やはり見て覚えよう。私は冬休みを待って宮古へかけつけた。

宮古では各家の庭に高さ五〇～六〇㎝のカラムシが生えている。平氏に刈り取りから繊維になるまでを何度も指導していただいた。使用した貝は「トコブシ」であった。

こうして私は繊維取りの要領を多少理解することができた。しかし平氏のように一本の茎から長い繊維を取ることはできない。やはり経験を積まねばと考えた。そのためにはカラムシの栽培が必要である。

実はこの前年の夏、一迫町からカラムシをいただいたが、早く糸にしなければと、形態をよく確認しないまま、学生とともに無我夢中で葉をもぎとり、苧引き金の代りに包丁を使って繊維を取ってしまったので、私はカラムシを判別することはできないままだった。したがって、カラムシはどこにでも生えていると聞いていたがまさか名古屋などの大都会には生えていないと思い、改めて平氏に依頼して一株いただいた。さらに平氏からは、繊維取りに必要なトコブシの殻も頂き、晴ればれとした気持ちで帰名した。空輸されたカラムシも無事到着し、研究室の前に移植した。

こうしてはじめてしっかりとカラムシを私の脳裏に焼きつけ、もうどこででもカラムシの判別はできると自信をもった。そしてその判別眼が、それまでの私のとんでもない認識不足を正してくれた。その翌年の初夏、名古屋の中心地にあり〝尾張名古屋は城でもつ〟といわれる名古屋城の濠の土手にカラムシの生えているのを見て驚いたのである。次にわが家から三〇〇mくらい南西の氏神様の境内やもう少し離れた空地にも群生しているのを見つけまたまた驚いた。あらためて私は、カラムシに対して不勉強であったことに気付き深く反省した。

付　表

表1　縄文時代の編布，織物（織物状圧痕を含む）地名表

	遺跡名	所在地	時期	編布	平織	平織状圧痕
1	朱円	北海道斜里郡斜里町	後期末	●		
2	忍路土場	北海道小樽市	後期	●		
3	三内丸山	青森県青森市	前期～中期		■	
4	亀ヶ岡	青森県西津軽郡木造町	晩期	●		
5	石郷	青森県南津軽郡平賀町	晩期		■	
6	中山	秋田県南秋田郡五城目町	晩期前半	●		
7	山王	宮城県栗原郡一迫町	晩期中葉	●		
8	押出	山形県東置賜郡高畠町	前期	●		
9	荒屋敷	福島県大沼郡三島町	晩期	●		
10			晩期終末～弥生初頭			▲
11	姥神	千葉県香取郡山田町	晩期			▲
12	米泉	石川県金沢市	晩期	●		
13	鳥浜	福井県三方郡三方町	前期	●	■	
14	平城	愛媛県南宇和郡御荘町	後期		■	
15	菜畑	佐賀県唐津市	晩期中葉			▲
16	山ノ寺	長崎県南高来郡深江町	晩期			▲
17	麻生原	熊本県上益城郡甲佐町	晩期			▲
18	上の原	熊本県熊本市	晩期			▲
19	新屋敷	熊本県熊本市	晩期～弥生前期			▲
20	フミカキ	鹿児島県日置郡松元町	晩期			▲
21	上中段	鹿児島県曽於郡末吉町	晩期			▲
22	宮下	鹿児島県垂水市	晩期			▲
23	榎木原	鹿児島県鹿屋市	晩期			▲

表2　縄文時代の編布の構造と材質

	遺跡名	時期	経緯別	撚り形式(向)	糸間隔 mm	編み密度 (本／cm)	糸の太さ mm	材質	文献
1	朱円	後期末	経		4.0～6.0		0.6～0.7		2
			緯	諸撚り　(左)		12.0	0.6～0.7		
2	忍路土場	後期	経		3.0～5.0			オヒョウ	3
			緯			8.0～10.0		オヒョウ	
4	亀ケ岡	晩期	経		10.0				
			緯	諸撚り？(右) 諸撚り　(左)		6.0	1.0		
6	中山	晩期前半	経	諸撚り　(左)	0.4～1.7	7.0～8.0	1.0～1.7	カラムシ	3
			緯	諸撚り　(左)	0.1～0.3	10.0	0.7～0.8	カラムシ	
7	山王囲	晩期中葉	経	諸撚り　(左)	7.0～10		1.0		1
			緯	諸撚り　(左)		8.0	1.0		
		晩期中葉	経	諸撚り　(左)	10.0		1.0		
			緯	諸撚り　(左)		6.0～7.0	1.0		
8	押出	前期	経		1.0～1.3	8.0	0.7～1.0	アカソ	3
			緯	諸撚り？(左)		8.0	0.8～1.2	アカソ	
		前期	経		3.3	3.0	2.0～3.0		※
			緯	諸撚り　(左)		2.5	2.0		
9	荒屋敷	晩期	経		5.0～6.0		1.0～1.2		
			緯	諸撚り　(左)		6.0～7.0	1.0～1.4		
12	米泉	晩期中葉	経	諸撚り　(左)	2.5～3.6	2.8～4.0	1.3～1.7	アカソ	3
			緯	片撚り　(左)	1.2～1.5	6.8～8.4	0.8～1.0	アカソ	
		晩期中葉	経	諸撚り？(左)	2.5～3.3	3.0～4.0	0.8～1.3	アカソ	
			緯	諸撚り　(左)	1.0～1.3	10.0～12.0	0.6～0.9	アカソ	
13	鳥浜	前期	経	諸撚り　(左)	10.0～15.0	1.4～2.0	2.0	アカソ	3
			緯	諸撚り　(左)		5.0～6.0	2.0～2.5	アカソ	

注1　遺跡番号は表1に同じ。　注2　諸撚り（左）：右撚りの糸を2本合わせ左撚りにする。　注3　※は経糸が左右両絡みの編布。

引用文献　1　伊東信雄氏1966「縄文時代の布」（『文化』第30巻第1号）　2　小笠原好彦氏1970「「縄文・弥生の布」（『考古学研究』第17巻第3号）　3　布目順郎氏1989「金沢市米泉遺跡出土のアンギン様編布 No 1について」（『金沢市米泉遺跡』石川県立埋蔵文化財センター）　布目順郎氏1992『目で見る　繊維の考古学　繊維遺物資料集成』（染織と生活社）

表3　編布圧痕の出土地と密度（出土例の多い場合は密度の高いものと低いもののみである）

県名	所在地	遺跡名	時期	経糸間隔mm	緯糸本/cm	総数	備　　考	文献
青森	五所川原市	福泉	晩期前半	2～4	10～12			
福島	大沼郡三島町	荒屋敷	晩期最終末～弥生初頭	1.2～1.3	8			
新潟	岩船郡山北町	上山	後期末	11	8～9		足形土製品	1
	小千谷市	上片貝	中期	0.6～0.7	15		平織と報告されているが編布である	2
千葉	香取郡山田町	姥神	晩期	3.3	5～6			
富山	下新川郡朝日町	境A	後期？	2	4	41	この遺跡の圧痕は時期がほとんど判明しない	3
			不明	12.3～13.5	2			3
石川	鳳至郡能都町	宇出津崎山	中期後葉～後期前葉	3	3.2	5		4
				3.6	2.6			4
		波並西の上	中期後葉～晩期前半	3	5.9	10		4
				4.3	2.3			4
	穴水町	曽　福	前期～後期	2.4	4.5	6		4
				3.3	3.6			4
	珠洲市	まつのき	中期後葉～後期前葉	3.8	2.9			5
		小浦出	中期後葉～後期前葉	3.5	2.9			5
石川	金沢市	笠舞A	中期中葉～後期初頭	3.5	3.3			5
	〃			3.4	2.6			4
	〃	中屋	晩期	2	5			4
	石川郡野々市町	御経塚	晩期	2.1	5	6		4
	〃　〃			2.7	2.9			4
岐阜	大野郡丹生川村	広殿	中期～後期	3.9	2.4			4
佐賀	唐津市	女山	晩期	5	9	10		6

	〃			40	7			6
	〃	笹ノ尾	晩期	0.9	6.5	18	平織と報告されているが編布である	6
	〃			25	4			6
	〃	菜畑	晩期	1	9	5	平織と報告されているが編布である	4
	〃			6.5	7～8		左右両絡みの編布あり	4
	東松浦郡鎮西町	かんねお	晩期前葉	6	5			4
	〃 〃			13	5～6			4
	〃 肥前町	コツポ	晩期前葉	11	6～7			4
	〃 〃			11	5～6			4
長崎	南高来郡深江町	山ノ寺	晩期	2～3	14	14		6
	〃			20以上	9			6
	〃 国見町	百花台	晩期	7	8	3		6
	〃			8～10	6			6
	〃北有馬町	原山	晩期	8	7			6
	〃			?	6			6
	〃小浜町	黒谷	晩期	25	6			6
	〃 〃	朝日山	晩期後半	3.3	10	24	縞状のものあり	8
				12	5			
	〃 有象町	堂崎	晩期	12	5			9
	〃			13	5			9
	北松浦郡小佐々町	古田	晩期前半	4	8			10
	大村市	黒丸	晩期前半	10	7			11
	島原市	肥賀太郎	晩期前半	6～10	7～8			12
	南高来郡瑞穂町	京ノ坪	晩期	10	3	3	縞状のものあり	13
		中木場	晩期	3.3	5～6			
熊本	熊本市	上高橋高田	後期前半	14	4			
	〃	上南部A	晩期	2～5	6	4	外は7～10㎜間隔をおき4㎜間に3本の編布など縞状	
	〃	上南部C	晩期	3～8	7～8	5		

	〃			5～7	5～6			
	〃	長嶺	晩期	10	8	4		7
	〃			10	5			7
	〃	神水	晩期	18	5			7
	〃	健軍神社周辺	晩期前半	8	12	7		
	〃			10	5			
	〃	健軍上ノ原	晩期	4	9			7
	〃	小磧原	晩期	6～7	7			6
	〃	緑ヶ丘	晩期	5	9			6
	〃	牧水	晩期	10	5			6
	上益城郡嘉島町	二子塚	晩期	7.5	8			7
	〃　〃			11	8			7
	〃　御船町	中岩屋堂	晩期	6	6			6
	〃　甲佐町	麻生原	晩期	4～6	10			6
	下益城郡松橋町	曲野	晩期	3.5	9	4		7
				8.5	7			7
	〃　城南町	上の原	晩期前半	8	8	3		7
	〃　〃	上の原	晩期前半	13	5			7
	宇土郡三角町	小田良小噴	晩期前半	11.5	6			7
	〃　〃			6.5	6			7
	〃不知火町	嫁坂	晩期	?	5～6			6
	人吉市	アンモン山	晩期	10	6			7
	〃	村山	晩期	4～5	9			6
	球磨郡上村	東小原	晩期	17	5～6			7
	〃　五木村	頭地下手	後期前～中葉	3.5	3			4
	菊池郡合志町	合志原	晩期	10	6			6
	七城町	三万田東原	晩期	7	7			6

	大津町	ワクド石	晩期	3～5	10～12	3		
				10～12	5～6			
鹿児島	指宿市	大渡	晩期	10	10	3		6
				6～7	5			6
	〃	新番所後II	晩期	10	9～10	14	縞状のものあり	
				25	7			
	日置郡吹上町	黒川	晩期	14	9			6
	曽於郡志布志町	道重	晩期	7～8	5			6
	〃　〃	中尾	晩期	8	7			6
	〃　〃	山久保	晩期	17～18	4			6
	〃　〃	片野	晩期	7～8	5			6
	〃　末吉町	南ノ郷	晩期	10	7			6
	〃　〃	荒神兎	晩期	5	?			6
	〃　〃	宮之迫	中期～後期前葉	4.7	2.9			4
	〃　〃	上中段	晩期	4	10	21	縞状のものあり	
	〃　〃			15	5			
	〃　大隅町	鳴神	晩期	4	14			
	〃　〃			10	5			
	鹿屋市	榎木原	晩期	3.3	11	3		
	〃			8～9	10			
鹿児島	鹿屋市	水の谷	晩期	3.3	11	31		
				10	6			

文献 1 上原甲子朗氏1964　2 大賀一郎氏1979　3 布目順郎氏1989・92　4 渡辺誠氏1985　5 川端敦子氏1983　6 鏡山猛氏1961・2　7 金田由紀子氏教示　8『朝日山遺跡』小浜町教育委員会1981　9『堂崎遺跡』長崎県教育委員会1982　10『古田遺跡』小佐々町教育委員会1985　11『黒丸遺跡』大村市・黒丸遺跡調査会1980　12『長崎県埋蔵文化財調査集報XIII』長崎県教育委員会1990　13『京ノ坪遺跡』瑞穂町文化財保護協会1994

協力㈶北海道埋蔵文化財センター　小樽市教育委員会　長崎県教育委員会　熊本県教育委員会　熊本市教育委員会　鹿児島県立埋蔵文化財センター　鹿屋市教育委員会　末吉町教育委員会　大隅町教育委員会

表4　出土した織物密度

遺跡名	経糸（本/cm）	緯糸（本/cm）	経・緯糸の比率（%）	備　　考
平城	25	20	80	■
石郷	24	22～24	96	■1　一部綾織
荒屋敷	12～13	8	64	編布と並列
姥神	6	6	100	編布と併用 経糸が極端に細い
菜畑	15	9	60	2
	18	8	44	2
	16	9	56	2
	18	9	50	2
	17	10	59	2
	15	9	60	2
	19	9	47	2
	21	10	48	2
山ノ寺	15	7	47	3
麻生原	10	9	90	3
上の原	14	7	50	4
新屋敷	18	8	44	
	16	7	44	
フミカキ	13～15	7～8	54	
上中段	15	6	40	
	16	5	31	
宮下	7	6	86	
榎木原	7	4	57	
	6	3	50	

備考1．村越潔氏1985，　2．渡辺誠氏1985，　3．鏡山猛氏1961・2，　4．金田由紀子氏教示，　■平織実物　無印　平織圧痕

繊維の取り方

6	7	8	9	10	備　考
川で箸状の棒を使いこきながら不要な繊維・外皮をとる	よく洗い小さな束にする	桶にシナ皮と米糠を入れ水を注ぎ，2日間浸す	川でよく洗い乾燥させる	細くさきつなぐ	山形県温海町観光課教示
					萱野茂『アイヌの民具』より
細くさき指先で撚をかけながら機結びにする					萱野茂『アイヌの民具』より
川できれいに洗い1昼夜水に浸しておく	水からあげ乾燥(3～4日)，夜凍るとよい繊維になる(雪はよいが雨は困る)	乾燥後木槌で叩いたり踏んで柔らかくする	繊維のしわをのばす	細くさきつむぐ	徳島県那賀郡木頭町　丸山セツコ氏教示
乾燥させ冬季まで保存する	使う時，米糠で煮上げる	細くさきつむぐ			脇田雅彦『民具マンスリー』より
蔓の芯をとり繊維をとる	米糠の汁の中へ1晩浸す	流水で洗い，乾燥させる	細くさきつなぎ合わせる		静岡県掛川市川出幸吉氏教示
細くさきつむぐ					福島県大沼郡昭和村　五十嵐スイ子氏教示
細くさきつむぐ					沖縄県平良市平隆氏教示
茎の元から先へ皮を剝ぐ	板の上にのせ，ヘラで腐った表皮をしごく	室内で繊維を半乾きにする	細くさきつむぐ		奈良県奈良市岡井高憲氏教示
繊維は太縄のように撚り合わせ保存	撚り紐のようにして使う				滝沢秀一『アンギンと釜神さま』より

表5　植物性

作業順 / 草樹の種類	1	2	3	4	5
シナ	5～6月，新芽からのびた木を切り皮を剥ぐ	内皮と外皮を剝ぎ，外皮を捨て，内皮を乾燥	一昼夜水に浸す（柔らかくするため）	12時間，灰汁で煮る（8～9月の作業）	熱いうちにもみながらシナ皮の層状を1枚づつへぐ
オヒョウ 夏採集	立樹のまま皮を剝ぎ外皮と内皮に分け，内皮をもち帰る	1週間前後沼に浸す（沼底につけない）	水洗いをして乾燥させる	使う時には水をかけて湿気を与える	細くさき指先で撚をかけながら機結びにする
オヒョウ 春・秋採集	立樹のまま皮を剝ぎ外皮と内皮を分け，内皮をもち帰る	乾燥させ夏を待つ	1週間前後沼に浸す（沼底につけない）	水洗いをして乾燥させる	使う時には水をかけて湿気を与える
楮	1月，新芽からのびた木を切る	少し温め柔らかくして，コシキに入れ約2時間蒸す	皮を剝ぎ灰汁で30分煮る	温かいうちに木槌で叩く	モミ殻をまぶして踏みながら表皮をとる
フジ	5～7月，他の木に登りついたものを切りとり皮を剝ぐ	外皮を取り去り，残った皮をもち帰る（アマカワとかアマハダという）	アマカワを乾燥させる場合もある	灰汁で煮る	水にさらしコキバシやタケベラでクソカワを取り去る
クズ	6～7月，新芽から出た這い蔓だけを取る	10～15本根元を揃え輪にして釜に入れ，熱湯を注ぎ15分浸す	釜から上げ，川の淀みに半日浸す	発酵させるため室へ約2昼夜入れる	室から出し淀みにつけ，表皮を洗いおとす
カラムシ A	7～8月，早朝露があるうちに刈り取る	葉を落とし流水に浸しアクを抜く（約2日間）	皮を剝ぐ．1本の茎から2枚の皮を取る	水に浸し，湿り気のあるうちに苧引き板と苧引き金で表皮をそぐ	乾燥し保存する
カラムシ B	新芽が出て50日経った頃刈り取る（早朝露のあるうち）	葉を落とし水に浸す	皮を剝ぐ．1本の茎から2枚の皮を取る	トコブシを使い表皮を取り除く	乾燥し保存する
大麻	8月上～中旬刈り取る	束にして熱湯につける	天日でよく干す．茎の水分が残らないよう乾燥し保存	繊維をとる前に茎を水に浸す	蓆でくるみ室状にして蒸し，皮を腐らせる
アカソ	夏，刈り取る	茎のまま乾燥させ保存する	糸の入用に応じ取り出す	手ごろに束ねて木か石の上で横槌で叩く	アカソの木質部分を打ちくだき繊維を取る

表6　縄文時代の小型針地名表

遺跡No.	遺跡名	所在地		時期 早	前	中	後	晩
1	船泊オショナイ	北海道	礼文郡礼文町				―	
2	朝日トコロ		常呂郡常呂町朝日		―	―		
3	大曲洞穴		網走市三眺		―			
4	東釧路		釧路市貝塚町	―				
5	茶津		古宇郡泊村堀株				―	
6	栄磯		島牧郡島牧村栄磯			―		
7	北黄金		伊達市若生町北黄金	―	―			
8	茶呑場		伊達市若生町北黄金	―	―			
9	若生		伊達市若生町	―				
10	入江		虻田郡虻田町入江			―	―	
11	静狩		山越郡長万部町静狩		―	―		
12	サイベ沢		函館市西桔梗町		―			
13	亀ケ岡	青森県	西津軽郡木造町					―
14	長七谷地		八戸市市川町長七谷地	―				
15	萱刈沢	秋田県	山本郡八竜町萱刈沢			―		
16	崎山弁天	岩手県	上閉伊郡大槌町崎山弁天			―		
17	関谷		大船渡市日頃町字関谷		―			
18	清水		大船渡市赤崎町		―	―		
19	獺沢		陸前高田市広田町					―
20	貝鳥		西磐井郡花泉町油島			―		
21	青島	宮城県	登米郡南方町字青島屋敷			―	―	
22	中沢目		遠田郡田尻町蕪栗					―
23	南境		石巻市南境字妙見			―	―	
24	大木囲		宮城郡七ケ浜町東宮浜字大木・下方		―	―		
25	弘源寺	福島県	いわき市平字弘源寺		―			
26	網取		いわき市小名浜網取				―	
27	大畑		いわき市泉町下川字大畑			―	―	
28	上の内	茨城県	那珂湊市部田野上の内			―		
29	興津		稲敷郡美浦村			―		
30	浮島		稲敷郡桜川村		―			
31	花輪台		北相馬郡利根川町早尾塙台	―				
32	木之内明神	千葉県	香取郡小見川町			―		
33	荒海		成田市荒海					―
34	幸田		松戸市幸田・寺台		―			
35	加曽利南		千葉市桜木				―	
36	祇園		木更津市祇園・上深作				―	
37	菊名	神奈川県	横浜市港北区菊名町宮谷		―			
38	夏島		横須賀市夏島町	―	―			
39	吉井城山		横須賀市吉井・台崎	―				
40	藤塚	新潟県	佐渡郡真野町新町字藤塚			―	―	
41	室谷		東蒲原郡上川村室谷	―	―			
42	小竹	富山県	富山市呉羽町		―			

43	上山田	石川県　河北郡宇ノ気町上山田字和田
44	栃原	長野県　南佐久郡北相木村栃原
45	鳥浜	福井県　三方郡三方町鳥浜
46	シヌグ堂	沖縄県　中頭郡与那城村宮城島

（注）上表以外に，三内丸山遺跡（青森市，前～中期），一王子遺跡（八戸市，前期），コタン温泉遺跡（北海道山越部八雲町，後期），伊川津遺跡（愛知県渥美郡渥美町，晩期）がある。

金子浩昌・忍沢成視氏1986『骨角器の研究　縄文篇II　考古民俗叢書23』慶友社より作成

表7　衣服製作における所要日数の比較（但し着分編布製作のみ）

遺跡名	時期	経糸間隔（mm）	緯糸編密度（本／cm）	幅25cm当たりの所要時間（分）	５ｍの総段数	１日８時間製作（日）
中山	晩期	1.4	10	40	5000	417
朱円	後期	４～６	12	4.3	6000	54
亀ヶ岡	晩期	10	6	2.0	3000	12.5

上記各々の編布の製作日数より，製作にかかる工賃を推定してみた。賃金の計算基準は，平成元年度労働省の賃金構造基準統計調査により，女子織布工（41.6才，勤続年数10.6年）の一ヶ月平均賃金から求めた。

それによると一ヶ月実働188時間で145,300円であり，時間当り773円になる。これに１日８時間労働で製作日数を掛けると製作工賃が計算される。それでみると，中山遺跡では，なんと2,578,728円となり，朱円遺跡は333,936円，亀ヶ岡遺跡のもので，77,300円となる。

表8　現代の織物（試作品を含む）密度

	経糸（本／cm）	緯糸（本／cm）	経・緯糸の比率（％）	備考
編布法　麻	20	15～16	78	荒屋敷編具
〃　〃	14	11	79	〃
〃　〃	7	6	86	〃
〃　綿	16	14	88	〃
横編法　麻	14	7	50	木枠に糸を張る
〃　綿	16	10	6	〃
〃　麻	11	10	91	〃　経糸をきつく張る
原始機　麻	12	5.5	46	1
〃　麻	10	5	50	
明治の麻	12	6	50	1
〃	12～13	7	56	2
現代の麻	20	17	85	3
〃　綿	25	24	96	3　日本手ぬぐい
〃　綿	8	7	88	3　子ども用ハンカチーフ

備考1．飯田美苗氏提供　2．表　隆子氏提供　3．市販品

「編布の変遷」『衣生活と民具』（雄山閣）より作成

圧　　痕	絵 画 な ど	その他（含平織実物圧痕）
［中国・磁山遺跡］ 底部圧痕（↑↓）　組織痕土器 足形土版		鳥浜・三内丸山（前期～中期） 中野谷松原（中期） 平城（後期） 石郷・榎木原・フミカキ・山ノ寺・宮下・麻生原・菜畑・上中段・上の原・里浜（晩期） 新屋敷（晩期～弥生前期）
		吉野ヶ里
青森・高屋敷館		
	宝厳寺・一遍上人彫像（1292） 『一遍上人絵詞伝』 『一遍上人聖絵』 『男衾三郎絵詞』	
	『奉公人請状』（1736） 『越能山都登』（1800） 『やせかまど』（1809） 『秋山様子書上帳』（1825） 『秋山記行』（1828）	

表9　時代別編布資料一覧　渡辺誠氏　1992

年代	時　代	実　物
BC10000	縄文早創期	
BC6000	同　早期	
BC4000	同　前期	押出・鳥浜
BC3000	同　中期	
BC2000	同　後期	朱円・忍路土場
BC1000	同　晩期	亀ヶ岡・中山・山王囲 荒屋敷・米泉
BC600～300	弥生　前期 同　中期 同　後期	
AD300	古墳時代	
	飛鳥時代	
710	奈良時代	
794	平安時代	
1192	鎌倉時代	一遍上人（1239～89） ↑蓮華寺（弘安元・1278） 称名寺（元応元・1319）
1338	室町時代	阿 興長寺（永正18・1521） 西郷寺（大永2・1522） 弥　歓喜光寺（元亀3・1572） 福井・一乗谷朝倉氏
1576	安土・桃山時代	衣
1603	江戸　前期 同　中期 同　後期	↓歓喜光寺（寛政11.1799） ↑
1868	明治～昭和	越後アンギン

参考文献

阿部恭平『縄文からのメッセージ―図説越後アンギン』十日町市博物館（一九九四）

石岡憲雄「撚糸文」『縄文文化の研究5』雄山閣（一九八三）

石附喜三男「北海道における機織技術採用の時期」『北海道青年人類科学研究会会誌5』（一九六四）

板倉寿郎・野村喜八『原色染織大辞典』淡交社（一九七七）

伊東信雄「縄文時代の布」『文化』㈢〇ノ一）東北大学文学部（一九六六）

飯田美苗「編む・織る」『季刊稽古館一二号』（一九九五）

上野辰男・富田紘一『上野辰男蒐集考古学資料図録』（一九八六）

上原甲子朗「足形土製品」『日本原始美術』（二）（一九六四）

内田豊作・村瀬春弥『被服材料学』柴田書店（一九六三）

江坂輝彌『縄文土器文化研究序説』六興出版（一九八二）

大賀一郎・寺村光晴「新潟県小千谷市上片貝遺跡より出土した縄文時代の土器面に見られた布目文について」『理学博士
大賀一郎科学論文選集』採集と飼育の会（一九七九）

小笠原好彦「縄文・弥生式時代の布」『考古学研究』（一七―三）考古学研究会（一九七〇）

小川寿一『蓮華寺史料』浄土宗本山（一九八三）

小川安朗『民族服飾の大系』衣生活研究会（一九七九）

鏡山　猛「―原生期の織布―九州の組織痕土器を中心に―」『九州考古学論攷』吉川弘文館（一九七二）

鏡山　猛「附節―布痕土器」『日向遺跡総合調査報告第一輯―下弓田遺跡』宮崎県教育委員会（一九六一）

金子浩昌・忍沢成視『骨角器の研究縄文篇1』慶友社（一九八六）

川端敦子「底部圧痕に関する基礎的報告」『北陸の考古学　石川考古学研究会会誌二六号』石川考古学研究会（一九八三）

河野広通『斜里町史』斜里町役場（一九五五）

新行紀一『大浜称名寺歴史・史料一』東照山称名寺（一九八二）

新谷雄蔵「布目状圧痕のある楕円形砂鉄塊」『福泉遺跡―試掘調査報告書』五所川原市教育委員会（一九八三）

杉本寿栄男『日本原始繊維工芸史』北海道出版企画センター（一九七九）
佐藤庄郎『図解わら工技術』富民社（一九五九）
鈴木寅重郎『越能山都登』中央出版（一九七三）
滝沢秀一『アンギンと釜神さま—秋山郷のくらしと民具—』国書刊行会（一九九〇）
高橋亜貴子「岩手県における縄文時代前期前葉の特徴ある縄文原体をもつ土器について—岩手県滝沢村仏沢Ⅲ遺跡出土例を中心として—」『東北日本の縄文文化をめぐる諸問題』山形考古学会（一九八八）
高橋忠彦『中山遺跡発掘調査報告書』秋田県五城目町教育委員会（一九八四）
竹内昌子『弥生の布を織る』東京大学出版会（一九八九）
田中敦子「山口遺跡出土縄文土器の底部」『仙台市文化財調査報告書第六一集山口遺跡Ⅱ』仙台市教育委員会（一九八四）
太力川喜右衛門『やせかまど』片貝町郷土史研究会（一九七四）
陳維稷『中国紡織科学技術史—古代部分』科学出版社（一九八四）
角山幸洋「ワカ・プリエッタの繊維製品について」『古代学研究』（第二四号）（一九六〇）
角山幸洋「縄文晩期の編物」『横田健一先生還暦記念日本史論叢』横田健一先生還暦記念会（一九七六）
中里壽克「籃胎櫛類の技法」『史跡寺地遺跡』（一九八七）
中田節子「繊維製品の分類とその内容」『忍路土場遺跡・忍路5遺跡』㈶北海道埋蔵文化財センター（一九八九）
名久井文明「民俗例から遡源する縄文時代の樹皮製容器に関する試論」『先史考古学論集』安斎正人（一九九四）
布目順郎『絹と布の考古学』雄山閣（一九八八）
布目順郎「工芸品の分析—金沢市米泉遺跡出土のアンギン様編物No1・No.2について」『金沢市米泉遺跡』石川県立埋蔵文化財センター（一九八九）
布目順郎「縄類と編物の材質について」『鳥浜貝塚—縄文前期を主とする低湿地遺跡の調査4—』若狭歴史民俗資料館（一九八四）
布目順郎「鳥浜貝塚出土のアンギン様編物について」『鳥浜貝塚—縄文前期を主とする低湿地遺跡の調査6—』若狭民俗資料館（一九八七）
布目順郎「吉野ケ里遺跡出土の絹と麻」『吉野ケ里遺跡』佐賀県教育委員会（一九九二）
布目順郎「境A遺跡出土土器底面の編・織目痕」『北陸自動車道遺跡調査報告　朝日町編7』富山県教育委員会（一九九

（二）
布目順郎『目で見る繊維の考古学』染織と生活社（一九九二）
野口義麿『縄文土器大系3―後期』講談社（一九八一）
橋本富夫「朱漆塗竪櫛とミミズク土偶」『月刊文化財一一号』第一法規出版（一九九〇）
平田寛・八杉龍一『技術の歴史　原始時代から古代東方下2』筑摩書房（一九七八）
古田正隆「山の寺梶木遺跡」『百人委員会埋蔵文化財報告第一集』（一九七三）
宮　栄二『秋山記行』平凡社（一九七一）
宮　栄二『北越雪譜』野島出版（一九八八）
村越　潔「縄文時代の織布について若干の考察」『日本史の黎明』六興出版（一九八五）
森　浩一「日本的生活の芽生え」『図説日本文化の歴史1』小学館（一九七九）
脇田雅彦「岐阜県内のイラクサについて―美濃・徳山村を中心に―」『衣生活と民具』雄山閣（一九九二）
渡辺　誠「編布およびカゴ底圧痕について」『野々市町御経塚遺跡』野々市町教育委員会（一九八三）
渡辺　誠「編布の研究」『日本史の黎明』六興出版（一九八五）
渡辺　誠「唐津市菜畑遺跡等出土の組織痕土器について」『古代』八〇（一九八五）
渡辺　誠「組織痕土器研究の諸問題」『交流の考古学』（一九九一）
渡辺　誠「編布の変遷」『衣生活と民具』雄山閣（一九九二）
尾関清子　わが国における「櫛文化」の形成に関する考察―発生期の「櫛文化」の特徴について―『東海学園女子短期大学紀要第一七号』（一九八二）
尾関清子「縄文時代における結髪の特徴」『生活学一九八八』日本生活学会（一九八七）
尾関清子「縄文時代の布―編布・織布とその製作技法」『生活学一九八九』日本生活学会（一九八八）
尾関清子「縄文時代の編布・織物を実験復元する」『図説日本の古代2木と土と石の文化』中央公論（一九八九）
尾関清子「縄文時代の布について―千葉県香取郡山田町姥神遺跡採集の土製品の考察」『フィールド考古足あと』足あと同人（一九九一）
尾関清子「中山遺跡の編布試作」『秋田県立博物館研究報告』秋田県立博物館（一九九二）
尾関清子「土器圧痕を推理する」『季刊民族学61』千里文化財団（一九九二）

『栄村史　堺編』栄村史堺編編集委員会（一九六四）
『亀ヶ岡石器時代遺跡』青森県立郷土館（一九八四）
『古代史発掘　縄文土器と貝塚』講談社（一九七九）
『莉内遺跡』㈶岩手県埋蔵文化財センター（一九八二）
『寿能泥炭層遺跡発掘調査報告書』埼玉県教育委員会（一九八四）
『特別史跡一乗谷朝倉氏遺跡』福井県立朝倉氏遺跡資料館（一九八六）
『鳥浜貝塚―縄文前期を主とする低湿地遺跡の調査Ⅰ―』福井県教育委員会（一九七九）
『中里村史』中里村史編さん委員会（一九八七）
『長山遺跡発掘調査報告書』八尾町教育委員会（一九八五）
『初田牛20遺跡発掘調査報告書』北海道根室市教育委員会（一九八九）
『真脇遺跡―農村基盤総合整備事業能都東地区真脇工区に係る発掘調査報告書―』能都町教育委員会・真脇遺跡発掘調査団（一九八六）
『鹿屋市埋蔵文化財発掘調査報告書(5)水の谷遺跡』鹿屋市教育委員会（一九八六）
「河北滋山新石器遺址試崩」『考古双月号』北京王府井大街二七号　科学出版社（一九七七）
『朝日山遺跡』長崎県小浜町教育委員会（一九八一）
『堂崎遺跡』長崎県教育委員会（一九八二）
『古田遺跡』長崎県小佐々町教育委員会（一九八五）
『黒丸遺跡』大村市黒丸遺跡調査会（一九八〇）
『長崎県埋蔵文化財調査集報XIII』長崎県教育委員会（一九九〇）
『京ノ坪遺跡』長崎県瑞穂町文化財保護協会（一九九四）

あとがき

私が縄文時代の衣服についてかかわりを持つようになったのは、本書のなかで書いているように女性の縄文時代の「櫛」に魅せられたのがそもそもの初めである。ついで「土偶」の結髪に目を注ぎ、さらに「土偶」にブラウスやシャツ、ズボンらしきものをつけているとみられるものが数多くあるのをみて、研究を進めるうちに、いつしか縄文時代の衣服へとたどりついていた。

衣服の材料である繊維は、近年におこった化学繊維を得るまでは、長い年月のあいだ天然の有機物に頼っていたため、腐敗や摩擦による消耗度がはなはだしく、ものによってはたかだか七、八〇年で脆化《ぜいか》してしまうものもある。

ましてその発生が縄文時代となると全くといってよいほど明確な資料を持たない。最も早く、しかも的確に編物や織物の存在を知ることができるのは、遺跡から出土する極くわずかな実物の遺品または土器の圧痕によるが、これとても炭化していたり、損傷により完形品が少なく、正確に見究めることは容易ではない。

簾や俵と同じ編み方である縄文時代の編布は、日本最古の布とされているが、私は先学の教示を仰ぎながら、出土の実物片や土器圧痕を手がかりに試作、復原した。それを手にしたとき、縄文人の心に触れた思いで、いいしれぬ感動を覚えた。

石川県下出土の編布圧痕や菜畑遺跡の織物圧痕には、不明の条痕があるが、編布状のものには返し縫い、織物状のものには、かがり縫いが認められた。何のために施されたものかは定かではないにしても、前者は布を補強する効果をもつ刺繡でり、後者は布の破れなどの補正に使うこともある。

さらに、荒屋敷遺跡や、姥神遺跡の圧痕には編布と平織が混在し、ともにわが国の〝編み〟から〝織り〟への転化を暗示させる貴重な資料であった。

また、押出遺跡の珍しい編布からは、今まで編布の編具に関して、越後アンギンの道具に類した編具一辺倒の私の研究に対し、インディオの道具のような、より素朴な編具も縄文時代に使われていたらしいというように、視野の広い研究に発展することができた。

引用する文献があまりなく、苦しい実験も繰り返したが、反面喜びも大きかった。

というのも、この研究が「織物は弥生時代に大陸から」「刺繡は飛鳥時代に仏教とともに渡来」「編布と織布は別々の道具が必要であり、織機には綜絖を必要とする」など、これまでの、衣文化の大陸依存という先入観の見直しを迫るものと考えるからである。

むろん未熟な私のこと、思い違いや偏見、独善と思われる点が多々あることは否めないが、本書が、〝編む技術〟が〝織りなす技術〟の基礎として、生活領域のなかに広く普及していたという縄文衣文化の特質再認識の一助となれば、望外の幸せである。

縄文衣文化研究では諸先生をはじめ、文化庁や各都道府県教育委員会・博物館さらに資料館・埋蔵文化財センター、遺跡関係者の方々そして時宗の各寺院に懇切なるご指導をいただいた。

名古屋大学教授渡辺誠先生には編布の存在を、新潟県十日町市博物館の滝沢秀一先生は越後アンギンの製作ご指導を、また同じく阿部恭平氏には押出遺跡の珍しい編布を紹介していただき、愛知県尾張繊維技術センター主任研究員・板津敏彦、同・柴田善孝両氏からは織物についてそれぞれご教示をいただいた。早稲田大学金子浩昌先生や千葉県・戸村正巳、同・高野安夫両氏は貴重な資料提供でご協力を願った。そして名古屋市博物館の梶山勝氏には中国語の翻訳をしていただいた。

また本書出版には、同志社大学教授森浩一先生、文化庁記念物課主任文化財調査官・岡村道雄先生の格別のおはからいをいただき、図版作成には大阪府文化財調査研究センター・本間元樹氏、煩雑な編集作業は学生社編集部・児玉有平氏の労を煩わした。あらためてここに深く感謝の意を表する次第です。

縄文の衣　増補

8　研究は続く―世界の編布と縄文人の豊かな発想―

『縄文の衣』上梓の前・後―芹沢長介先生から学んだ考古学―

芹沢長介先生は怖い先生？―はじめての出会い―

本書の冒頭にあるように、私の縄文時代についての研究は、布の研究以前に「櫛文化」の起源を求めることから出発したのであった。一九七九～八一年と縄文時代の櫛について調査した。その際、たまたま出会う土偶の頭部の変化、いわゆる結髪とか被り物らしいものに私は関心を抱き、名古屋大学の渡辺誠先生を訪ね、慶応大学の江坂輝弥先生を紹介していただいた。江坂先生からは東北地方の土偶所蔵機関を教えていただいた。その他、東京大学の赤澤威先生、盛岡大学の熊谷常正先生、三重大学の八賀晋先生など大勢の先生方にお世話なり、土偶の写真撮影を続けた。そのほとんどの

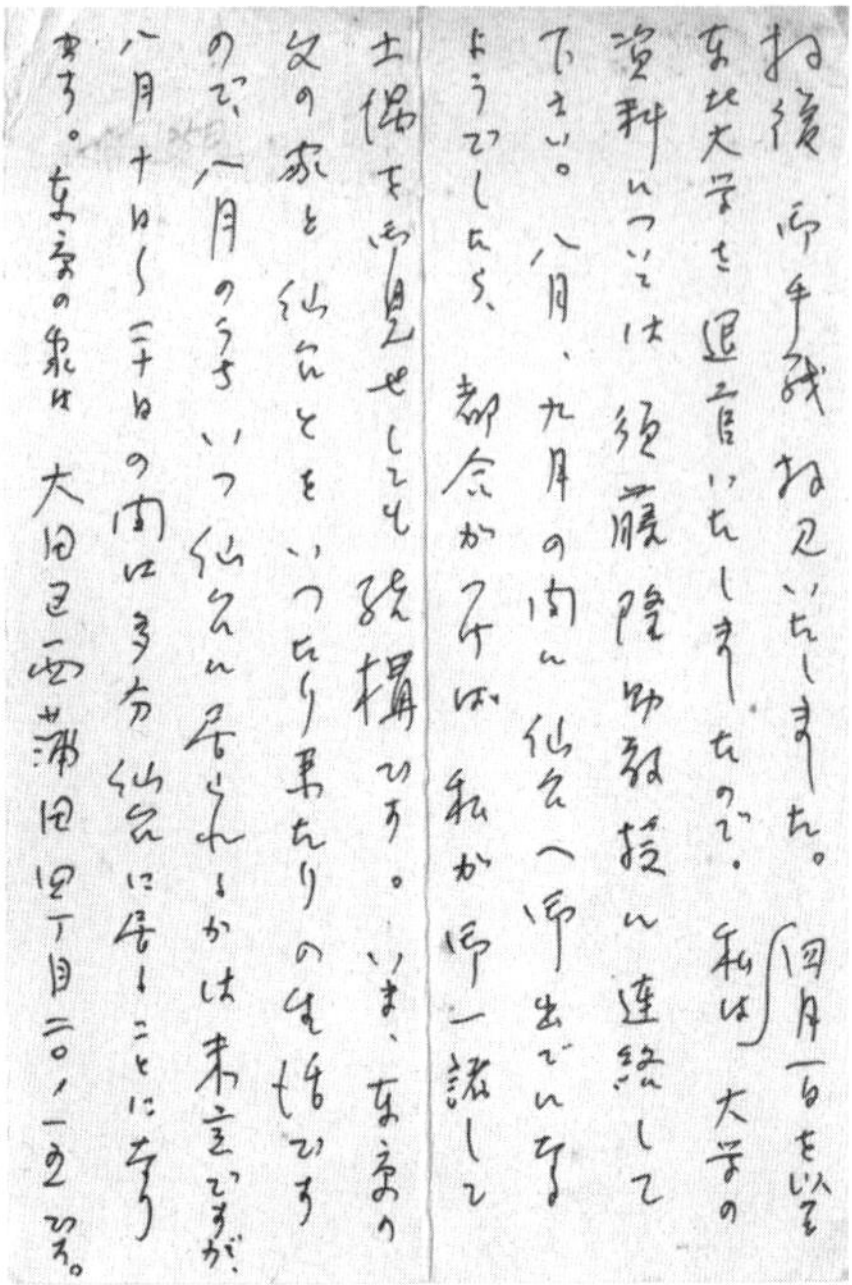
拝復　御手紙拝見いたしました。
東北大学を退官いたしましたので、四月一日を以て 私は大学の
資料については須藤隆助教授に連絡して
下さい。八月、九月の間に仙台へ御出でになる
ようでしたら、都合がつけば私が御一緒して
土偶を御見せしても結構です。いま、東京の
父の家と仙台とをいったり来たりの生活です
ので、八月のうちいつ仙台に居られるかは未定ですが
八月十日～二十日の間は多分仙台に居ることになり
ます。東京の家は　大田区西蒲田四丁目二〇ノ一五です。

図1　芹沢先生からのはがき（1983年7月）

先生から、東北大学にもたくさんの土偶が所蔵されている。しかし芹沢長介先生が管理されている。芹沢先生はきつくて怖い先生、絶対見せてはいただけないだろう、とのこと。

それでも私は一点でも多くの土偶を…と考え、一九八三年になって、恐る恐る土偶を必要とする理由を認め、写真撮影をさせていただきたいとお願いの手紙を差し出した。数日後、先生から図1のように「私が御一緒して土偶を御見せしても結構です…」と、噂とは裏腹の丁寧な返事をいただいた。

八月半ば過ぎ、私は東北大学の研究室へ伺った。先生は大きな錠前のかかった倉庫を開き、私は何点かの土偶の写真を撮らせていただいた。その間、先生は葉巻をくわえ見守って下さった。後日、八賀先生にそのことを伝えたところ、「《盲ヘビに怖じず》とはあなたのこと、芹沢先生は有名な写真家の土門拳先生の愛弟子、考古学界ではトップの写真家。今頃はあなたのことを無作法な、非常識な……と笑っておられるよ」と教えられた。それ以来、私はお礼状も、年賀状も出さなかった。

これが芹沢先生とのはじめての出会いであった。

次にお会いしたのは、後にも述べるが一九九六年の仙台市博物館のギャラリーでの編布の展示会場であった。展示を催す前日、博物館の学芸員の方から「芹沢先生が見学されるかも知れない。先生は怖い方だから気をつけるように」と注意された。芹沢先生は厳格な人物ではあるが、周囲の人たちに怖い人との印象をもたれていたとすれば、少しちがうのではないかと私には思われる。

その後私は、編布研究に取り組むようになった。

編布研究への芹沢先生の指導

かつて、私は先生から難題を仰せつかった。「越後アンギンの作業衣及び時宗の阿弥衣を一点毎にその制作法を調査するように…」と指示された。私は、「それらについては、渡辺誠先生並びに十日町市博物館の阿部恭平氏、なお私が師事した滝沢秀一先生が研究されている分野ゆえ勘弁して欲しい」と断り続けた。ある時は「めまいで体調を崩しているので…」と断れば、先生は「わたしは動脈瘤手術のため三ヶ月も入院したが、それでも頑張っている。めまい位で弱音をはくとは…、どうしても断るなら、誰が一点一点克明に調べたのか証拠を示すように」ときつい口調。そこで私は忘れもしない二〇〇四年一〇月二〇日、十日町市博物館へその旨を伝え尋ねた。学芸員からは「誰もされていない」とのこと、そこで私は、越後アンギンについて個々の調査を依頼し、承諾を得た。その直後の二三日、新潟県中越大震災のため、一一月中旬やっと実施することができた。

当初私は越後アンギンについて、江戸〜明治期までの古い時代、それに新潟県でも十日町市や小千谷市周辺の極一部の地域のもの故、製作法にさ程違いはなかろうと考えていたが、実際に当たってみると、同じ集落でも全く異なった製作法もあり、袖なしから前当て、袋に至るも千差万別。中にはこれが古い時代のものかと思われるものもあった。それは袋の脇がフランス刺繍のローマン・ステッチと同じ技法で仕上げられていた（小著『縄文の布』写真208）。

なお時宗の阿弥衣にしても然り、特に阿弥依衣の場合は北は山形県、西は広島県と一点のみの調査に時間と労力は費やしたが、個々に調査した甲斐があったと実感し得るものばかりであった。

袖なし越後アンギンと芹沢先生

一九六四（昭和39）年に宮城県一迫町（現、栗原市）山王囲遺跡から出土した編布について、東北大学の伊東信雄先生が「それは新潟県十日町市周辺にて、江戸〜明治期に製作された〝越後アンギン〟と同じ組織である」と発表されて以来、同大学の芹沢長介先生は、尊父芹沢銈介氏の採集された越後アンギンの袖なしを自ら羽織って、考古学関係の方に、「山王囲遺跡から出土した編布は、この越後アンギンと同じ編み方のもの、現在の考古学は食と住はレベルの高い研究がなされているが、衣に関しては何の研究もされていない。編布は縄文時代の衣服と考えられる。誰か研究して欲しい」と折ある度に声をかけられたが一向にその気配はなかったとのこと（後日エピソードとして仙台市教育委員の方が話された）。

一九九六（平成8）年五月のはじめ、私は当時宮城県奥松島縄文村歴史資料館館長今野勝彦氏の紹介により、仙台市博物館のギャラリーで、編布に関する展示をさせていただいた（編布の衣服やパネル等約一〇〇点）。この展示は博物館と共催ということで、多くの方に観ていただいた。

前に述べたように、開館初日に芹沢先生ご夫妻が来られ一覧して帰られた。その翌朝開館と同時に再び芹沢先生が一人で来られ、隅々まで一点一点を私は説明することになり、五月のはじめというのに汗ぐっしょりになったほど緊張。先生は私が急いで作った貫頭衣について「この衣服は鹿児島県上中段遺跡の密度で編まれたもの、鹿児島県の夏は本州よりも暑い、この会が終わったら袖を付けるように」と指摘された。なお会場の入り口に置かれたパンフレット「編布の手引き」（B4で厚さ五〜六cm）の束を先生は全部両手で持ち上げられ、学生に配るためと持ち帰られた。

その月の終わりに、ささやかながら編布について纏めたものが、本書『縄文の衣』として刊行されることになった。失礼かと思いながら芹沢先生に送り届けた。その後先生から度々質問があり、その都度文章にまとめるのが苦手な私は、小さな試作品を画用紙に貼り送ることにした。

相沢忠洋賞

こうして芹沢先生からは、編布についての質問があったが、ある考古学研究者からは本書について「先

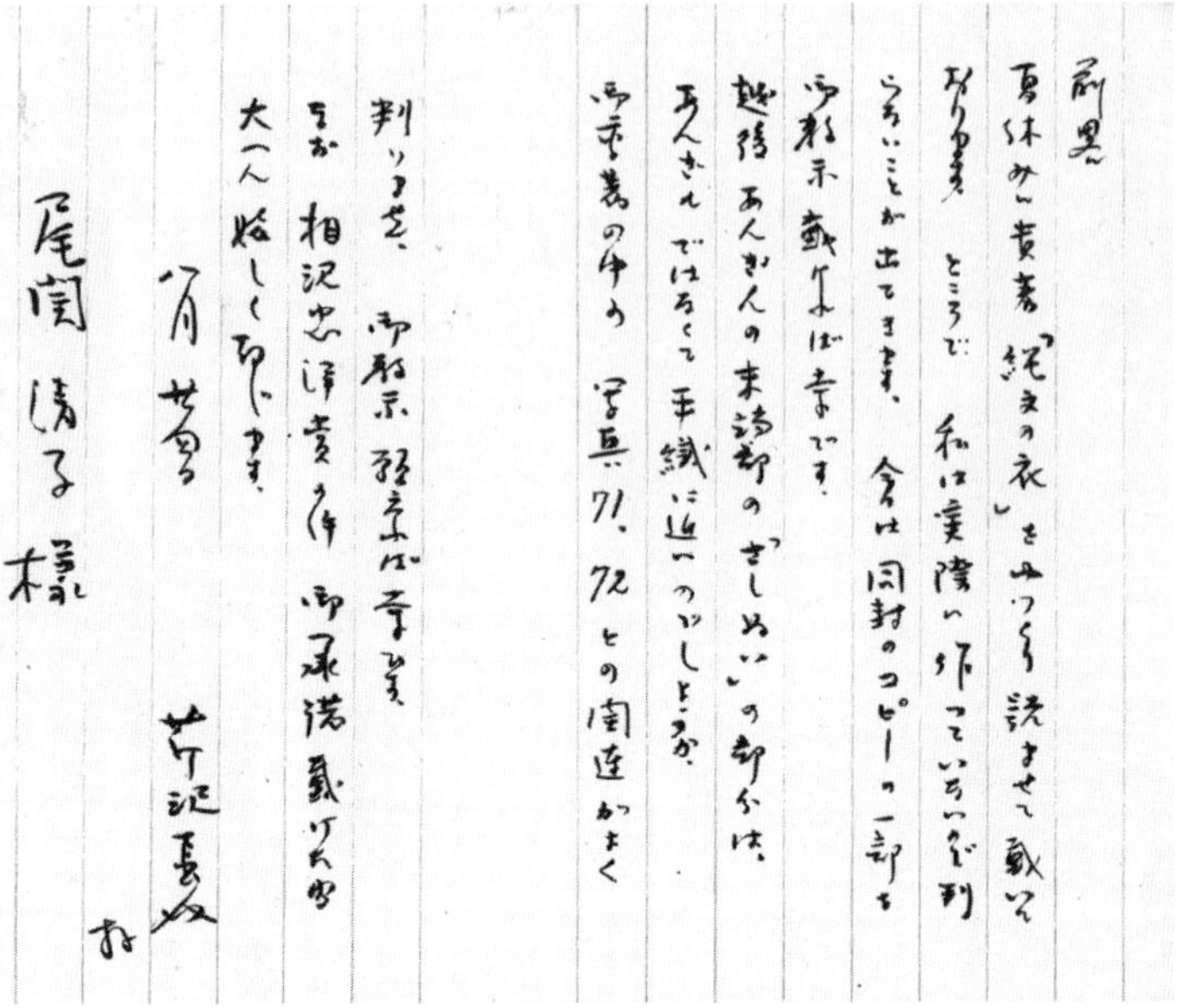
前略
夏休みに貴著「縄文の衣」をゆっくり読ませて戴きま
したところで　私は実験に作っていらっしゃるので判
らないことが出てきます。今日は同封のコピーの一部を
御教示戴ければ幸です。
越後あんぎんの木詰部の「さしぬい」の部分は、
あんぎんではなくて手織に近いのでしょうか。
御書の中の写真71、72との関連がよく
判りません。御教示頂ければ幸甚
なお　相沢忠洋賞作　御承諾戴けたら
大へん嬉しく存じます。
八月廿四日　芹沢長介
尾関清子様

図2　芹沢先生からの書簡1（1996年8月）

行研究を軽視した内容には不快感を禁じ得ない。いずれ学術誌上で問題点を指摘したい」という書面をいただいた。以来、私は、外の方からもこのようなことを言われるのではないかと悩みになやみ八月になった。そんな昼下がり、まったく知らない女性から本書について「賞を上げることになった。九月十五日……」と電話。とっさに私は「電話番号の間違い……」といえば、「芹沢先生をご存知ですか」私「存じ上げています」「芹沢先生の推薦です。間違いありません」ということであった。図2は、この頃の先生からの書簡である。九月十五日思い掛けなくも「相沢忠洋賞」をいただいた。

謎解き

翌一九九七（平成9）年になって埼玉県川越市の繊維関係の方から本書『縄文の衣』の九七頁に日常の糸の撚り、そして一七三頁には考古学的撚りにつ

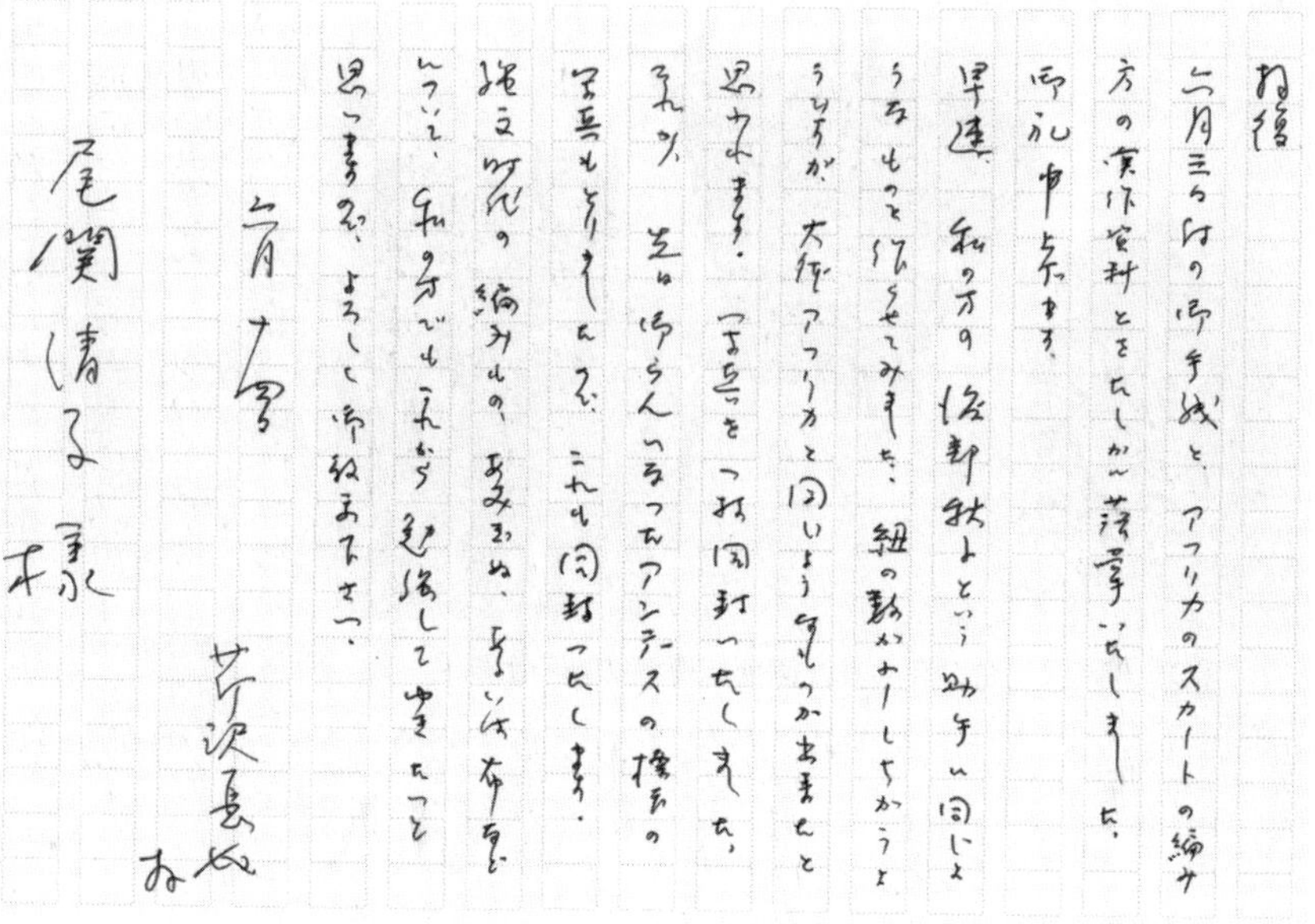
お便り
六月三日付の御手紙と、アフリカのスカートの編み
方の実作資料とをたしかに落掌いたしました。
御礼申上ます。
早速　私の方の　助手に同じよ
うなものを作らせてみました。紐の数が少しちがうよ
うですが、大体アフリカと同じようなものが出来たと
思います。一つ三点をつけ同封いたしました。
それから先日御らんになったアンデスの撚糸の
写真もとりましたので、これも同封いたします。
縄文時代の編みものもあるのかもしれぬ、と思い、
について、私の方でもこれから追跡して見たいと
思っていますので、よろしく御指示下さい。
六月十四日
芹沢長介
尾関清子様

図3　芹沢先生からの書簡2（1998年6月）

いて示されている。しかし、日常の撚りが右ならば考古学は左になっているがそれは何故か」と尋ねられ、私はまったく気づかなかった質問に困り果て、芹沢先生にお尋ねした。先生は「同じ日本の中ではそれはあり得ない」と言われたが、後日、山内清男先生の博士論文『日本先史土器の縄文』のコピーをいただいた。そして先生は「これを引用するように」とご教示。私は同博士論文を持ち合わせていたので、克明に読み調べたところ、山内先生の独断で、考古学の撚りの呼称を日本古来の撚りの呼称と反対にされ、いわゆる外国並みの呼称を選ばれたのである。

上記について芹沢先生に報告したところ、先生は「四十年も前から山内説を信じ論文も読んだが、撚りの呼称については知らなかった。」「知らなかった。」と繰り返し驚かれた。

私は一九九八（平成10）年五月早々仕事の都合で宮

城県へ移住したため、芹沢先生との応答が簡単になった。そんなある日先生からアフリカ象牙海岸ディダ族のラファイヤ製のスカートを見せていただいた。先生から「何年か前フランスで珍しいスカートと思い求めたものの、織物か編物か分からないので、何人かの方に見ていただいたが、だれもこれはという回答もなく、現在も謎のままになっている。一度見て欲しい」とのこと。私は過日土器の圧痕で判断に困った資料に出会い、竹細工や樹皮で籠作りをされているところへ出向き、それぞれの編み方、その中には織物に類似した編み物についても勉強した経験から、直ちに「名称は忘れましたが、平織（平編み）であると答えて後日試作品を届けた。その折にいただいた書簡が図3である。またこのスカートの上部デコボコ部分はと聞かれ、再び絞り染めの試作を届け納得していただいた。

写真１ 芹沢先生が示された側面に圧痕のある土器片

土器の圧痕

また先生は、本書『縄文の衣』を手にしながら、「（五四頁に）編布の圧痕が土器の側面や内面にあると記してあるが、土器の圧痕は底面のみ、側面等にはない。側面にあるのはこれ位である」と写真1を示され「今後書くとき、このところはカットするように」

写真２　芹沢先生撮影の榎木原遺跡出土の土器側面

と言われた。私は九州地方に多い圧痕は土器の側面ばかり、それをどのように答えようか真剣に考え、芹沢先生には実物にて理解していただく以外、方法がないと考えた。そして以前お世話になった鹿児島県歴史資料センター黎明館の展示室正面に陳列されていた復元土器（榎木原遺跡出土）を連想。早速黎明館へ電話で事の次第を丁寧に説明し、その土器を借りることになった。直径四〇㎝の大きな土器、持ち運びには大変であったが、芹沢先生に見ていただいた。その折の先生の驚き様、「私は九州へ何度足を運んだか知れない。学生と発掘もした。しかし土器の側面に圧痕があるなど、まったく知らなかった。本当に知らなかった。写真撮りたいよ」と大喜びで幾枚かを撮っていただいた（写真２）。

考古学としての研究

また、丁度その頃、芹沢先生から本書『縄文の衣』について、「これは家政学的に述べられている。次は一点でも多く、あらゆる編布を調査し考古学的に纏めるように」と教示された。

さて、考古学を学ばない私は、その方法が把握できず、ある考古学研究者に尋ねたところ「土器や石器とは異なる繊維製品については全く理解できない」とのこと。さらに私は、一覧表を作る場合に必要な項目は、と問えば「資料番号として、都道府県の番号、遺跡番号、資料数、それに県名、市町村名、遺跡名、時期を記すようにと教えられた。

以上のような次第で、私は考古学的を理解しないまま、先ず資料の収集に専念した。

編布圧痕出土例の多いのは九州地方である。早速、九州地方の各機関に依頼し、一九九八、九年と約六〇〇点余りの編布痕のある土器の撮影と粘土によるモデリング陽像を作らせていただいた。

次に、それら個々の特徴を調べ「縄文時代の出土編布及び圧痕編布の構成等一覧」の表作製に入り、五、六頁書き上げた頃、芹沢先生から「長い間音沙汰ないが、何をしているか」との電話。直ちに先生の研究室を訪ね、数枚の表を差し出したところ、先生は「当分借りておきます」と先生とはただそれだけの会話で終った。

数日後、先生から連絡があり、私は研究室へ伺った。先生からのいきなりの第一声「立派です」。続いて「よくやりました。続けるように…」と、全く赤字などを入れられずに表を返していただいた。

《考古学的》と教示された芹沢先生が表に関しては、すんなり通していただいたと、ホッとしているところへ、先生から旧千島及び及川遺跡出土の編布が掲載されている資料のコピーが送られてきた。私は馬場脩氏著の『北方民族の旅』『樺太・千島考古・民族誌』を所蔵し、掲載されている編布を知りながら見過ごしており、芹沢先生から知らされ、早速『北方民族の旅』に記載されている函館市立博物館へ問い合わせたところ、現在は函館市北方民族資料館に所蔵されているとのこと、早速、写真撮影を依頼したところ、国指定重要文化財にされているにも拘わらず、撮影を許可された。小切は手作りの小さな箱八箱に三七点が収められていた。各々の箱には基礎・応用両編布が並列し、デザイン的にも変化のある珍しいものもあった（小著『縄文の布』写真176）。

以上は芹沢先生の直筆が残っているものなど、資料は限られたものであるが、質問の折は私如きにまで丁寧な文書をいただき恐縮のいたりであった。

また折に触れては編布について、「一点でも多く研究するように」と、外国のそれらしいもののコピーを送っていただいた。先生ご自身は、織物と編布の区別はお分かりにならなく、私の方で選ぶことになった。

省みれば三〇有余年編布を道連れに生きてこられたのも芹沢先生の「一点でも多く…」の一言があったならばこそと感謝の念にかられる今日このごろである。決して怖い先生ではない。

西アジアにも編布はあった

本書『縄文の衣』を上梓してからしばらく経った頃、芹沢先生が「一点でも多く…」と送って下さった海外の文献の中に、バーバー（E.J.W.Barber）による「PREHISTORIC TEXTILES」のコピーがあった。そこには西アジアの新石器時代の遺跡から発掘された布についての報告が記載されていた。ここでは、在りし日の芹沢先生を想いながら、私なりの考えを述べてみたい。

トルコのチャタル・ヒュイク遺跡

トルコのチャタル・ヒュイク遺跡（前六〇〇〇年）の布（編物）には二つのまったく異なった編み方が見られる。

一つは緯糸を絡める方法（図4-a）、つまり緯糸で経糸を一まきしながら次へ編み進む方法。

もう一つ（図4-b）は、二本一組の緯糸で絡める方法、つまり、経糸に対して二本の緯糸の一方を経糸の上を越させ、同時に他の緯糸を経糸の下を潜らせる方法。それは二本の緯糸が次の経糸の上下にかかる前に互いに半周することになる。緯糸の列は経糸に沿って間隔を置いて配置されるので、結果として二つの方法による場合、編様の布になる。

チャタル・ヒュイク遺跡出土の布は図4－aと同じ製作法で作られたものである。経・緯糸の密度は分からないが、写真3によれば経・緯糸共に甘い諸撚り右の糸が使われている。この製作法で作られたものは、わが国の縄文時代晩期の青森県是川中居遺跡出土の樹皮製編物（写真4）と鹿児島県下柊迫遺跡から出土した土器片の圧痕（写真5）である。その製作法は図5のA3。縦・横の相違はあるが、図4－aとまったく同じである。

写真6－abは一九九八年頃、元川島織物文化館主席研究員の高野昌司氏から、編布に類似したものとしていただいたスマカという織物の写真である。これは二〇世紀初頭に南コーカサス地方で製作されたとのことで、写真6－aはその表面であり、bは裏面である。表面を見る限り細密な編布かと錯覚する。しかし編布ならば表・裏同じ形状であるが、スマカの裏面は表面とはまったく異なった形状である。スマカの技法を簡単に説明すれば、一本の経糸に一本の緯糸でぐるぐる巻きした図4－aおよび図5－A3と同じである。

古いものとしてグレイス・M・クロウフット氏は、

写真3　チャタル・ヒュイク遺跡の緯糸を巻きこんだ布

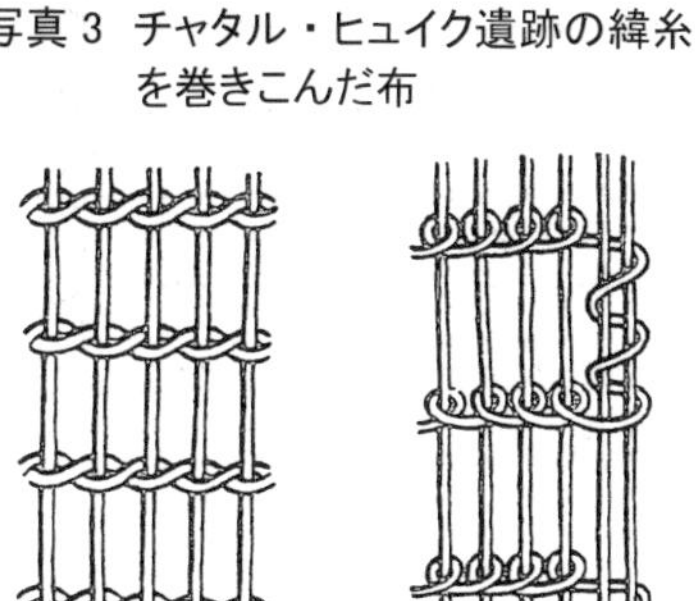

図4　チャタル・ヒュイク遺跡出土の布

写真５　下柊迫遺跡出土の土器片

写真４　青森県是川中居遺跡出土の樹皮製編物
（喜田・杉山 1932）

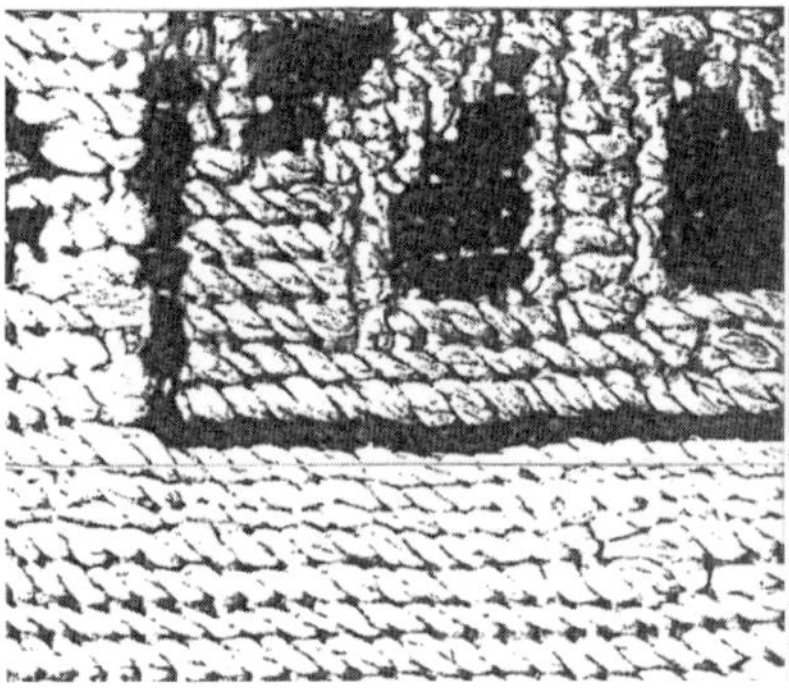

a

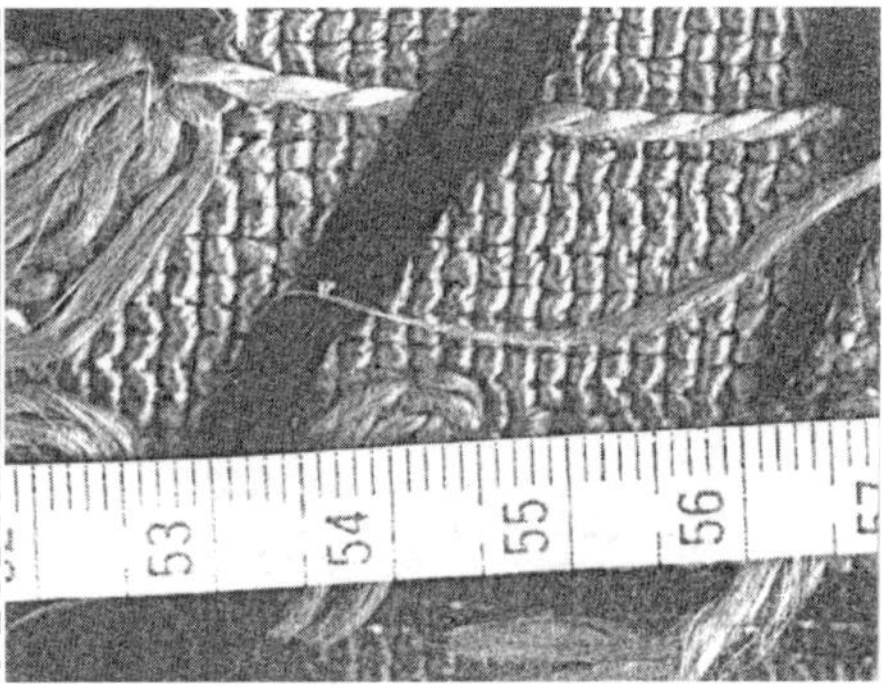

b

写真６　南コーカサス地方のスマカ

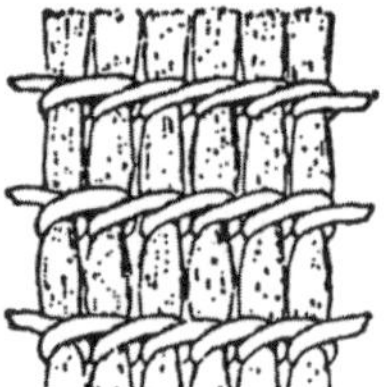

図６　巻きこんで作られたむしろ
（クロウフット 1981）

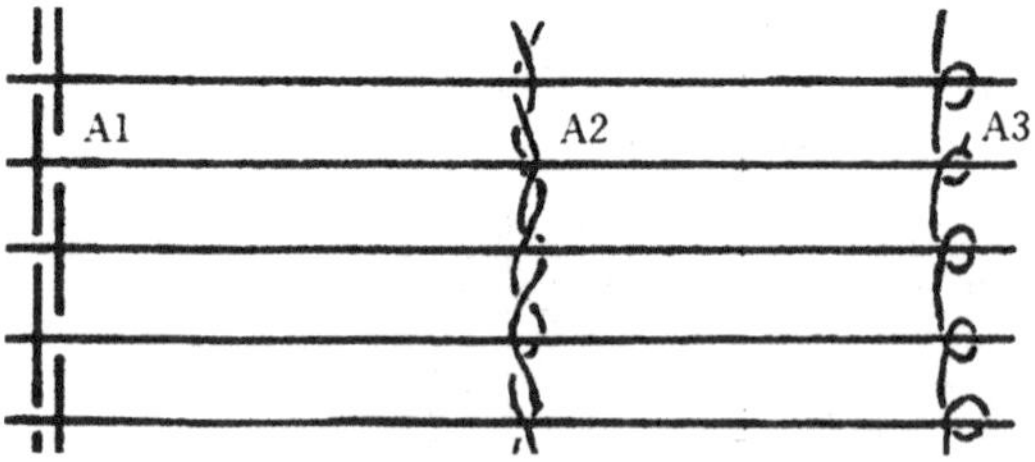

図５　操法図（古田 1973）

前五〇〇〇年頃すでに籠細工と織りとが別途に発達していた。籠の材料には、紡がない植物繊維の手撚りの紐が発見されている。ときにはむしろ織りにもそれが使われたことがある。

最古の籠やむしろの形跡はほとんど次の三地域から出ている。（1）エジプト、メソポタミア、パレスティナを含む近東地方、（2）ペルー、（3）スウィス、バルカン半島、スペイン、イギリス諸島などを含むヨーロッパの三地域である。

として図6の巻きこんで作られたむしろを示されている。

なお、巻きこんで作られたむしろは、エジプトの先王朝時代（前六〇〇〇〜前一三〇〇年頃）と記されている（クロウフット一九八一より）。

イスラエルのハナール・ヘマール洞窟

イスラエルのハナール・ヘマール洞窟（前期新石器時代　前六五〇〇年）出土の緯糸を絡めて編んだ亜麻の布写真7は、図4－bの組織図と同じである。チャタル・ヒュイク遺跡の布とある部分においては似ているが、異なる面もある。チャタル・ヒュイクは、一本の緯糸で並べられた経糸をぐるぐる巻きながら編まれているが、ハナール・ヘマールでは二本の緯糸で経糸を次々に絡めて作られている。

それはわが国の縄文時代前期〜晩期に多く出土している編布と同じ組織の布、つまり編布である。

ハナール・ヘマールの編布は崩れの少ない部分で、経糸間隔が三～五㎜、緯糸は一㎝当り九～一一本。経糸は左絡みで作られている。また緯糸は〇・五～〇・七㎜程度の細さで、右の諸撚りである。

かつて私は縄文時代の編布について、その形状から経糸間隔、緯糸密度等を表1-abcのような要領で分類した。表2はハナール・ヘマールの編布が表1-a1群に属するので、1群のみを抜粋したものである。この表によれば、ハナール・ヘマールの編布はⅡ類Cグループであることが確認できた。

Ⅱ類Cグループは経糸間隔が二・五～五㎜未満、緯糸は一㎝当り一〇本以上と比較的細密な密度である。また1群九〇四点中Ⅱ類Cグループは二二点で全体の二・四％に過ぎない。比較的繊細な編目であり類例に乏しい。

そこで私は、1群でもっとも類例の多いⅢ類BグループとⅡ類Cグループの試作を試みた。前者は経糸間隔七・五㎜、緯糸は一㎝当り七本、後者は経糸間隔四㎜、緯糸は一㎝当り一〇本とし、縦・横共一〇㎝を作成し、その所要時間を比較した。編むことのみでⅢ類Bグループは二時間二〇分、

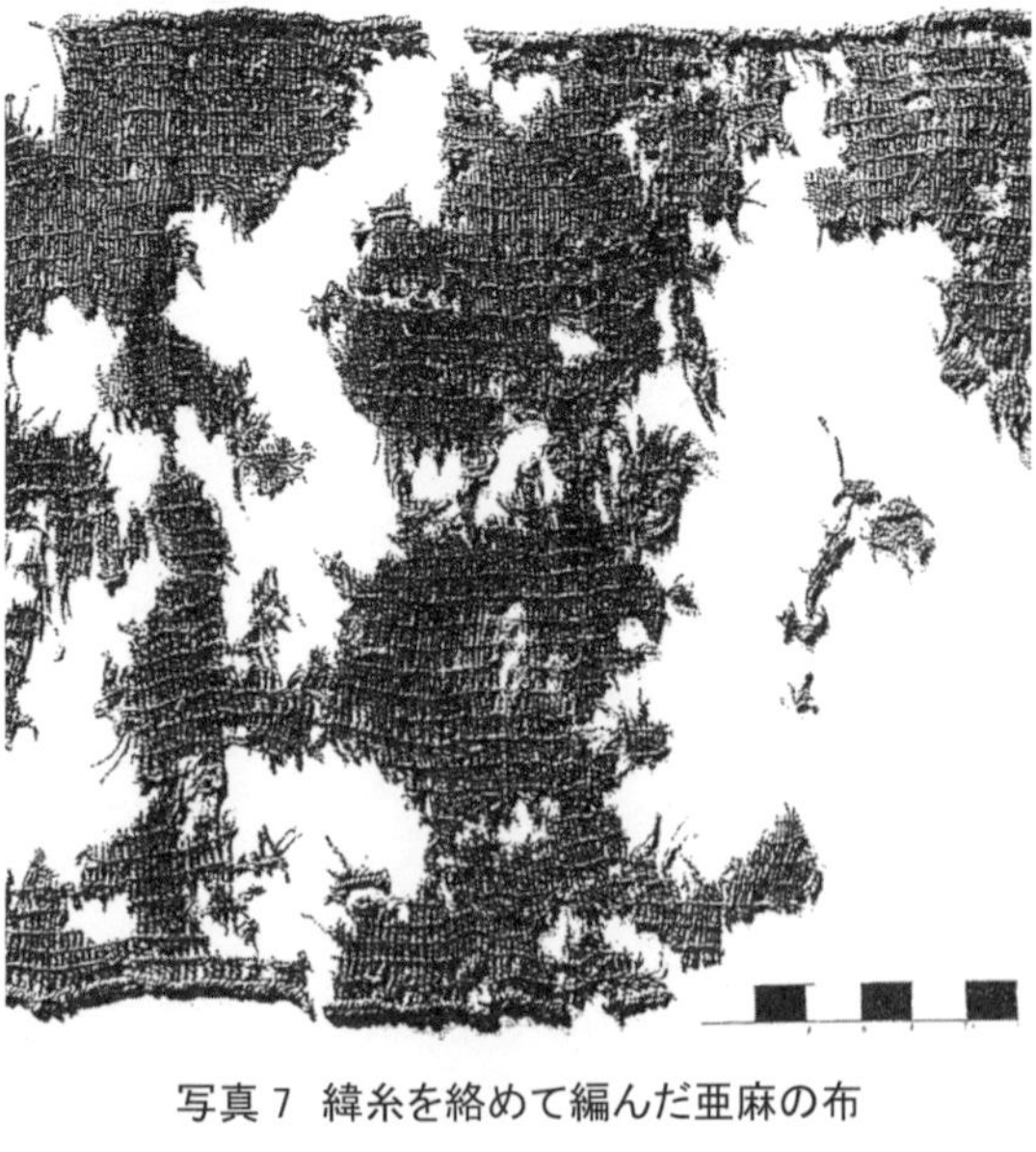

写真7　緯糸を絡めて編んだ亜麻の布

Ⅱ類Cグループは約七時間と、Ⅱ類Cグループ
はⅢ類Bグループの三倍の時間を要した。
Ⅱ類Cグループは経・緯糸共に細い糸を使うため、その手さばきに時間を費やした。しかし仕上がった布は編布なりに整った布になった。Ⅲ類Bグループの編布が普段着用ならば、Ⅱ類Cグループはお出掛け用と見てよかろう。

ハナール・ヘマールの編布は、前六五〇〇年でありながら、経・緯糸共極めて細い諸撚り糸が使われている。なおこの編布の縁には磨かれた石のビーズが縫い付けられ、それは洗練されたバッグ。本体もそれ相応に整った繊細な編布を卓越した技術で作られたのではなかろうか。

現在までに編布が発見された遺跡は、スイスの新石器時代ローベンハウゼン遺跡などの湖上住居跡（小笠原一九七〇）や、プレインカの遺跡

表1　編布資料の分類

a. 形状による分類

群	形　状		
1群	経糸間隔が比較的均等な編布		
2群	縞模様の編布	①	ポピュラーな縞
		②	経糸が2本密着した縞
		③	経糸間隔が部分的に狭い縞
3群	経糸間隔のわかりにくい編布	④	経糸間隔が不規則なもの
		⑤	経糸間隔がわかりにくいもの
4群	経糸または緯糸の不明な編布	⑥	経糸が不明なもの
		⑦	緯糸が不明なもの

b. 経糸間隔による分類

類	経糸間隔
Ⅰ類	2.5mm 未満
Ⅱ類	2.5〜5mm 未満
Ⅲ類	5〜10mm 未満
Ⅳ類	10〜15mm 未満
Ⅴ類	15〜20mm 未満
Ⅵ類	20〜25mm 未満
Ⅶ類	25〜30mm 未満
Ⅷ類	30mm 以上

c. 緯糸密度による分類

グループ	1cm 当たり
A グループ	5 本未満
B グループ	5〜10 本未満
C グループ	10 本以上

表2　1群　経糸間隔が比較的均等な編布

類 ／ グループ	Ⅰ	Ⅱ	Ⅲ	Ⅳ	Ⅴ	Ⅵ	Ⅶ	Ⅷ	計
A	18	36	5	9	7	2	2		79
B	22	78	384	213	41	15	2	4	759
C	4	22	24	13	2	1			66
合　計	44	136	413	235	50	18	4	4	904

であるワカ・プリエッタ遺跡（角山一九六〇）、等であるが、編み密度まで報告されていない。密度の報告については、新石器時代の中国河南省舞陽県賈湖遺跡（科学出版社一九九九）、邯鄲市磁山遺址（『考古』一九七七）、陝西省西安市姜寨遺跡（平凡社一九七八）等である。中でも姜寨遺跡の土器底面圧痕は一cmり経糸が六本、緯糸が五本の細密な編布である。しかし経糸密度は細密であるが、緯糸は一cm当り五本。ナハール・ヘマール洞窟の緯糸の二分の一の密度。つまり姜寨遺跡は作り易い（撚り易い）太目の緯糸が使用されている。

即ちナハール・ヘマール洞窟は手間の掛る細い糸で仕上げられ、しかも実物の出土であり、筆者にとっては貴重な資料である。

後先になったが、チャタル・ヒュイク遺跡の巻き編みも、ナハール・ヘマール洞窟同様、前六〇〇〇年と原始時代でありながら、経・緯糸共に諸撚り右の糸が使われ、わが国の縄文時代と撚りの方向は異なるが、同じように甘い撚りが整った形で作られている。現代のわれわれの想像以上に糸作りに専念された、いわゆる自給自足の時代を痛感した一時であった。

［引用・参考文献］
秋山進午 一九七八「中国古代の土器」『陶磁体系』33 平凡社
小笠原好彦 一九七〇「縄文・弥生時代の布」『考古学研究』一七―三
尾関清子 二〇一二『縄文の布』 雄山閣
喜田貞吉・杉山寿栄男 一九三二『日本石器時代―植物性遺物図録』 刀江書院

クロウフット、グレイス・M　古河静江訳　平田　寛・八杉龍一監修　一九八一「織物・籠細工・むしろ」『技術の歴史─原始時代から古代東方　下』　筑摩書房
角山幸洋　一九六〇「ワカ・プリエッタの繊維製品について」『古代学研究』24
古田正隆　一九七三『山の寺梶木遺跡』百人委員会埋蔵文化財調査報告書第1集　百人委員会
河南省文物考古研究所　一九九九『舞陽賈湖遺』科学出版社
邯鄲市文物保管所・邯鄲地区磁山考古隊短訓班　一九七七「河北磁山新石器遺址試掘」『考古』一九七七　六期
E.J.W.BARBAER　"PREHISITORIC　TEXTILES"PRINCETON　UNIVERSITY　PRESS　1991

編布研究と縄文ファッション

縄文土偶から衣服を示唆された芹沢長介先生

一九六〇年、芹沢先生はご著書『石器時代の日本』の中に「きものとすまい」として、

…土偶ははだかである。乳房やへそを露出している土偶を見ると、縄文人ははだかの生活をしていたのかとも考えてしまう。しかし土偶がはだかであるといっても、それは縄文人がはだかで生活していたことにはならない。土偶は人間―それも多くは女性を象徴的に表現したものであって、生活の記録として残されたものではないからである。ヨーロッパ、あるいはシベリアから発見される旧石器時代の女性像も同じように裸体像が多い。日本の縄文土偶よりもはるかに写実的に作られている。旧石器時代後期は、氷河時代であって、寒気はかなりきびしかったものと思われる。当時の壁画にも、着衣の女性、あるいは毛皮をかぶった人間がえがかれているから、寒気から身をまもるためには、毛皮のきものが用いられていたにちがいない。縄文人たちも、冬のあいだは毛皮をまとっていたと考えるのが正しいであろう。女たちはめどのある細い骨針に糸をとおして、鹿の毛皮を縫いあわせたことであろう。

との趣旨を述べておられる。

またアイヌの衣服チェプル（魚の皮で衣類や靴などを作る）を引用され、「縄文人も当然魚皮衣を用いたであろう」と述べられている。

なお縄文土器の圧痕に触れられ、

それは九州の長崎県や佐賀県から、編物、あるいは織物を押しつけた特殊な土器が最近注意されはじめている。なかにははっきり布の圧痕が見えるのさえもいくつか発見された。

とあり、最後に、

北海道の東北のはずれ、さむざむとしたオホーツク海をのぞむ斜里町に朱円遺跡がある。縄文時代後期の終わりから晩期のはじめの一墳墓からは焼けた人骨とともに、炭化した布のきれはしと考えられるものが発見された。調査者河野広道博士によれば、それはアイヌのアッシに似た織物であるといわれる。これが事実とすれば、すくなくとも縄文時代晩期のはじめ、北海道の一部では織物が用いられていたということになる。興味深い事実である。

と述べておられる（本書四五頁写真22参照）。

一九八七年、『鳥浜貝塚 6』において布目順郎先生は、一九八一年に同貝塚から出土した編布（本書五三頁写真31参照）について調査され、

出土の編布の糸を曲げたり元に戻したりすることによって弾力性を残すことがわかった。ま

た材質については繊維の断面から見ると、経・緯共にアカソによく似ている。

と述べられている。

なお『目で見る繊維の考古学』では、
　このような繊維は柔らかく、繊維間に豊富な空気を保蔵することができるから、衣物にしたときの着心地や保温性がよくなる。しかも経糸が並列して編まれているなど、デザイン的にも工夫がこらされている。

と示唆されている。

一九八八年、私も編布を実見した。その折、森川昌和氏のご好意で編布に触れさせていただいた。それはまるで現在のモヘア（アンゴラやぎとかチベットやぎで作った毛糸）のようにフワフワした感触であった。

一九九〇年、小山修三先生は『縄文探検』の中で、縄文時代の主食であったといわれているドングリについて、
　大量のドングリのアク抜きが年間を通じておこなわれていたと思われる。水の流れる下方の凹みには、タンニンで赤くそまった水たまりができたことだろう。

　ここで、タンニンは古くから皮なめしの触媒として使われてきたことを思いだす。シカやイノシシ肉をとったあとの皮の裏面についた脂肪や繊維を石のスクレイパーでていねいに削りと

り、タンニンの水たまりのなかに放置することでなめし加工を施したのではないだろうか。

そう考えると衣服の素材である皮もまた、縄文の主要な技術システムである「水さらし」のなかで処理されていたことになる。

皮革の衣装は、防寒具として食物繊維よりずっと有効なものであった。また、漆を使えば装飾の仕上がりもずっとよかったにちがいない。食物繊維は夏期や家屋付近でのふだん着として日常生活にどんどんとり入れられるようになった。それだからこそ、皮の衣服は希少価値をもつハレの場の衣装として珍重されることになったのであろう。ハレの衣装は伝世品として母から娘にと大切にうけつがれていったにちがいない。

と述べられている。

一九九六年七月、『縄文まほろば博―三内丸山とその世界』と題して三内丸山遺跡の出土品を一般に紹介された。私の所へはその二年位前に朝日新聞社から、縄文衣の製作依頼があった。しかしその後、小山修三先生の反対で中止。そして開催間近の一九九六年二月はじめ朝日新聞社から連絡を受け私は朝日の本社へ出向いた。大きな会議室には『まほろば博』の主催者側と小山先生が居られ、先生から「どうしても編布の衣服がほしいとのこと、フォーマル的なものは既に皮革で作った。編布では作業衣を作るように」と言われ、それは貫頭衣、そして上着の右側に七〜八cm幅の棒状に貝紫でステッチするようにと指示された。私は「土偶に袖があるから袖を付けさせてほしい。そして文様を……」と

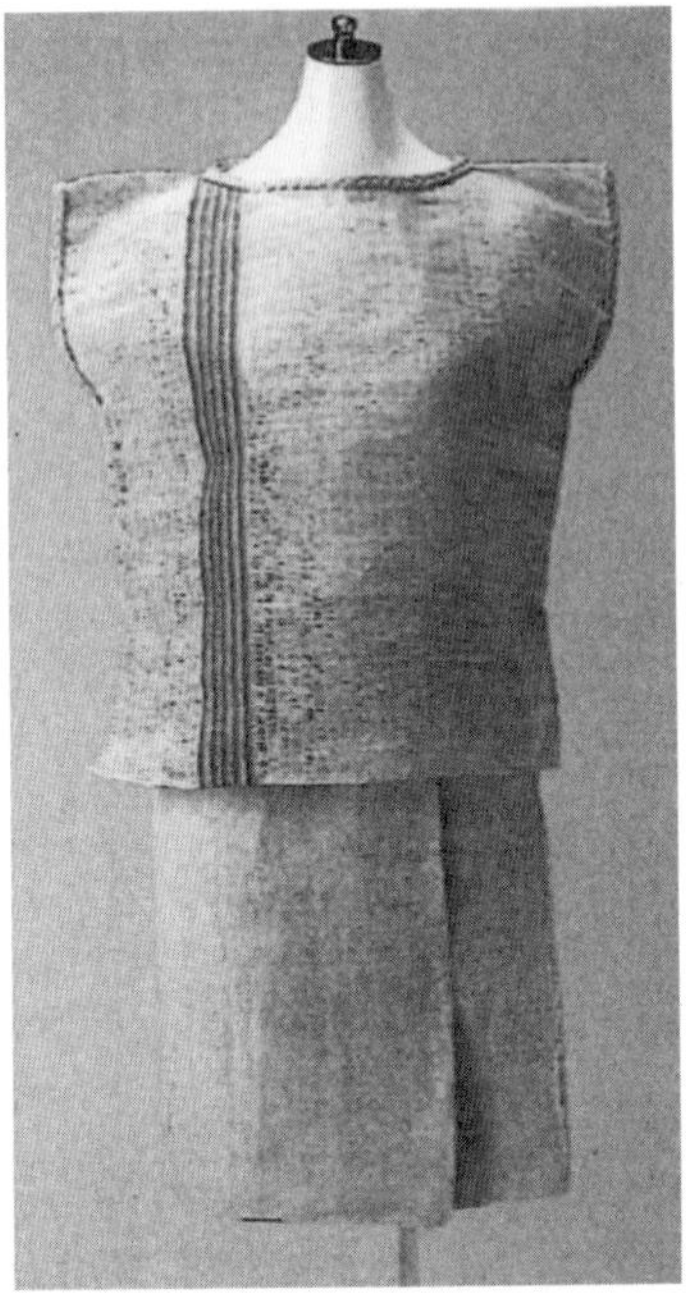

写真8　編布作業着

お願いすれば、厳しい口調で、あくまで作業衣だ。ということで指示に従うことにした。

貝紫の貝は「赤にし貝」で夏しか採集できないので、再び「二月では赤にし貝が採れないので貝紫にすることはできない、化学染料にしていただけないか」とお願いしたが、赤にしばかりが貝ではない。外で探すように命ぜられ、赤にしは人の拳大であるが、親指大の「いぼにし」を探すことにした。漁港を何箇所も尋ね、やっと伊勢湾沿岸に棲息することを知り、私は御木本真珠博物館館長を訪ね、やっと海女さんを介して約二〇kgのいぼにし貝を求めることができ写真8を製作することができた。

二〇一〇年頃、文化庁からドイツで日本の考古学を紹介するに当り、ドイツの考古学者から「編布の衣服二着入れて欲しい」との要望があった。吟味して素材を用意するように指示された。早速カラムシの繊維を諸撚糸に調え、文化庁にデザインを問い合わせた。文化庁からは、ドイツへ送る出土品についての委員会を開催したところ、或委員から「今編布の衣服をドイツで発表すれば、日本は世界の笑い者になる」ということで中止になった。そして種々論議の末、縄文衣は毛皮になったとのことである。

編布の認知

この項は私の体験談である。一九九六年九月、群馬県埋蔵文化財調査団の課長から、小著である本書『縄文の衣』について「納得できない面がある」ということで同月二十二日（日）十時に私は同課長を訪ねた。

先ず、小著に基づき、編布の素材である繊維から糸作り、製作法などあらゆる面から質問された。いろいろと聞かれているうちに、要するに課長は〝編布は粗雑なもの〟と理解されているように私は感じ、バックの中にあった編布衣をとり出したところ、五、六人の男性の一人、木村収氏が、咄嗟に上着を脱ぎ、編布衣に着替えられた。例の課長はそれを一目見るなり席を立たれ、急ぎ足で戻られ、その手には越後アンギンの小さな試作品を持たれ、「今まで縄文の編布はこれと同様、ゴワゴワの物と思い込んでいた。『縄文の衣』の中に学生が編布の衣服を着ているのを見て、可哀相に、あの子達の脇の下は血が出て痛かろうに……、先生に言われて我慢して……」と思われていたそうであるが、木村氏の編布衣姿を実見されやっと一件落着。丁度午後二時であった。課長から「朝からお茶一杯も出さなくてご免なさい」と言われ、その後調査団でも編布の衣服を製作された。

世界に誇るべき縄文の衣文化

芹沢先生が縄文時代に繊維で作られた衣服の存在を示唆されて以来、私は編布に関する資料を集め記載した。

その中で編布の研究者は、編布を縄文時代の衣服と想定されている。しかしそれ以外の研究者は、編布は粗雑な編物、衣服には不向き、第一に考えられるのは獣皮。またフォーマルな縄文衣は皮革、編布は常着と述べられている。

日本の季候は春夏秋冬。毛皮は冬の衣服には必需品であり否定するものではない。

今回私は全国から一二六一点の編布密度等克明に調査した。その中で一三七点（一割強）が縞模様の編布であった。それは現代にも通ずるダイナミックな縞や、棒縞等もっとも古いものでは、鹿児島県三角山遺跡（草創期　約一三〇〇〇年前）の二本縞。この遺跡のものは編布以前の絡み編み（繊維）であるが、形状は整然とした縞模様である。

その外、編布の上に刺繍らしいものも何点か出土している。以上の例から私は、編布は、縄文人がただ単に土器を作る為とか漆漉しの布として製作されたものではなく、オシャレな衣服を作る目的で製作されたと確信する次第である。

因みに後世の縞に関しては、「近世、南蛮船によって南方の筋模様が輸入され島物とか島布といったことによる」と言い伝えられている。いわゆる島＝縞になったようである。

一方、縄文時代に発生した縞模様は、縄文人自身の模索によって創られたと推察する。編布は一部の外国でも製作されている。資料は乏しいが、中国磁山遺跡（縄文草期後半頃）には図7のように応用編布と経畝織の並列とか、経糸間隔に差をつけ変化を表した縞状のものもある（本書一九五頁図55）。またイスラエルのハナール・ヘマール遺跡（前六五〇〇年）出土の編布は、前述したように、やや繊細な密度であるが変化がない。ペルーのワカ・オウリエッタ遺跡（前二五〇〇年）出土は基礎・応用両編布であるが、やはり密度に変化はみられない。写真9は近世に撮られたものである。アメリ

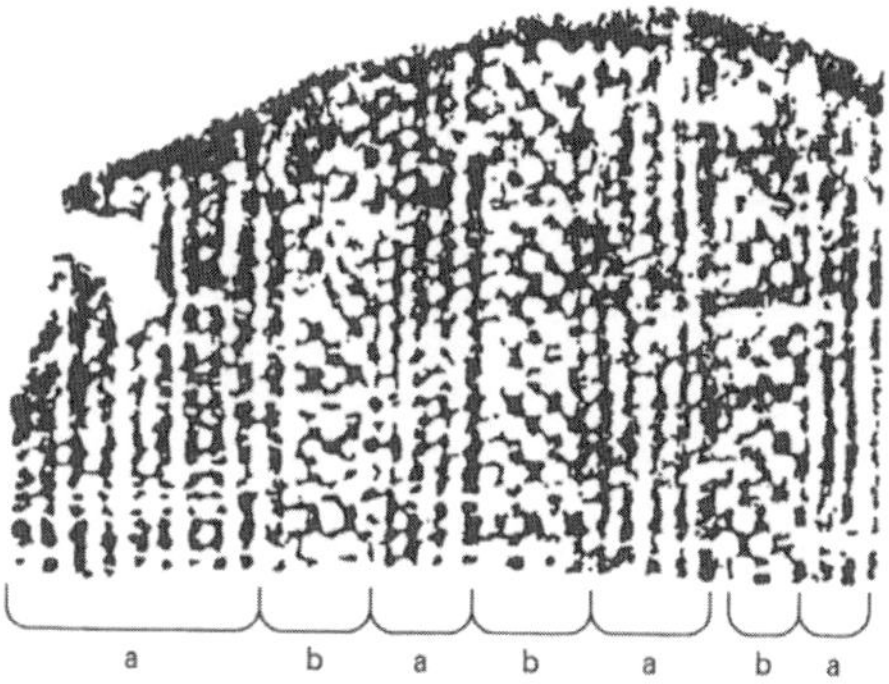

図7　磁山遺跡出土の応用編布圧痕

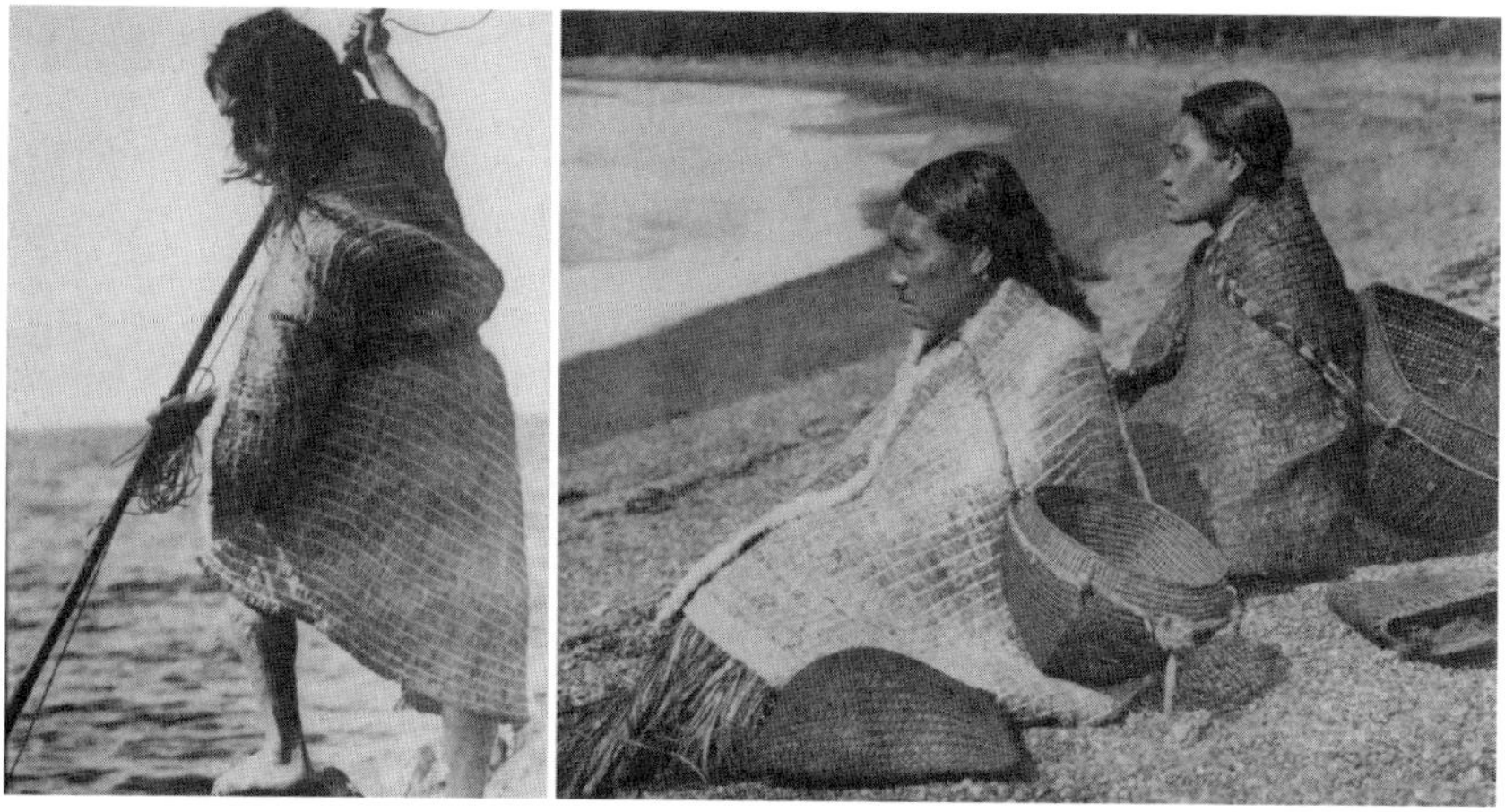
写真9　編布状蓆（？）を纏ったアメリカインディアンの男・女

カインディアンの男・女双方が粗い編目の編布状蓆らしいものを纏っているが、編目には変化は見られない。事例は少ないが、何れも編密度は何の変哲もない平凡なものである。

前述したように、縄文時代の編布は、日本で発生し、発達したユニークな布。これこそ日本の誇るべき発生期の縞文化延いては衣文化ではなかろうか。

因みに山梨県笛吹市の上黒駒遺跡（中期）と岩手県洋野町の戸類家貝塚（晩期後半）では、衣服に編布をあしらったような土偶が出土し、北海道函館市の石倉貝塚（後期初頭）では編布の上に毛皮のケープを羽織っているような土偶が出土している。

〔引用・参考文献〕

伊藤信雄 一九六六「縄文時代の布」『文化』三〇‐一 東北大学文学部
上原甲子郎 一九六四「足形土製品」『日本原始美術』2 講談社
江坂輝弥 一九七五「縄文人の装身具と服装」『服装文化』一七四 服装文化協会
鏡山 猛 一九六一―六二「原生期の編布―九州の組織痕土器を中心に―上・中・下」『史淵』第84・86・89輯『(後に『九州考古学論攷』吉川弘文館 一九七二に収録)
小山修三 一九九〇『縄文探検』くもん出版
芹沢長介 一九六〇『石器時代の日本』築地書館
布目順郎 一九七八「鳥浜貝塚出土のアンギン様編物について」『鳥浜貝塚 6―縄文前期を主とする低湿地遺跡の調査―』若狭民俗資料館
布目順郎 一九九二『目で見る繊維の考古学』染色と生活社
渡辺 誠 一九八五「編布の研究」『日本の黎明』六興出版

編布研究事始め―研究への道のりと今―

私は、東海学園女子短期大学（現・東海学園大学）の家政科に勤務していた一九七〇年、パリとボンで日本人形の作品展を開催した。その折の人形は源氏物語から選び、衣装の製作を日本服装史専門家であり、当時、皇室の装束を一手に作っておられた高田義雄先生に師事した。高田先生からは、伊勢神宮で二〇年毎に行われているご遷宮の櫛や、また、時代は下るが遊女の櫛など、日本の櫛について、外国には見られない〝櫛文化〟があるので研究してみてはどうか、と勧めいていただいた。私は意外な研究課題に戸惑い、先ずは名古屋大学の楢崎彰一先生を訪ね、福井県鳥浜貝塚出土（縄文前期約七五〇〇年前）の漆櫛を紹介していただいた。縄文人のイメージは粗野な人間像であったが、それとは裏腹にユニークなデザインの赤漆塗飾櫛（本書一〇頁・写真1）であった。私はその櫛に感動し発生期の櫛について考察した（『紀要―17号』東海学園女子短期大学一九八二、『同―20号』一九八五）。

次はこの櫛がどのように使われているのか縄文時代の土偶の考察。その中には衣服着装らしい土偶の存在から、衣服の素材は何かと名古屋大学の渡辺誠先生を訪ね、編布という繊維製品が出土していることを教えていただいた。

渡辺先生は縄文時代の編布について実物と土器底面の圧痕として出土しているが、その製作法は極めて難しく、我々の手にはおえない。しかし国内で唯一復元されているのが新潟県十日町市博物館であると教示された。

私は土器底面の圧痕というものが理解しがたく、再び渡辺先生に尋ねたところ、〝足形土製品（本書一九頁・写真11）〟が東京国立博物館に所蔵されている。その土製品の裏側に、編布の圧痕が印されている、と教えていただいた。私は直ちに東京国立博物館へ〝足形土製品〟の写真を譲っていただきたいと電話した。担当者は「何のために…」と尋ねられ、「足形土製品の裏面の編布痕を試作したい」と言えば「考古学の研究者か…」と尋ねられ「家政科です」と答えれば「考古学の研究者でさえ編布の制作は難しいとされている。まして家政科の方には…」と中々話が進まない。翌日も同じように懇願し、やっとの思いで写真を手に入れることができた。これが土器底面に印された圧痕との出会いであった。

一九八七年七月のはじめ、編布の衣服が作りたい一心で、十日町市博物館にて、越後アンギンの伝承者である滝沢秀一先生にお願いし越後アンギンの製作法を習得した。

翌朝ゼミの学生たちに編布で縄文衣らしいものを夏休み中に作りたいと相談した。学生たちは後期の授業を休講にすればと快く応じてくれた。

先ず、素材をカラムシとして以前合宿でお世話になった宮城県一迫町（現栗原市）にお願いし、抱えきれないほどたくさんのカラムシを送っていただいた。

そのカラムシ一本一本を自己流ではあるが、学生と外皮を剝がし、繊維を採り、撚り糸を作る。この作業と同時に用意した越後アンギンの道具四台で、編布の貫頭衣を、学生それぞれ手分けして夏休み中に仕上げた。

一九八八年、知人の紹介で、仙台市博物館主催の企画展―〝縄文時代のみやぎ―〟に出展することになり、私は衣服ほかを携えて仙台市博物館へ赴いた。その際はじめて展示品の山王囲遺跡出土のシャーレに入った編布（本書一八頁・写真10）を私の掌の上で拝見し、越後アンギンと、縄文編布の緯糸の絡み方の違いに気付いて驚き、私の編布研究の長い道のりが始まったのであった。

越後アンギンと出土編布の編み方の相違を見つけた私は、仙台から急いで名古屋へ帰り、以来来る日も来る日も編布に関する文献を探し求め、伊東信雄先生の「縄文時代の布」（東北大学文学部「文化」（三〇―一）一九六六）にたどり着き、越後アンギンと出土編布の違いを確認することができた。越後アンギンは経糸の操作で全体が幾何学様に編成されているが、出土編布は経糸に対し何の変哲もなく並行して編まれていることを確認した。

同年「縄文時代の布」として日本生活学会編生活学にはじめて投稿し「研究奨励賞」をいただいた。私はこの学会は簡単に賞を出す学会かと思ったが、表彰式後の懇親会の折、某有名大学の先生から、「私どもは一〇年間、同じ研究テーマについて投稿を続けたが、一度もノミネートさえされなかった。

一〇年間同じ研究にもそれらしい賞を考えてください」との発言があり、少々複雑な気持ちで会場をあとにした。

一九八九年初夏のころ、同志社大学の森浩一先生から電話があり、編布に関する原稿執筆の依頼があった。私は渡辺誠先生や関西大学の角山幸洋先生などが先に発表されているからと、一度はお断りした。翌日、再び同じ趣旨の電話があり、お断りした。その次の日には、私の授業中に三度目の電話。森先生から「今、名古屋駅に着いたところで、喫茶店にいるが会えないか」とのこと、私は慌てて授業を早めに切り上げて名古屋駅へ馳せ付けた。森先生曰く「確かに渡辺先生方は出土したことは述べられている。しかし、出土したことのみで、尾関さん、あなたは編布の試作までされている。是非、編布の製作法を文章にして欲しいのです」と重ねて頼むとのことで、「縄文時代の編布・織物を実験復元する」を森先生の『図説　日本の古代2―木と土と石の文化』に掲載していただいた。

その直後、文化庁から、私の勤務している東海学園女子短大（現東海学園大学）の学長である村瀬忠雄先生のところへ、「編布について詳細に研究しているのは、尾関さん一人である。何とか家政科でチームを組んで研究をするようにされては…編布のことなら、東海学園へ…というように」との連絡があったとかで、その旨私に努力してみて欲しいとのことであったので、私は洋裁・和裁の先生方に伝えたが、〝私たちは現在最も必要な研究をしている。編布なんて本当にあったのか無かったのか分からないようなもので、参加するのは無理〟との一言であり、やむなく文化庁にはお断りした。

当時、一九八八年以来珍しい布として依頼されて新聞やテレビで紹介する機会が増えた。家政科内からは〝売名行為〟と噂され、学科長から科内が煩わしいから、以後取材などは断るようにと注意された。折しも文化庁から取材の依頼で電話があり、私はすげなく断った。その後学長から呼ばれ、「文化庁の依頼は、私が引き受けた。応ずるように…。」ということで、後日『朝日百科　日本の歴史　別冊』の取材に答えた。その後もこのようなことが重なり、学長から「学内には大勢の先生がおられるのに、文化庁からの電話は尾関さんの件ばかり、何故なのか？」と言われ、私にも心当たりはないので、文化庁の岡村道雄氏に問い合わせたところ、「編布は国内ばかりではない。日本の編布は外国にも知られている」と言われ、後日、岡村氏から送られてきたのが、ANCIENT JAPANで、『図説　日本の古代』に掲載された拙稿だったので恐縮したことであった。

その直後、森浩一先生から話したいことがあるからとの連絡があり、同志社大学新町キャンパスの研究室を訪ねた。一戸建の一間。床に畳一枚が敷かれその上に机。そして先生が座されておられた。森先生は、京都について西陣織が有名なように、京都は織物・染物の盛んな町、しかし何処で尋ねても編布を知る人はいない。編布は考えようによっては繊維製品のルーツであろう、徹底的に調査して何とか一冊の本に纏めてはどうか、と言われ学生社を紹介していただいた。学生社とは二〇〇頁ほどの原稿に纏めるように話を進め、一九九〇年夏頃書き上げて提出したが、しばらくは原稿審査のためか音沙汰もなく、一九九四年も暮れようとする頃になって、出版することが正式に決定し、編集者から一太郎のテキストデータを求められ、名古屋の知人の業者に入力してもらっていた。翌九五年は、私の六五歳の助教授の定年退職を迎える年であった。服部正穏副学長から、「尾関さん、近々研究を纏めた本を出版すると聞きましたが、もう出ましたか」とのこと、ちょうど最終原稿のテキストデータを編集に渡す時期であり、「これを出版社に渡すところです」と返事をした。副学長の服部先生は、「一日も早くゲラにして見せて欲しい」「ゲラがあればその段階で教授会に諮って教授になってもらえる」「教授になれば七〇歳まで定年延長になりますよ」「これまでと同じように講義は続けて欲しい」と仰って、強く推してくださった。服部先生の勧めに、教授を取るか、編布研究を取るか悩み抜いた。

というのも、当時、編布の出土例は北海道が二遺跡、本州は七遺跡、圧倒的に多いのが九州地方、中でも鹿児島県は編布の宝庫である。編布の最も近い出土例は能登半島の各市町村を含む石川県や富山県。私は学内で決められた研修日と、夏・冬の休みの期間をフルに使って編布の調査をしていた。ある年には、庶務課長から「尾関さん、一年の三分の一は出張でしたね」と言われ、出勤簿を見て確かめ、納得したこともある。

編布の出土例のうち、実物はほんの一握り、後は土器片に印された編布の圧痕である。先ず現地にて土器片の撮影。次は土器片に印された圧痕に粘土を当てモデリング陽像を作り、それを研究室に持ち帰る。そのモデリング陽像に印された編布の経・緯糸の密度を測り、経糸の絡み方を綿密に調べ撮影する。

しかし学内では約二〇～二五人のゼミ生について一人二〇枚の卒論の指導、時には日曜・祭日も出勤しなければならず、私自身の研究は夕方六時以降である。夜一一時になると、学内の見廻りに用務員さんが来られ「尾関先生、そろそろお終いに…」とドアをノックされることもしばしばであり、私は悩みに悩んだ。

現状を続けるには年齢から健康を考えた。元助教授で終わりたくない気持ちも充分あった。振り返れば編布について真剣に取り組むようになったのは芹沢先生の「一点でも多くあらゆる編布を調査し纏めるように」からはじまり、その後森先生は「徹底的に調査するように」と先生方のお言葉。それにも増して編布には大きな謎が秘められている。研究に行き詰まることもあったが、謎が解けたときの喜びはまた格別。しかも九州地方には多くの編布出土例が報告されている。私はこの際フリーになって一点でも多くの謎を解明しようと思い、服部副学長から教示された〝ゲラ刷り〟を学生社に依頼しないことを決めた。

服部副学長が私の机の上の一太郎で打たれた拙稿を見るなり「これがゲラ刷りですかネ」と言われたのは印象的であった。その後、退職する私に名誉教授を授与すると伝えられた。驚いて学長の村瀬先生の元へ走ったところ「尾関さんは、この後も研究を続けるであろう。その折の肩書きは名誉教授の方がよかろうとの教授会の意見です。喜んで受けるとよいでしょう」とのこと。一時は売名行為とさえ言われたこともあったが、よく評価してくれたことに感謝の念を禁じ得なかった。今後は編布の多くを大きな一冊に纏められるよう努力を、と誓って今日に至った。

増補版　あとがき

縄文人が繊維についても素晴らしい知識や技術を持っていたことは、各地の遺跡出土品からもうかがうことができる。〝美しくありたい〟とは、女性の永遠の悲願ではなかろうか。縄文女性も野生の素材で巧みに編みや織りを創造し、衣類として平常着に、またハレの日にはファッションを楽しんだことであろう。

縄文の布―編布の素材、密度をみると、中には現代にも十分通じるものがある。ところが一部の研究者を除いては、編布の名すら知られていない。しかし、私見によれば、現に今なお世界最古という珍しい編布が北海道函館市垣ノ島B遺跡から出土している。

私自身は本書の初版を上梓するに際して、教授職をとるか、編布研究をとるか迷いに迷うこともあったが、編布を選び、心ゆくまで編布と苦楽をともにしたことは私自身幸せであったと実感している。私は駑馬に鞭打ち編布研究を続けたいと念願する今日この頃である。

二〇二〇年九月吉日

尾関清子

■著者略歴

尾関清子（おぜき きよこ）

1929（昭和4）年、愛知県江南市生まれ。愛知県立尾北高等学校卒業、名古屋工業大学工業化学科内地留学。東海学園女子短期大学（現、東海学園大学）講師、助教授（専攻は生活文化史）を経て、同大学名誉教授。

〈主な論著書〉

「縄文時代の布—編布・織布とその製作技法」『生活学1989』日本生活学会、1988年（1988年日本生活学会研究奨励賞受賞）

「縄文時代の編布・織物を実験復元する」『図説 日本の古代』2、中央公論社、1989年

「トチの実のアク抜き」『全集 日本の食文化』11、雄山閣出版、1999年

「編布の縦編法と横網法—試作実験の記録から—」『宮城考古学』6、2004年

「縄文時代草創期・早期の土器底部圧痕について—編布のルーツをさぐる—」『考古学ジャーナル』2007年11月号、ニュー・サイエンス社

『縄文の衣—日本最古の布を復原—』学生社、1996年（1996年　第5回 相沢忠洋賞受賞）

『縄文の布—日本列島布文化の起源と特質—』雄山閣、2012年（2018年　立命館大学より博士号（文学）授与）（2018年【増補版】）

2020年11月20日　増補版初版発行　《検印省略》

[増補版《ぞうほばん》] 縄文《じょうもん》の衣《ころも》—日本最古《にほんさいこ》の布《ぬの》を復原《ふくげん》—

著　者　尾関清子

企　画　学生社編集部

発行者　宮田哲男

発行所　株式会社 雄山閣

〒102-0071　東京都千代田区富士見2-6-9

TEL　03-3262-3231 / FAX　03-3262-6938

URL　http://www.yuzankaku.co.jp

e-mail　info@yuzankaku.co.jp

振　替：00130-5-1685

印刷・製本　株式会社ティーケー出版印刷

ISBN978-4-639-02731-7 C0021
N.D.C.210　288p　21cm